Markus Fauser

Einführung in die Kulturwissenschaft

Einführungen Germanistik

Herausgegeben von
Gunter E. Grimm und Klaus-Michael Bogdal

Markus Fauser

Einführung in die Kulturwissenschaft

5. Auflage

Für Sophia Mignon

Die Deutsche Nationalbibliothek verzeichnet diese Publikation
in der Deutschen Nationalbibliografie;
detaillierte bibliografische Daten sind im Internet über
http://dnb.d-nb.de abrufbar.

5., durchgesehene Auflage 2011
© 2011 by WBG (Wissenschaftliche Buchgesellschaft), Darmstadt
1. Auflage 2003
Die Herausgabe des Werkes wurde durch die Vereinsmitglieder
der WBG ermöglicht.
Einbandgestaltung: schreiberVIS, Seeheim
Gedruckt auf säurefreiem und alterungsbeständigem Papier
Printed in Germany

Besuchen Sie uns im Internet: www.wbg-wissenverbindet.de

ISBN 978-3-534-24277-1

Elektronisch sind folgende Ausgaben erhältilich:
eBook (PDF): 978-3-534-70240-4
eBook (epub): 978-3-534-70924-3

Inhalt

I. Grundlagen 7

II. Kulturwissenschaftliche Konzepte 12
   1. Kulturphilosophie und Kulturwissenschaften 12
   2. Ethnologie: Kultur und Text 27
   3. Cultural Studies, Post-Colonial Theory, Interkulturalität . . . 32

III. Literarische Anthropologie 41
   1. Mentalitätsgeschichte und historische Anthropologie 41
   2. Denkstile der Kultur- und Zivilisationstheorie 47
   3. Das Fiktive, das Imaginäre und die Medien 53
   4. Literarische Anthropologie 59

IV. Handlungs- und Wahrnehmungstheorien 66
   1. Kunst als Praxis. Theorien des symbolischen Handelns 67
   2. Symbole in der Bewegung: Ritualforschung 73
   3. Mediale Praktiken – cultural performance 81
   4. Kulturelle Narrative 87
   5. Bildwissenschaft und Bildanthropologie 94

V. Gender Studies 100
   1. Körper, Geschlecht und Repräsentation 100
   2. Figurationen und Differenzen 108

VI. Gedächtnistheorien 116
   1. Vergessen, Erinnern, Gedächtnis 116
   2. Kulturelles Gedächtnis, Kanon und Kultur 125
   3. Kollektive Identität, Erinnerungspolitik 133

VII. Intertextualität 139
   1. Subjekt, Text, Dialogizität 139
   2. Typologien der Intertextualität 145
   3. Intertextualität und Kulturalität 153

Kommentierte Bibliographie 159
   1. Lexika und Wörterbücher 159
   2. Anthologien 160
   3. Literatur 161

Register 173

I. Grundlagen

Seit mehr als dreißig Jahren streiten die Literaturwissenschaftler über Methoden und Theorien. In diesen Debatten übt der Begriff Kulturwissenschaft zur Zeit einen ungewöhnlichen Reiz aus. Die nachhaltige Verunsicherung durch die Reformprogramme und immer neue Veränderungsvorschläge zwingt zur Suche nach den tatsächlich innovativen Konzepten und ihren fachlichen Umsetzungen. Wenn nun die neuerliche Einführung eines Begriffes besonders attraktiv erscheint, so muss einigen Problemen der Disziplinen und der gegenwärtigen Ordnung der Wissenschaften damit eine tragfähige Behandlung widerfahren, denn anders würde sie sich kaum lohnen.

Die philologische und hermeneutische Grundlage der Literaturwissenschaften wurde seit den sechziger Jahren immer wieder in Frage gestellt und durch konkurrierende Vorschläge bereichert. Beginnend mit den Reformdebatten um die Vernachlässigung von historisch-soziologischen Rahmenbedingungen der Literatur empfahlen sich die sozialgeschichtlichen Methoden. Durch die Erweiterung der Textwissenschaften um ihre gesellschaftlichen Kontexte war der hergebrachte Gegenstandsbereich einerseits überschritten, andererseits jedoch auf bestimmte Themen wie sozialer Status, Klasse, Ideologie eingeschworen. Daneben war auch den wirkungs- und rezeptionsgeschichtlichen Betrachtungen ein langanhaltender Erfolg beschieden. Aber schon in den siebziger Jahren erschütterte der sogenannte „linguistic turn" ihre unangefochtene Stellung. Mit der Erkenntnis von der Sprache als einer unhintergehbaren Bedingung des Denkens ließ sich die Linguistik als Königin der Wissenschaften feiern und bewies, dass sprachliche Kategorien auch für das wissenschaftliche Denken essentiell sind. Sämtliche Ordnungen des Wissens, das ist seither unbestritten, besonders natürlich das überlieferte historische Wissen, sind sprachlich vermittelt und existieren nur in dieser Form. Das erklärt auch den Erfolg des Poststrukturalismus und der Dekonstruktion in den achtziger Jahren, die bis in kleinste Textverfahren hinein die Rhetorizität der Kommunikation nachwiesen.

Der hier nur kurz umrissene Hintergrund der Methodendebatten hat Auswirkungen auf die gegenwärtige Lage. Zum einen kann man die Kulturwissenschaft als ihre Fortsetzung oder auch Weiterentwicklung verstehen. Dabei greift sie vor allem den ungelösten Widerspruch zwischen disziplinär grundlegenden Methoden und dem kulturellen Legitimationsproblem jeder Theorie auf. Aus den enttäuschenden Erfahrungen mit dem Methodenpluralismus, der nur vereinzelt konzeptionelle Lösungen für die Legitimationsfrage bieten konnte, entstand die Suche nach Theorien, die das literaturwissenschaftliche Arbeiten auch in wissenschaftstheoretischer Hinsicht festigen können. In diesem Sinne sind die kulturwissenschaftlichen Literaturtheorien nicht nur ein weiterer Schritt in der endlosen Methoden-

Reformen

Methodendebatten

Theorien

debatte, sondern ein Versuch, übergreifende Konzepte bereitzustellen, die zu einer Umformung des Verständnisses von der Literaturwissenschaft führen (Bogdal 1990).

Zum andern berührt das natürlich auch die Verbindungen zu anderen Wissenschaften. Oft wurde gerade bei den Methodendebatten zurecht die fehlende Interdisziplinarität beklagt und die umgesetzten Einzelprojekte kamen meist nicht über eine additive Reihung von Beiträgen in Sammelbänden hinaus. Die erstrebte übergreifende Perspektive erreichten immer nur einzelne, besonders ausgewiesene Forscher. Das hatte auch mit der Ausrichtung der Methoden selber zu tun und soll nunmehr, in der Phase der Entwicklung von Theorien, zu einer neuen Herangehensweise führen.

Transdisziplinarität   Zwar waren die Kulturwissenschaften zunächst in ihrer Reichweite auch nur von disziplinären Vorgaben bestimmt; heute ist aber die Transdisziplinarität das ersehnte Ziel jeder Beschäftigung mit theoretischen und praktischen Fragen.

Während die bekannten Disziplinen ihre historische Identität auch durch eine sorgfältige Begrenzung der Gegenstände, Methoden und Zwecke sichern konnten, steht heute die Erweiterung der wissenschaftlichen Wahrnehmung auf der Tagesordnung. Und das bedeutet das Überschreiten von klar abgesteckten Grenzen und die Hinwendung zur Forschung als einer Tätigkeit, die Problemlösungen erarbeitet. Die traditionellen Methoden und Theorien bündelt man zu einem neuen Forschungsprinzip, das nicht mehr ein bestimmtes System bevorzugt, sondern lediglich eine praktische Form für die Arbeit vorgibt. Das kann zur Vernachlässigung bestimmter Fakten und zur Überwindung der jeweiligen historischen Ausbildung einer Disziplin führen, sobald sich neue Gegenstandsbereiche bilden. Angrenzende Disziplinen legen diese neuen Gegenstände nahe oder überschneiden sich mit ihnen. Damit lässt sich natürlich nicht die längst verlorene Einheit der (alten) geisteswissenschaftlichen Fächer wiederherstellen. Vielmehr soll eine neue Praxis entstehen, die den Anspruch auf Einheit der Wissenschaften auf dem Wege ihrer praktischen Angemessenheit zur Geltung bringt (Einheit 1991). Das ist auch der Grund für die gerade begonnene Umgestaltung von Studiengängen und die Einrichtung neuer Institute, die bekannte Organisationsstrukturen ablösen.

Wissenschaftsbegriff   Die Transdisziplinarität ist sicher auch ein Reflex auf den Wissenschaftsbegriff, den die Postmoderne wesentlich geformt hat. Kombinationen von Heterogenem, Pluralität von Wissensformen, Lebensformen und kulturellen Orientierungen, Ästhetisierung der Lebenswelt – das sind auch Tendenzen bei wissenschaftstheoretischen Entwicklungen. Weitgehende Vorstellungen fügen den Hybrid-Bildungen, den Verschmelzungen von Theoremen unterschiedlicher Herkunft, noch Kreativitätsprogramme hinzu, die wissenschaftliche Innovation mit künstlerischen Prozessen erklären und fördern wollen. Somit rückt die Geschichtlichkeit der eigenen Praxis in den Mittelpunkt des Interesses. Kulturwissenschaftliche Fragestellungen berücksichtigen daher immer das eigene Handeln als ein kulturelles oder kulturell bedingtes, was dazu führt, dass sie nicht nur das eigene Tun ständig überprüfen, sondern auch den institutionellen Rahmen, in dem es seinen Platz findet.

Die meisten gängigen Definitionen der Kulturwissenschaft setzen nicht bei der Frage nach den Gegenständen oder Objekten an, sondern beim wissenschaftsgeschichtlichen Status der Theorien. Demnach bildet die Kulturwissenschaft eine Metaebene der Reflexion, eine Steuerungsebene für die Modernisierung der Geisteswissenschaften und funktioniert wie eine Art Moderation der multiperspektivischen Vernetzung von Einzelergebnissen aus Disziplinen, die normalerweise nicht ohne weiteres zusammenfinden würden (Böhme/Scherpe 1996, 12). Diese Definition, die auf ein Verfahren abhebt, wäre dann um eine andere zu ergänzen, die eine eigene Disziplin namens Kulturwissenschaft bezeichnet (Böhme/Matussek/ Müller 2000). Die Begriffsverwendung im Singular verweist dann auf den Versuch der Etablierung einer neuen Wissenschaft. Die mittlerweile hochspezialisierten Fächer (vor allem Ethnologie, Fremdsprachenphilologien, Germanistik, Geschichte, Kunstgeschichte, Medienwissenschaft, Musikwissenschaft, Philosophie, Politik, Psychologie, Religionswissenschaft, Soziologie, auch Wirtschaftswissenschaften) samt ihren wissenschaftshistorischen Filiationen sollen in den Hintergrund treten, damit sich ein interdisziplinär ausgerichtetes Fach mit eigenem Studieninhalt bilden kann. Allerdings herrschen bei der Bestimmung der Lehrinhalte und der konkreten Studienbereiche noch die unterschiedlichsten Auffassungen. Sie lehnen sich im allgemeinen an die zu Unrecht vernachlässigte interkulturelle Germanistik an, die hier mit wichtigen Vorschlägen aufwarten kann, weil sie immer schon in anderen Kontexten arbeitet (Intercultural German Studies 1999).

Dagegen bezeichnet die hier verwendete Definition eine transdisziplinär ausgerichtete Forschungspraxis bei ansonsten unveränderten Disziplinen. Unter dem Terminus Kulturwissenschaft versteht diese Einführung ein fächerübergreifendes Regulativ. Denn die ständig zunehmende Spezialisierung der Fächer verlangt nach Formen der Integration. Insofern reagiert die Kulturwissenschaft auf Probleme aus den Fächern, die eine Behandlung unter möglichst vielen Gesichtspunkten benötigen. Kulturwissenschaft ist dann die Bezeichnung für eine bestimmte Praxis, die sich an speziellen Problemstellungen orientiert (Appelsmeyer 2001). So gesehen wäre sie zunächst einmal eine Perspektive für die Zukunft der bestehenden Geisteswissenschaften, eine Leitlinie für die Auswahl neuer Themen und Theorien in der Forschung, die sich dann auch in der weiterhin disziplinär geordneten Lehre niederschlagen könnte (Oexle 1996). Freilich ist der Status der Kulturwissenschaft somit ein weitgehend virtueller; man muss jedoch den hohen selbstreflexiven Zustand der Theorien begreifbar machen und trotzdem die Klippe einer neuen Universalwissenschaft vermeiden. Eine erste und grundlegende Bestimmung kann daher nur von diesen Voraussetzungen ausgehen.

Der Begriff Kulturwissenschaft umfasst auch das Verhältnis von Disziplinen zu ihrer eigenen Wissenschaftlichkeit. Das beginnt schon bei der Prüfung der Gegenstände, mit denen sie sich befassen und reicht bis zur Kritik am hervorgebrachten Wissen (Daniel 2001), eben aus der Erkenntnis heraus, dass die Gegenstände nie einfach gegeben, sondern von den Disziplinen geformt, von ihrem Zugriff abhängig sind. Er bezeichnet die Suche

Definition der Kulturwissenschaft

Ein Verfahren

Ein Fach?

Kulturwissenschaft als fächerübergreifendes Regulativ

Verhältnis zur eigenen Wissenschaftlichkeit

nach einem epistemologischen Standpunkt, von dem aus unsere Wissenschaftskultur sich selber in ihrer spezifischen Wahrnehmungsfähigkeit, aber auch in ihrer historischen Bedingtheit und Konstruktion kritisch beobachten kann. Gerade das erinnert an die Kulturdebatte um 1900, die schon einmal eine integrative Wissenschaft propagiert hatte (Oexle 1996; Daniel 2001). An einige haltbare Errungenschaften knüpft auch die vorliegende Einführung an.

Ein Neubeginn ruft immer Irritationen hervor und die Orientierungsprobleme äußern sich dann in Warnungen vor dem Modischen oder Ephemeren, dem die glorreiche Vergangenheit einer glänzenden Fachgeschichte nicht leichtfertig geopfert werden dürfe. Aber gerade die letzten beiden Jahrzehnte haben den Geisteswissenschaften einen schon nicht mehr für möglich gehaltenen Prestigegewinn erbracht, der nicht zum geringsten auf die Erneuerung in theoretischer Hinsicht zurückgeht. Zwar hängt die erschreckende Freigebigkeit, mit der viele Wissenschaftler nunmehr bereit sind, ihre disziplinären Ursprünge gegen die verheißungsvolle Selbstbezeichnung Kulturwissenschaftler einzutauschen, ganz sicher mit dem unaufhaltsamen Aufstieg der Wissenschaftsgeschichte zusammen. Aber man muss doch gestehen, dass die Öffnung für Gegenwartsprobleme und ihre Rückbindung an die historische Dimension, dass die verstärkte theoretische Anstrengung im Konnex mit der geschichtlichen Rückversicherung zu einer neuen Beweglichkeit der Geisteswissenschaften entscheidend beitrug und das Erscheinungsbild so mancher Fächer zum Besseren veränderte.

Neue Zuständigkeit der Literaturtheorie

Im Zuge der transdisziplinären Forschungspraxis tritt die Literaturtheorie in ein neues Stadium ein und muss daher unerwartete Ansprüche erfüllen. Sie muss die unhintergehbare sprachliche Verfasstheit allen Wissens und seine textuellen Darstellungsweisen reflektieren, die rhetorischen Strategien und Normen von Begründungen, aber auch das Zusammenspiel von Texten und Begleittexten. Schon auf dieser Ebene verzeichnet sie eine Erweiterung der Zuständigkeit. Darüber hinaus tendieren radikalere Auffassungen zu der These, bei 'Kultur' handle es ich immer um einen symbolischen oder textuellen Zusammenhang; man komme also bei der Erschließung kultureller Phänomene nie ohne Handwerkszeug aus, das dem Arsenal der Text- und Zeichentheorien entstammt, wenn nicht der hermeneutischen Interpretationskunst. Gerade solche umfassenden Theorien wenden textwissenschaftliche Verfahren auf kulturelle Phänomene an, die traditionell nicht bei den Literaturwissenschaften angesiedelt sind. Im Gesamtgefüge der Wissenschaften bedeutet diese Entwicklung nicht nur eine Aufwertung der Gegenstände, mit denen sich die Literaturwissenschaften befassen, sondern auch eine Wende in der Einschätzung ihrer Stellung. Denn das Ungleichgewicht, das sich bei den verschiedenen Stadien des Theorieimports in der Vergangenheit abzuzeichnen begann, ist dadurch korrigiert und man kann mindestens auf diesem Sektor von einem Theorieexport in angrenzende Fächer sprechen.

Theorie und Kompetenzen

Die Beschäftigung mit Literaturtheorien ist deshalb längst kein abgehobenes Ansinnen kleiner Spezialistenzirkel mehr, sondern eine Voraussetzung für die Teilnahme am transdisziplinären Gespräch. Die Kompetenzen und die analytischen Fähigkeiten, zu denen die Literaturtheorie erzieht, sind auch diejenigen, die beim Dialog zwischen den Fachsprachen eine wichtige Rolle spielen. Anders gesagt: gegen das obsolete Anhäufen von schnell überholtem Sachwissen hilft nur das Training von Reflexions- und Theoriekompetenz, mit dem auch die unvermeidbare Komplexität, auf die man bei den Sachthemen stößt, zu bewältigen ist. Und dass hierbei die Literaturtheorien hilfreich sein können, wird niemand bestreiten, der in ihnen auch Verfahren des Umgangs mit kognitiven Strukturen zu sehen vermag.

Eine kurze Begründung für die Auswahl der Arbeitsfelder kulturwissenschaftlicher Forschungen folgt aus den genannten Prämissen und schließt auch die Anordnung mit ein: die ersten zwei Kapitel entwerfen den institutionellen und kontextuellen Rahmen der Kulturwissenschaften. Sie konturieren die wissenschaftsgeschichtlichen Bedingungen für neuere und neueste Literaturtheorien. Die Kapitel III–VII versuchen eine gegenstandsbezogene Begründung für ausgewählte Literaturtheorien. Die Kapitel III und IV widmen sich der Anthropologie und ihrer Ausdifferenzierung. Sie belegen, wie man die Literatur von anderen Formen kulturellen Wissens theoretisch abgrenzen und ihnen gegenüber legitimieren kann. Mit den Gender Studies greift die Darstellung im Kapitel V ein herausragendes Beispiel für typisch kulturwissenschaftliche Themen auf und erklärt ihre charakteristische Aufmerksamkeit für die Verbindung von realen und symbolischen Ordnungen. Die Gedächtnistheorien und die Intertextualität, in den zusammengehörenden Kapiteln VI und VII, zielen auf Verfahren und Formen der kulturellen Selbstrepräsentation. Sie setzen die Theorien über Symbolisierung und Inszenierung in operable Lesepraktiken um. Außerdem erlauben sie eine Positionsbestimmung der Literaturwissenschaft, die weiterhin dem ästhetischen Status der Literatur besondere Aufmerksamkeit widmet.

Auswahl
der Arbeitsfelder

II. Kulturwissenschaftliche Konzepte

Historische
Vorgaben

Der eingangs festgestellte Pluralismus als Angelpunkt der Theorieentwicklung ist kein Signum unseres Zeitalters, sondern war auch schon eine Gegebenheit am Beginn der Kulturwissenschaften. Sie haben um 1900 mit den Neubildungen „Cultur-Philosophie" und „Cultur-Wissenschaft" (Kulturphilosophie, hrsg. Konersmann 1998, 22 nennt Ferdinand Tönnies mit seinem Buch *Gemeinschaft und Gesellschaft* 1887) zu ihrem Begriff gefunden und wurden im frühen 20. Jahrhundert mit bemerkenswerten Ergebnissen ausgearbeitet, bevor sie dann für längere Zeit aus dem akademischen Diskurs verschwanden. Dieses Kapitel will an diejenigen bedeutenden historischen Vorgaben erinnern, die auch heute noch als kritische Bezugspunkte dienen und Argumentationen stützen. Dennoch bleibt ein Problem. Die modernen Kulturwissenschaften können keine rekonstruierbare Traditionslinie aufweisen, sondern nur wenige Vorläufer, die aus heutiger Sicht zentrale Einsichten vorweggenommen haben. Mit dieser Erkenntnis muss man auch das Geschichtsverhältnis neuerer Einleitungen problematisieren (Böhme 2000; Kittler 2000), die weit zurückliegende Vorläufer entdecken wollen, schon in der Kulturgeschichtsschreibung des 18. und 19. Jahrhunderts, und dabei doch nur einen weiteren Beleg für die genannte Kontextualität liefern. Hier wird keine mehr als 250-jährige Geschichte behauptet, die doch nur zu einer Verwirrung der modernen Begriffe mit der (in gewissem Sinne schon immer betriebenen) Kulturgeschichte führen kann und den spezifischen methodologischen Neueinsatz nach 1900 überspielt, der sich auch im Wandel der Begriffe ausdrückt. Deshalb findet sich hier kein Kapitel über Wilhelm Heinrich Riehl (1823–1897) oder Jacob Burckhardt (1818–1897). Erwähnt werden lediglich diejenigen Texte, die ohne bloß metaphorischen Bezug (Kittler 2000) als Grundlegungen gelten können.

1. Kulturphilosophie und Kulturwissenschaften

Kulturwandel 1900

Die Entstehung der Kulturwissenschaft ist ganz wesentlich bedingt durch den Kulturwandel um 1900 und die Reaktionen, die er hervorrief. Sozialpolitische Fragen wurden von einem kulturkritischen Diskurs überlagert, dem bald die Fähigkeit zur Diagnose sämtlicher Gebrechen der modernen Lebensbedingungen zugeschrieben wurde. Das ging mit einer inflationären Verwendung des Wortes Kultur einher, einem pathetischen Leitwort der Jahrhundertwende, dem sich endlos neue Komposita abgewinnen ließen, und der häufig negativen Verwendung des Wortes, in der sich das Unbehagen an Defiziten der Moderne genauso äußerte wie der Wunsch nach neuer Integration von Teilkulturen oder Weltanschauungen (Perpeet 1976). Man suchte nach tragfähigen gesellschaftlichen Ordnungsentwürfen. In Reaktion darauf spitzten sich die Debatten in den Wissenschaften zu und kulminierten in der Erfindung einer neuen Orientierungsmacht (vom Bruch 1989), der sich keine seriöse Disziplin mehr entziehen konnte.

Auch die Wissenschaften fanden sich in einer Krise wieder. Erkannt wurde jetzt der Normverlust gerade der Disziplin, die im 19. Jahrhundert nach dem Wegfall metaphysischer Letztbegründungen zur Leitdisziplin aufgestiegen war: die Philosophie. Sie war dazu verpflichtet, dass sie nach Prinzipien fragte, nach der Einheit des Wissens, aber dieses Selbstverständnis kam ihr abhanden. Anstatt nach universalen Wahrheiten zu forschen, war nun das Beschreiben von Wirkungen wichtiger, zumal die Zahl der Fachgebiete, die sich mit der vom Menschen selbstgestalteten Lebenswelt befassten, sprunghaft anstieg. Das ist einer der Ansatzpunkte für die Kulturphilosophie. Vielleicht noch wichtiger: die Fortschrittsidee verlor ihre Akzeptanz und damit zusammenhängend der Glaube an die Legitimation von Kultur durch Geschichte. Aus der Geschichte kann man keine Sinngebungen beziehen – das hatte der Weltkrieg eindrücklich demonstriert.

Am Beginn der Kulturphilosophie steht also ein Kontinuitätsbruch (Kulturphilosophie, hrsg. Konersmann 1998, 341). Er bezieht sich zuerst auf die materiale Seite der Wissenschaften. Kultur ist nicht mehr der schlechthin gegebene Gegenstand, den man nur zu erschließen brauchte, sondern allenfalls ein Geschehenszusammenhang, dem nicht einmal eine bestimmte Intention zugeschrieben werden konnte. Kultur ist nicht einfach mehr die Antwort, vor der alle Fragen verstummen, sondern das Problem selber. Kultur ist nun ein zentraler Gegenstand der Wissenschaft, weil sie ihrer eigenen Stellung im Gefüge der Welt unsicher geworden ist. Selbst wenn alle führenden Kulturwissenschaftler weiterhin den Anspruch erhoben, der Gesellschaft konsensfähige Werte und Normen vermitteln oder wenigstens Orientierungswissen anbieten zu können, bereitete die inhaltliche Bestimmung des Kulturbegriffs mehr und mehr Schwierigkeiten (vom Bruch 1989,16). Schon deshalb kann von einer langen Tradition der Kulturwissenschaften keine Rede sein. Ihre Voraussetzung war der Kontinuitätsbruch.

Hinzu kommt ein zweites. Die damals diagnostizierten Geltungsverluste waren tiefgreifend, weil sie eine Überprüfung der theoretischen Prämissen des wissenschaftlichen Denkens forderten. Am Beispiel des geschichtlichen Denkens ist das evident. Einerseits hat man zuviel Tradition, aus der positivistischen Faktenhäufung angestautes Wissen, aus dem aber keine Legitimation mehr folgt, andererseits verhindert der Traditionsmangel, die Erkenntnis von der Unbrauchbarkeit traditionellen Wissens ein Anknüpfen an unhinterfragbaren Wahrheiten. Dieses Dilemma wirft die Wissenschaften auf sich selbst zurück. Ein Grundzug der Kulturphilosophie und Kulturwissenschaften ist daher ihre Verbindung von Reflexivität und Kritik. Ihr Ziel ist nicht mehr einfach das Vermehren des Wissens über Kultur oder Kulturen, wie das noch im 19. Jahrhundert unbestrittene Aufgabe war, sondern die Beobachtung dieses Wissens von außen. In zunehmendem Maße gehört dann dazu die Rekonstruktion der kulturellen Systeme, in denen das Wissen eine Rolle spielte (Kulturphilosophie, hrsg. Konersmann, 1998, 349). Diese synthetisierende Funktion der Kulturwissenschaft kann man

Krise
der Wissenschaften

Kontinuitätsbruch

Reflexivität
und Kritik

nicht genug betonen, ging es doch darum, den ständig wachsenden Datenmengen und Wissensbestände, aufgehäuft durch den Positivismus, mit einer Kategorisierung zu begegnen. Von Beginn an ist dieser Theorieanspruch unauflösbar mit dem Begriff der Kulturwissenschaft verbunden und hierin unterscheidet sie sich von der in der Tat älteren Kulturgeschichte, der Völkerkunde und anderen, thematisch differenzierten Fächern. Die Ebene der Beschreibung verliert an Gewicht, wenn der Gegenstand nur noch indirekt gegeben ist oder erst neu konstituiert werden muss. Und das bedeutete: die Reflexion des Zusammenhangs von Kulturkritik, Kulturtheorie und selbstbeobachteter Forschungspraxis war zum Dauerproblem geworden.

Neukantianismus

Die Kulturwissenschaft als neues Regulativ geht terminologisch aus dem Neukantianismus (1865–1918) hervor, einer philosophischen Schule, die auf die lebensphilosophische und kulturphilosophische Herausforderung reagierte und ihre richtig aufgeworfene Problemstellung mit strengen wissenschaftstheoretischen Maßstäben und rationalen Begrifflichkeiten aufnahm. Insbesondere der vom entfesselten historischen Forschen vorangetriebene Wertrelativismus provozierte die Abkehr vom bloßen Sammeln und Ordnen der Fakten sowie die Überwindung der Empirie in einem wissenschaftstheoretischen Programm, bei dem die erkenntnistheoretische Prüfung der verwendeten Begriffe in einer Selbstbesinnung der Philosophie mündete. Man suchte die Grundlagen des Philosophierens zu überdenken und stieß dabei auf die axiomatische Trennung von Naturwissenschaften und Geisteswissenschaften.

Ihre Erkenntniskonzepte gehen von zwei grundsätzlich verschiedenen Denkformen aus: während der Naturforscher das Allgemeine in Form von Gesetzesaussagen in seinen Gegenständen aufspürt, nomothetisch vorgeht, verfährt der Kulturwissenschaftler ideographisch, also in einer Denkform, die das Einmalige, Originäre und Unwiederholbare erschließt. Mit dieser Unterscheidung hat der Philosoph Wilhelm Windelband (1848–1915) in seiner Straßburger Rektoratsrede über *Geschichte und Naturwissenschaft* (1894) den Anstoß gegeben für die Differenzierung der Denkformen und die Profilierung einer Logik der Geschichtswissenschaften. Sie sind eben auf ihre sprachliche Vermittlung angewiesen und können nicht zu nomothetischen Aussagen vordringen, vielmehr sind sie auf Fragen der Geltung hin orientiert und beschäftigen sich mit dem Nachweis von universell gültigen Normen. Wenn man nun die Funktion der Geisteswissenschaften in der Moderne gegen die Übermacht der Naturwissenschaften retten wollte, mussten sie durch eine Methodenlehre untermauert, also begrifflich gefestigt und unterschieden werden.

Rickert und sein
Begriff der
Kulturwissenschaft

Dieser Aufgabe widmet Heinrich Rickert (1863–1936) seine Schrift *Kulturwissenschaft und Naturwissenschaft* (1899, in der 6. und 7. Auflage 1926). Als Schüler Windelbands erweitert er die genannte Unterscheidung um ein rationales System, mit dem der Bereich der Kultur unter Berücksichtigung der methodologischen Anforderungen als Forschungsfeld beschrieben werden konnte. Eine Konkurrenz zu den existierenden Einzelwissenschaften war nicht zu befürchten, weil konkrete Arbeitstechniken nicht zum Konzept des Entwurfs gehörten. Rein formal versucht Rickert eine Definition von Kultur, die mit dem neukantianischen Wertbegriff arbeitet und darunter „die Gesamtheit der realen Objekte" sieht, „an denen allgemein anerkannte Werte oder durch sie konstituierte Sinngebilde haften, und die mit Rücksicht auf diese Werte gepflegt werden." (46). Hier erscheinen also nur bestimmte Objekte als Tatsachen der Beschreibung. Das hat mit der Differenz der Denkformen zu tun, denn die Methoden erfassen unterschiedliche Wirklichkeitsbereiche. Rickert möchte die von Windelband eingeführte Differenz auch nicht statisch verstehen, sondern es geht ihm darum, analog zu dem Begriff „Natur" (124), der die eine Form von Wissenschaft bezeichnet, einen Terminus zu finden, der dem Betätigungsfeld der Geisteswissenschaften und ihrem speziellen Verfahren angemessen ist. Die Interessen und Aufgaben der nicht naturwissenschaftlichen Disziplinen soll er bündig zusammenfassen:

Vorläufig jedoch denkt man bei dem Worte „Geist" in der Regel noch vor allem an seelisches Sein, und solange man das tut, kann der Terminus Geisteswissenschaft nur zu methodologischen Unklarheiten und Verwirrungen führen. Denn nicht darauf kommt es an, dass die einen Wissenschaft Körper, die andern Seelen erforschen. Die Methodenlehre hat vielmehr darauf zu achten, dass die einen Disziplinen es mit der wert- und sinnfreien Natur zu tun haben, die sie unter allgemeine Begriffe bringen, die andern dagegen die sinnvolle und wertbezogene Kultur darstellen und sich deshalb mit den generalisierenden Verfahren der Naturwissenschaften nicht begnügen. Sie brauchen eine individualisierende Betrachtung, (…) Dieser Umstand wird durch die Bezeichnung: historische Kulturwissenschaften viel besser zum Ausdruck gebracht als durch das vieldeutige und daher nichtssagende Wort Geisteswissenschaften. (12)

Die neue Bezeichnung ist also ein Sammelbegriff für das spezifische Verfahren, mit dem die ideographische Denkform ihren Gegenstand methodisch bearbeitet. Sie ist somit neben dem naturwissenschaftlichen der zweite Erkenntnismodus, der seine Wirklichkeit ganz anders konstituiert, sie erschafft. Im Gegensatz zu den Naturwissenschaften gibt es noch ein leitendes Prinzip, das für Rickert die Differenz ausmacht:

Geisteswissenschaft-
liche Erkenntnis

Als Kulturwissenschaften handeln sie von den auf die allgemeinen Kulturwerte bezogenen und daher als sinnvoll verständlichen Objekten, und als historische Wissenschaften stellen sie deren einmalige Entwicklung in ihrer Besonderheit und Individualität dar, wobei der Umstand, dass es Kulturvorgänge sind, ihrer historischen Methode zugleich das Prinzip der Begriffsbildung liefert, denn wesentlich ist für sie nur das, was als Sinnträger in seiner individuellen Eigenart für den leitenden Kulturwert Bedeutung hat. (125)

Der Historiker stellt in seiner Arbeit Synthesen her und lässt sich von normativen Vorstellungen leiten. Aber diese Werte sind nicht historisch, sondern übergeordnet und unveränderlich. Der Kulturwissenschaftler weist ein System von apriorisch gültigen Kulturwerten nach und kann den Prozess der menschlichen Wertsetzungen sichtbar machen. Und gerade in seinem Versuch, den Zusammenhang von Gegenstandskonstitution und Begriffsbildung wie einen logischen Vorgang der Tatsachenfeststellung aussehen zu lassen, scheitert Rickert. Denn sein einheitliches System der Kulturwerte ist eine Fiktion, die der geschichtlichen Wandelbarkeit von Normen widerspricht und die historische Natur des Menschen verleugnet.

A priori gültige
Kulturwerte

Georg Simmel
als Philosoph
und Schriftsteller

Hatte Rickert den Weg einer Formalisierung beschritten, um der wissenschaftlichen Krise Herr zu werden, so entstand das bedeutende Werk des Philosophen Georg Simmel (1858–1918) in der produktiven Auseinandersetzung mit dem Neukantianismus und in konsequenter Fortführung der kulturphilosophischen Ansätze. Simmel studierte in Berlin bei den namhaften Ethnologen und Völkerpsychologen Moritz Lazarus (1824–1903) und Heymann Steinthal (1823–1899), aber auch bei anderen Philosophen und wurde 1885 mit einer Studie über Kant habilitiert. Er hielt dann Vorlesungen als Privatdozent und Extraordinarius, publizierte aber auch Vorträge und Bücher zu ganz neuen Themen, wie das Buch *Soziologie. Untersuchungen über die Formen der Vergesellschaftung* (1908), nachdem schon 1900 eine *Philosophie des Geldes* erschienen war. Spät erst konnte der Außenseiter einen Lehrstuhl in Straßburg übernehmen, den er von 1914 bis zu seinem Tod innehatte. Zusammen mit Ferdinand Tönnies, Werner Sombart und Max Weber gründete er 1909 die Deutsche Gesellschaft für Soziologie und wäre doch als Soziologe nicht zutreffend charakterisiert. Denn in seinem Werk spiegeln sich die Haupttendenzen der wissenschaftlichen Entwicklungen seiner Zeit und man kann nicht von einer stringenten Evolution hin zur Begründung einer neuen Disziplin sprechen; vielmehr stehen streng methodisch-akademische Schriften gleichberechtigt neben literarisch-journalistischen Arbeiten und Essays, die vollkommen neue Felder mit ästhetischen Mitteln erschließen und die aus heutiger Sicht als kultursoziologische Texte gelesen werden können. Simmel war jederzeit verschiedensten Einflüssen des Denkens gegenüber offen, er wollte die Spannung zwischen logisch-philosophischem und freiem Denken erhalten, ohne zu einem geschlossenen System vorzustoßen (Lichtblau 1997). Seine Texte beschäftigen sich nicht nur mit Grundfragen der Moderne, sondern sie verkörpern in ihren Schreibweisen einen modernen Denkstil, den sie damit auch programmatisch mit dem zeitgenössischen wissenschaftlichen Stil konfrontieren. Simmel wollte die damals neue Soziologie gar nicht als eigenständige Disziplin etablieren, sondern sie im institutionellen Rahmen der Geisteswissenschaften belassen und lediglich als ausgewiesene Methode der Geschichtswissenschaft betreiben (Jung 1999, 79). An der allmählichen Ausdifferenzierung soziologischer Probleme kann man heute sehen, wie derartige Prozesse von Vorbereitungsphasen zehren und noch undifferenzierte Erprobungen neuer Denkstile vorausgehen müssen, bevor sich dann disziplinäre Strukturen formieren.

Vergesellschaftung
von Individuen

Im Anschluss an Rickert betont Simmel den Eigensinn der kulturellen Wertsphären. Anders als Rickert interessieren ihn aber konkrete Prozesse der Vergesellschaftung von Individuen. Sie sind gekennzeichnet durch einen grundsätzlichen Dualismus zwischen Wirklichkeit und Welt. Die Gesellschaftlichkeit der Einzelnen – da nimmt Simmel die moderne Rollensoziologie vorweg – ist bestimmt durch Wechselwirkungen, sinnfällig im Geld, in dem die elementare Form der Vergesellschaftung objektiviert wird. Simmel beschäftigt sich immer wieder mit solchen Veräußerungsformen, in denen die Doppelstellung des Individuums, das durch seine Gesellschaftlichkeit definiert ist, aber dennoch nicht darin aufgeht, zum Ausdruck kommt. Die modernen Zwänge, denen der Einzelne nicht entkommt, führen nach der beeindruckenden Beobachtungskunst Simmels zu besonderen Stilen der Lebensführung, die er bis in kleinste Äußerungen des Alltags hinein verfolgt. Daraus entstehen Essays über die Mode, das Großstadtleben, das Abenteuer, die Koketterie, die Geselligkeit, die Mahlzeit usw. Diese Stile sind Ausdruck von der Suche nach Ersatzwelten, in denen das Individuum Entlastung von der beständigen Unruhe findet, sie sind Ausdrucksformen eines Bedürfnisses nach Ästhetisierung, dem Simmel methodisch nachforscht. Er erklärt, dass die spezifisch moderne Zerrissenheit des Menschen sich nur in solchen Symbolen veranschaulichen lasse und mit seinem Stilbegriff überträgt Simmel solche ästhetischen Kategorien auch auf seine kulturwissenschaftlichen Analysen (Lichtblau 1997, 60). Die darin enthaltene Hochschätzung ästhetischer Werte wirkt sich auf die Kulturtheorie aus.

Lebensstile

In seinem zentralen Essay *Der Begriff und die Tragödie der Kultur* (1911, zit. nach Simmel, 1983) geht er dem Zusammenhang von Entfremdungsprozessen und dem Begriff der Kultur in der Moderne nach. Am Beispiel des Geldes zeigt sich, wie Objekte nach und nach zur zweiten Natur des Menschen geworden sind und ein Eigenleben entfalten. Simmel erklärt: in einer Fabrik entsteht durch das Zusammenwirken verschiedener Personen und im arbeitsteiligen Verfahren ein „Kulturobjekt", das als Ganzes keinen Produzenten hat. Es ist nicht aus der „Einheit eines seelischen Subjektes hervorgegangen." (1983, 199). Dieser Vorgang der industriellen Produktion ist sein Musterbeispiel für „objektive Kultur". Die Sachwerte oder auch die Sozialgebilde stehen so jenseits des Subjekts und stellen Ansprüche an das Subjekt, ohne dass dieses noch wüsste, wie damit umzugehen sei. Im Gegensatz zum „Kunstwerk", das eben deshalb „einen unermesslichen Kulturwert" darstellt, „weil es aller Arbeitsteilung unzugänglich", im Geschaffenen „den Schöpfer aufs innigste bewahrt" (206), treibt die objektive Kultur mit einer immanenten Logik die Entfremdung voran und verhindert, dass die Dinge wieder in die Entwicklung des lebendigen Menschen zurückkehren. Dieses Paradoxon der Kultur, die sich zwanghaft verselbständigt, entspringe einem tragischen Grund:

Entfremdung

Dies ist die eigentliche Tragödie der Kultur. (…) dass die gegen ein Wesen gerichteten vernichtenden Kräfte aus den tiefsten Schichten eben dieses Wesens selbst entspringen; dass sich mit seiner Zerstörung ein Schicksal vollzieht, das in ihm selbst angelegt und sozusagen die logische Entwicklung eben der Struktur ist, mit der das Wesen seine eigene Positivität aufgebaut hat. (203)

Zwar werden die Kulturinhalte nur geschaffen, um dem Subjekt wieder bei der Selbstausbildung zu helfen, aber weil sie veräußert werden müssen, gehen sie auch eigene Wege und entziehen sich, können sogar sinnlos werden für das Subjekt. Und das macht die schicksalhafte Modernität der Kulturform nach Simmel aus: dass die „Brücken" (186) zwischen der objektiven und der subjektiven Kultur abgerissen sind und die kulturellen Menschenwerke nicht mehr zur personalen Entwicklung, zur Menschwerdung im höchsten Sinne beitragen.

Paradox der Kultur

Simmels Kulturbegriff ist in mehrfacher Hinsicht grundlegend für die Kulturwissenschaften. In konsequenter Fortführung der Kulturphilosophie entwickelt Simmel ein Instrumentarium für die Beobachtung pathologischer

Ästhetisierung des Kulturbegriffs

Erscheinungen der Moderne. Insofern handelt es sich um Kulturkritik. Der Begriff Kultur spaltet sich, er ist nun Basis und Gegenstand der Kritik in einem (Kulturphilosophie, hrsg. Konersmann 1998, 342). Simmel hat also einerseits die Ästhetisierung des Kulturbegriffs eingeleitet, andererseits durch die immanente Aufspaltung ihm zugleich seine Problematisierung mitgegeben. Aber indem er anerkennt, dass ästhetische Kategorien unabdingbar für die Kulturanalyse sind, kann Simmel nicht nur die Mikrologien des Alltags jenseits der großen Theorien schreiben, sondern auch zeigen, wie ästhetische Erfahrungen in die Lebensordnungen konstitutiv einwirken. Er analysiert Stilisierungen von Lebensformen, wie in seinem Essay über *Die Geselligkeit* (1910/1911), in denen die Tragödie der modernen Kultur durch „Spielformen der Vergesellschaftung" abgemildert wird. Methodisch sind solche Gegenstände für Simmel zwar nur Teilbereiche einer umfassenderen Kulturwissenschaft, zu der die Soziologie Einzelergebnisse beisteuert, jedoch will er sein Vorgehen als Syntheseleistung verstanden wissen. Die Terminologien sind sekundär, soll heißen, sie erschaffen die Tatsachen auf der Grundlage einer Reflexion der von anderen Disziplinen bereitgestellten Materialien und der ständigen Beobachtung dieser Situation des Beschreibens. Simmels Kulturwissenschaft ist genau deshalb von aktueller Bedeutung, weil sie sich einer einsträngigen ideologischen Bewertung enthält und in der strikten Beobachtung divergente Forschungen zusammenführt.

Eine der herausragenden Debatten, an der sich exemplarisch vorführen lässt, wie verschiedene Disziplinen im Dialog einen neuen Gegenstand und damit auch die Kulturwissenschaften erschaffen, ist die Auseinandersetzung mit der Protestantismusthese. Schon seit längerem wies man auf Zusammenhänge zwischen religiösen und ökonomischen Entwicklungen hin, die in einer Erklärung der Entstehungsgeschichte und Bedeutung des modernen Kapitalismus aufgehen sollten. Aber erst in den Studien *Die protestantische Ethik und der 'Geist' des Kapitalismus* (1904/05 und 1920) von Max Weber (1864–1920) lag eine ebenso überzeugend gebündelte wie provokative Formulierung der These vor, die als erstes Beispiel für die Funktion und Wirkung der kulturwissenschaftlichen Perspektive gelten darf.

Weber zeigt, dass der Typus des modernen Berufsmenschen und die moderne kapitalistische Welt ein Produkt des Puritanismus, letzten Endes also religiös bedingt sind. Die protestantische Ethik enthielt Vorgaben, die zusammen mit der Lehre Calvins zu einem neuen Verhaltensmaßstab für die Lebenspraxis seit dem 16. Jahrhundert ausgebildet wurden. Insbesondere die Annahme von der Prädestination, der Gnadenwahl des Menschen begünstigte eine streng reglementierte, ausschließlich dem Erwerb hingegebene Lebensweise. Es wurde einerseits zur Pflicht gemacht, sich für auserwählt zu halten, andererseits als hervorragendstes Mittel zur Erlangung dieser Selbstgewissheit die rastlose Berufsarbeit eingeschärft. Weltlicher Erfolg sollte die göttliche Auserwähltheit garantieren, der dadurch angehäufte Reichtum sollte aber nicht der Verschwendung und dem zügellosen Konsum dienen, sondern, dem asketischen Prinzip der Bedürfnisaufschiebung folgend, zur bloßen Akkumulation von Kapital führen. Um das zu errei-

Debatte über die
Protestantismusthese

Max Weber

chen, benötigte der Einzelne eine methodisch durchdachte, rationale Lebensführung. Solche Pläne sind in den Quellenschriften überliefert, die Weber in seinen Analysen vor allem heranzog, nämlich in Tagebüchern und Autobiographien. Sie enthalten tabellarisch-statistische Aufzeichnungen über die Einhaltung von Tugenden und erlauben einen fundierten Einblick in die konsequente Durchrationalisierung des Alltags mit der vorgeschriebenen täglichen Rechenschaftspflicht vor Gott und sich selbst. Sie sind einzigartige Zeugnisse für die Selbstbeherrschung und die Prozesse der Selbstkontrolle, die man sich abverlangte und belegen minutiös die Verwandlung des Alltags in eine Art Geschäftsbetrieb zu Ehren Gottes.

Weber untersucht ein historisches Paradox: die aufgeführten ethischen Grundlagen sind alle religiös bedingt, sie haben aber zu einer Gesinnung beigetragen und eine Lebenspraxis mitbegründet, die auf Dauer das genaue Gegenteil bewirkte. Eine ursprünglich stark gegen materielles Handeln ausgerichtete Religion spielte durch die Umgestaltung der Askese zu einer rein innerweltlichen bei der Durchsetzung des modernen Kapitalismus eine entscheidende Rolle und trug somit auch zum modernen Verlust der Religion bei. Aber weder waren sich die Zeitgenossen über diesen Prozess im klaren, noch hatten sie ihn beabsichtigt und das historische Ergebnis wurde auch nicht geradlinig erreicht. Vielmehr kann die Forschung im Rückblick diejenigen in der religiösen Praxis erzeugten Antriebe rekonstruieren, die den Prozess begünstigt haben müssen. Einschränkend ist freilich zu betonen, dass Weber damit nicht eine monokausale Erklärung für alle Übel der Moderne bieten wollte, sondern lediglich den Nachweis für einen einzigen konstitutiven Bestandteil des kapitalistischen Geistes. Weder macht er die Religion überhaupt verantwortlich, noch speiste sich der Kapitalismus allein aus dem beschriebenen Paradox. Mit seinem Versuch der Analyse der Entstehungsbedingungen des modernen Kapitalismus ergründet Weber die Frage, auf welche Weise Ideen in der Geschichte wirksam werden können. Er liefert einen Beitrag zur Theorie sozialer Veränderungsprozesse.

Nun ist bei Weber die Methode entscheidend. Seine Informationen bezieht Weber nämlich nicht aus eigener Forschung, sondern aus der Forschungsliteratur, besonders von Theologen und Religionshistorikern (Guttandin 1998). Und deren Ergebnisse betrachtet er als Vorgaben für einen neuen Zugang zu den Quellen. Es kommt also zu einer Reformulierung von bereits zugänglich gemachten und interpretierten Quellen. Die Objekte der Forschung sind sowieso nie einfach gegeben, so dass sie lediglich noch einmal abgebildet werden müssten. Weber erklärt am Beispiel seines eigenen Begriffs „Geist des Kapitalismus" sein Vorgehen:

> Ein solcher historischer Begriff (…) muß aus seinen einzelnen, der geschichtlichen Wirklichkeit zu entnehmenden Bestandteilen allmählich *komponiert* werden. (I 39)

Einerseits baut sich der Begriff erst im Laufe der Untersuchung auf, er füllt sich gewissermaßen in seiner Anschaulichkeit, mit der er sich dem Material annähert, andererseits ist er ein Resultat der Perspektive, mit der ein Forscher an das Thema herangeht und daher vom jeweiligen Blickwinkel abhängig, den das Forschungsinteresse diktiert. Die Analyse ist prin-

Puritanismus und Kapitalismus

Webers Methode

Webers Auffassung
vom Kulturbegriff

zipiell für andere Aspekte offen. Max Weber nennt das: „Eingliedern" der Wirklichkeit „in konkrete genetische Zusammenhänge" (I 40). Maßgebend ist der Forschungszweck; er steuert die Begriffsbildung. Charakteristisch für Webers Methode ist die Technizität, mit der die Formierung des Gegenstands Geschichte aufgefasst wird. Und was Weber als „Geist des Kapitalismus" bezeichnet, ist ein komplexes Beziehungsgeflecht von Kausalitäten und Deutungen, das den Gegenstand konturiert und dem Leser erst am Ende in voller Gestalt vor Augen tritt:

> Wenn überhaupt ein Objekt auffindbar ist, für welches der Verwendung jener Bezeichnung irgendein Sinn zukommen kann, so kann es nur ein *historisches Individuum* sein, d. h. ein Komplex von Zusammenhängen in der geschichtlichen Wirklichkeit, die wir unter dem Gesichtspunkte ihrer *Kulturbedeutung* begrifflich zu einem Ganzen zusammenschließen. (I 39)

Der Historiker konstruiert den sogenannten „Geist des Kapitalismus", indem er gedankliche Wertbeziehungen herstellt und sein Objekt der Betrachtung aus dem historischen Material herausschält.

Idealtypus

Seine Arbeit versteht Weber als Kulturwissenschaft. Zunächst bringt Weber Kultur und Sinnbildung des Menschen in einen Zusammenhang. Nur einzelnen, ausgezeichneten Bereichen ihrer Lebenswelt verleihen Menschen eine kulturelle Bedeutung. Der Wissenschaftler hat sich an diese wertorientierten Wirklichkeiten zu halten, denn der Sinn, der den Dingen einmal gegeben wurde, haftet an ihnen und bildet eine Sphäre zwischen den inneren Vorgängen und den Tatsächlichkeiten. Den Objektbereich Kultur kann man am alltagspraktischen Lebensvollzug studieren, weil er dort werthaft ausgeprägt wurde. An seinem Beispiel der Religion interessieren Weber daher nur ihre Relevanz für das Alltagsleben und die äußeren Wirkungen, die sie hervorbringt. Nur darin ist ihre kulturelle Wirklichkeit empirisch nachweisbar, sie ist historisches Individuum. Man kann aber auch ihre Bedeutung für die Kultur untersuchen und eine Sinnverwandtschaft zum Kapitalismus herstellen. Dann arbeitet der Forscher mit Idealtypen. Denn jene, die Menschen einer Epoche beherrschenden Ideen selbst kann der Forscher nur in Gestalt eines Idealtypus erfassen, weil sie ja konkret nur in Abschattierungen vorkommen.

Das Instrument Idealtypus ist eine gedankliche Formulierung von Sachverhalten, die für den Zweck der Erkenntnis zur Eindeutigkeit gesteigert wurden. Er existiert virtuell, auch unabhängig von der Empirie und fasst das ihr Gemeinsame übergreifend zusammen. Er abstrahiert einzelne Gesichtspunkte zu innerer Widerspruchslosigkeit und hat nichts mit Vorbildhaftigkeit zu tun. Als formales Instrument hilft der Idealtypus, konkrete historische Erscheinungen ohne Umweg über die Aufzählung aller Inkonsequenzen als Bestandteile charakteristischer Züge zu identifizieren. Der Idealtypus „kapitalistischer Geist" ist selber vollkommen unwirklich und in der Realität nicht zu beobachten, als logisches Gedankengebilde jedoch ist er in der Lage, Kulturerscheinungen nach ihrer Bedeutung und den ihnen inhärenten Wertideen zu ordnen. Weber sucht mit seinen Studien zum Protestantismus nach den Regelhaftigkeiten von Handlungsnormierungen, er interessiert sich für die historische Durchsetzung von Wertideen und ihre geschichtliche Variabilität. Für Weber ist es die Aufgabe der Kulturwissenschaften, nach solchen Kulturmustern zu suchen. Damit leisten sie einen entscheidenden Beitrag zur Erklärung des spezifisch Typischen einiger Merkmale der modernen Kultur. Im Kern will Weber das schlechthin prägende Kulturmuster des abendländischen Rationalismus seit der Neuzeit entwerfen.

Schon von ihrem Ansatz her ist die Kulturwissenschaft bei Weber als eine Konstruktion der Konstruktion (Guttandin 1998) angelegt. Sie überformt die herkömmliche Kulturgeschichte, legt ihre Ergebnisse der eigenen Methode zugrunde und entwirft neue Zusammenhänge: sie zielt eigentlich auf Theoriebildung. Weber führt die divergenten Stränge der zeitgenössischen Diskussion zusammen und bündelt die Thesen zum Kapitalismus unter dem neuen Gesichtspunkt der ökonomischen Bedingtheit von Kulturerscheinungen und der Religionen als Systemen der Lebenspraxis. Die gesamte Debatte, die Weber mit seinen Studien auslöste, ist daher auch ein Signum für die Neuorganisation des Wissenschaftssystems. „Kapitalismus" als kulturkritische Epochenbezeichnung, aber auch als wissenschaftlicher Bewegungsbegriff zur Deutung der Moderne erfuhr seinen Durchbruch erst mit dieser Auseinandersetzung. Sombart, Weber, Troeltsch und viele andere streiten um die Veränderbarkeit gesellschaftlicher Einrichtungen unter den Bedingungen des Kapitalismus (vom Bruch 1989), aber auch um den Wert und die Brauchbarkeit von Deutungsmustern, wie sie von Weber bereitgestellt wurden. Die traditionellen Konzepte der Kulturgeschichte bei Lamprecht und Gothein werden mit den moderneren der historischen Sozialpsychologie eines Sombart oder auch der Religionssoziologie von Troeltsch konfrontiert. Max Weber muss sich gegen den Vorwurf der idealistischen, sogar spiritualistischen Geschichtsschreibung wehren und ihm werden Mängel in der Relevanz seines Ansatzes vorgehalten, denn der Kapitalismus sei doch schon lange vorher fest verankert gewesen.

Weber begründet die Kulturwissenschaften mit seinem transzendentalen Ansatz. Im Aufsatz *Die „Objektivität" sozialwissenschaftlicher und sozialpolitischer Erkenntnis* von 1904 (Weber 1985) geht er von der Kulturfähigkeit des Menschen aus, davon, dass der Mensch selbst Kultur schafft im Sinne eines endlichen Ausschnitts aus der sinnlosen Abfolge des Geschehens (Weber 1985, 180). Aber dieser Vorgang ist selbst wiederum Ergebnis von sozialen Handlungen. Kultur wird bei Weber handlungsförmig konstituiert. Sie entsteht aus Sinnzuschreibungen, aus Akten der Stellungnahme, also kognitiven Akten. Webers Bedeutung liegt sicher auch darin, dass er theoretisch Handeln und Kultur als voneinander abhängige Größen gesehen hat (Gephart 1998). Und die Kulturwissenschaft reflektiert die Voraussetzungen solcher Zuschreibungsvorgänge, deren Teil sie selber ist:

> Die Ausgangspunkte der Kulturwissenschaften bleiben damit wandelbar in die grenzenlose Zukunft hinein, (…) Ein System der Kulturwissenschaften auch nur in dem Sinne einer definitiven, objektiv gültigen, systematisierenden Fixierung der Fragen und Gebiete, von denen sie zu handeln berufen sein sollen, wäre ein Unsinn in sich. (Weber 1985, 184)

Die relative Objektivität der kulturwissenschaftlichen Erkenntnisse wird im Wandel der Werte zugleich den Horizont der jeweiligen Wertgemeinschaften verschieben. Der Streit der Werte und Wertzuschreibungen ver-

(Marginalien:) Kulturmuster

Webers Objektivitätsaufsatz

längert sich in die Wissenschaften hinein, die selber nur begriffliche Verdichtungen von alternativen Geschichtsbildern bieten können. Es ist also nicht die Aufgabe der Kulturwissenschaft, die faktische Konkurrenz unvereinbarer Geschichtsdeutungen und Kulturnormen in einem homogenen System aufzuheben, sondern ein Programm bereitzustellen, mit dem die Forschung flexibel auf die Ergebnisse der zu Webers Zeit neu formierten Human- und Sozialwissenschaften reagieren kann.

Ernst Cassirer

Ein solches Grundlagenprogramm entwirft dann der Philosoph Ernst Cassirer (1874–1945), dessen Werk erst heute eine verdiente Renaissance erfährt. Einer der Gründe für seine späte Rezeption könnte in seiner Biographie liegen. Cassirer hat in Berlin bei Georg Simmel Vorlesungen über Kant gehört, wurde im Kreis der Marburger Neukantianer promoviert und lehrte dann einige Jahre als Privatdozent neben Simmel in Berlin. Erst 1919 erfolgte der Ruf nach Hamburg und in der für ihn wichtigsten Phase bis 1933 publizierte er seine bedeutendsten Werke. Sie entstanden in engem Kontakt mit den Gelehrten der Kulturwissenschaftlichen Bibliothek Warburg. Durch die Judenverfolgung der Nationalsozialisten zur Emigration gezwungen, führte sein Weg über Oxford und Göteborg schließlich nach New York, so dass seine Wirkungsmöglichkeiten in Deutschland durch die Diktatur abgeschnitten wurden und nach dem Krieg in der angelsächsischen Forschung gesucht werden müssen. Seine Widerlegung des akademischen Neukantianismus gelangte zu einem Konzept, das er schon in den zwanziger Jahren entworfen hatte und bis zuletzt in mehreren Schriften entfalten konnte. Er wollte die Trennung von naturwissenschaftlichen und geistesgeschichtlichen Erkenntnisformen überwinden, er schuf eine neue Basis für eine Philosophie, die von der grundsätzlichen kulturellen Bedingtheit des Menschen und seiner Wissenssysteme ausgeht. Mit der Durchbrechung des Szientismus setzte bei Cassirer ein neues Interesse für die Konstitutionsformen des 'natürlichen' Weltbildes und für die kategorialen Strukturen der Wahrnehmung wie auch der Alltagserfahrung ein. Vorbereitet durch die Erkenntnisse der Völkerpsychologie war die Annahme der Einheitlichkeit, Konstanz und Gleichartigkeit menschlicher Vernunft ohnehin schon grundsätzlich in Frage gestellt. Die Annahme von transzendentalen, mithin überhistorischen Erkenntnisformen wurde suspekt. Allenthalben drängte nun die wachsende Einsicht in die Verschiedenheit der Anschauungs- und Denkweisen über die formale Reflexion hinaus zur Untersuchung der Verwurzelung von Erkenntnisformen in Lebensintentionen. Man beschäftigte sich mit der Differenz von Lebens- und Denkformen.

Kulturalität des Menschen; Kritik des Idealismus

Cassirers elementares Konzept der Kulturalität des Menschen ist in seinem Hauptwerk formuliert, der *Philosophie der symbolischen Formen* (1923, 1925, 1929) in drei Bänden, und sie darf als Gründungsurkunde der Kulturwissenschaften gelten. Schon im Ansatz verschiebt er die Frage Kants nach den Bedingungen der Möglichkeit von Erfahrung hin zur neuen Frage nach den Bedingungen der Möglichkeit von Bedeutung:

Die Kritik der Vernunft wird damit zur Kritik der Kultur. Sie sucht zu verstehen und zu erweisen, wie aller Inhalt der Kultur, sofern er mehr als bloßer Einzelinhalt ist, sofern er in einem allgemeinen Formprinzip gegründet ist, eine ursprüngliche Tat des Geistes zur Voraussetzung hat. (PSF, I, 11)

Er beschränkt also die Reichweite des traditionellen Idealismus, erweitert aber dagegen das Arbeitsgebiet um Themen wie Sprache, Mythos, symbolisches Denken. Zwar bestreitet er die Möglichkeit eines philosophischen Systems und lehnt die Metaphysik ab, aber die systematische Perspektive bleibt doch bestehen, um dem Problem der menschlichen Orientierung auf die Spur zu kommen. Das Wahrheitsproblem ist allerdings nur noch ein Sonderfall des allgemeinen Bedeutungsproblems. Denn Leben steht immer unter dem Prinzip symbolischer Formung, es eröffnet sich kein Weg in ein ursprüngliches oder vorrationales An-sich; die theoretischen Bestrebungen auf diesem Feld der Transzendentalphilosophie werden immer unergiebig bleiben, solange nicht der Dualismus des Sinnlichen und Geistigen beseitigt wird.

Sein Theorem von der symbolischen Form bedeutet, dass die konkreten geistigen Energien des Menschen sich notwendig in sinnhaften Gestalten manifestieren müssen. Und dabei denkt Cassirer an eine Wechselwirkung. Weder kann Geistiges isoliert von der Materialisation bestehen, noch kann Wirklichkeit überhaupt losgelöst von aller geistigen (und damit eben sinnstiftenden) Verarbeitung erfasst werden. In dieser umfassenden Beschreibung der symbolischen Formung ist die Erkenntnistheorie aufgehoben und in eine Untersuchung verschiedener Kulturformen überführt. Wenn man also alle möglichen Äußerungsformen, in denen sich der Gehalt des Geistes erschließt, zum Ausdruck bringen könnte, wäre das alte Ideal der allgemeinen Charakteristik, von dem schon Leibniz träumte, erfüllt. Cassirer entwickelt eine verführerische Vision:

Symbolische Form

> Wir besäßen alsdann eine Art Grammatik der symbolischen Funktion als solcher, durch welche deren besondere Ausdrücke und Idiome, wie wir sie in der Sprache und in der Kunst, im Mythos und in der Religion vor uns sehen, umfasst und generell mitbestimmt würden. (PSF, I, 19)

Da für Cassirer ein symbolfreier Bereich nicht existiert, folglich jeder geistige Bedeutungsgehalt sich an ein konkretes sinnliches Zeichen knüpft, wird deutlich, dass er seine Definition vom landläufigen Verständnis abgrenzt. Am Beispiel des einfachen Linienzugs: wir können eine Linie als geometrische Figur, als Ornament oder als mythisches Zeichen deuten, ihr in der Wahrnehmung eine bestimmte Sinn-Form zuweisen. Dieses Belegen des sinnlich Gegebenen mit Bedeutung nennt Cassirer auch „symbolische Prägnanz" (PSF, III, 235). Im Wahrnehmen wirkt immer auch ein nichtanschaulicher Sinn, den wir (nur) auf diese Weise zur Darstellung bringen (Schwemmer, Cassirer 1997, 69–125). Wir nehmen etwas nicht direkt wahr, sondern „als" etwas. Und als solches ist es immer schon Bestandteil der Wahrnehmung selber (Schwemmer, Cassirer 1997, 119). Es geht um dieses Herstellen von Ganzheiten, das sich in Weltbildern ausdrückt und das wir in den Grundformen des Weltverständnisses studieren können. Cassirer verwendet einen ungewöhnlich weit gefassten Symbolbegriff, der weit über das literarische Verständnis hinausgeht.

Symbolische Prägnanz

Alle Formen (Raum, Zeit, Kategorien) gewährleisten eine Synthese der Erfahrungen. Das menschliche Bewusstsein bildet ständig Reihen und arbeitet mit logischen Verknüpfungen. Jedes einzelne Datum verweist auf einen komplexeren Zusammenhang, in dem es erst Sinn macht. Auf dieser

Das Bewusstsein bildet Reihen

natürlichen Symbolik baut jede „künstliche Symbolik" auf, also die verfeinernde kulturelle Symbolik, die Menschen mit der Sprache, der Kunst, der Technik, der Wissenschaft oder dem Mythos schaffen (PSF, I, 41). Und so bestimmt Cassirer die symbolischen Formen als Prägungen:

> Der Mythos und die Kunst, die Sprache und die Wissenschaft sind in diesem Sinne Prägungen zum Sein: sie sind nicht einfach Abbilder einer vorhandenen Wirklichkeit, sondern sie stellen die großen Richtlinien der geistigen Bewegung, des ideellen Prozesses dar, in dem sich für uns das Wirkliche als Eines und Vieles konstituiert. (PSF, I, 43)

Zentral sind also Bewusstseinsfunktionen und Sprachstrukturen, mit denen wir unsere Erfahrung organisieren und daher entwickelt der erste Band der PSF eine Sprachphilosophie. Von Humboldt ausgehend fragt Cassirer danach, mit welchen grammatischen und linguistischen Mitteln die einzelnen Sprachen bestimmte Anschauungen organisieren und Weltsichten zustande kommen lassen. Er fragt nach dem Anteil der Sprache beim Aufbau kulturell geformter Weltbilder. Im zweiten Band rekonstruiert er das mythische Denken, seine Muster in Anlehnung an die damals neuen Ergebnisse der Ethnologie. Der dritte Band legt dann eine Gesamtschau der Gestalt- und Entwicklungspsychologie vor, in der dargelegt wird, dass die Wahrnehmung von Ausdruck jeder Dingwahrnehmung genetisch vorausgeht. In der Wahrnehmung bilden wir Reihen und Ordnungen. Das sich darbietende Phänomen rückt ein in unterschiedliche Weisen der Repräsentation. Und diese legen den Verlauf der Wahrnehmung fest (PSF, III, 155). Nicht zuletzt sind auch seine Ausführungen über die Symbolisierungsleistung der Darstellungsfunktion von allgemeinem Interesse. Die Befunde der Sprachpathologie, der Aphasieforschung zeigen, dass beim Versagen der Sprache sich auch Raumauffassungen verändern und die Gegenständlichkeit ein ganz anderes Aussehen bekommt. Die sprachliche Form prägt unser Denken und beeinflusst eben auch den Aufbau wissenschaftlicher Begriffswelten.

Semiotische Theorie des Geistes

Cassirers Philosophie ist heute auch deshalb aktuell, weil sie nicht bloß in die Nähe der Semiotik rückt, sondern der Semiotik eine fundamentalere Art der Bedeutung voranstellt, die das Zeichen wie auch die symbolische Form a priori setzt. Das Zeichen ist mehr als nur zufällige Hülle des Gedankens, es ist sein notwendiges und wesentliches Organ. Die Formen der Kultur stützen sich zwar auf eine Zeichengebung, so dass „Symbolik und Semiotik" (PSF, I, 18) zusammengehören, aber beide sind letztlich in der „symbolischen Prägnanz" begründet. Die synthetische Leistung ist vorgängig. Cassirers semiotische Theorie des Geistes (Paetzold, 1994, 24f.) geht in einer Theorie der Symboltätigkeit auf, in der das Zeichen zum reinen Beziehungszeichen wird. Man kann die Semiotik als universale Theorie nicht allein von der Sprache her aufbauen, sie muss eine Semiotik des Codes in Angriff nehmen (Paetzold, 1994, 36f., 63).

Theorie der Kulturfunktionen

Außerordentlich modern ist der Versuch zu einer Theorie der Kulturfunktionen, den auch seine späteren Schriften bieten. Im amerikanischen Exil veröffentlichte Cassirer 1944 sein Buch *An Essay on Man*, das erst 1990 ins Deutsche übertragen wurde. Mit ihm stößt er zu einer systematischen anthropologischen Begründung der Kulturwissenschaft vor, die seine PSF fortsetzen soll:

Die Philosophie der symbolischen Formen geht von der Voraussetzung aus, dass, wenn es überhaupt eine Definition des „Wesens" oder der „Natur" des Menschen gibt, diese Definition nur als funktionale, nicht als substantielle verstanden werden kann. (VM, 110)

Weder die angeborene Anlage noch irgendein metaphysisches Prinzip reichen aus bei der Bestimmung des Menschen, sie ist allein zu gewinnen aus seinem Wirken und aus der Grundstruktur seiner Tätigkeiten. Und das ist Aufgabe der neuen Wissenschaft, denn mit den herkömmlichen Disziplinen wird gerade das Spezifische des Menschseins nicht erfasst. Das Arbeitsgebiet benennt Cassirer mit der Metapher vom „symbolischen Netz". Der Mensch lebt (nur) in einem symbolischen Netz von Sprache, Mythos, Kunst, Religion, Technik usw.:

Symbolisches Netz

Sie sind die vielgestaltigen Fäden, aus denen das Symbolnetz, das Gespinst menschlicher Erfahrung gewebt ist. Aller Fortschritt im Denken und in der Erfahrung verfeinert und festigt das Netz. Der Mensch kann der Wirklichkeit nicht mehr unmittelbar gegenübertreten; er kann sie nicht mehr als direktes Gegenüber betrachten. (VM, 50)

Im Symbolischen unterscheidet sich der Mensch von anderen Lebewesen und mit dieser Definition als „animal symbolicum" (VM, 51) hat Cassirer den Weg gewiesen zu einer neuen, nicht mehr rein auf Verstandestätigkeiten gegründeten Bestimmung. Mit dem Schlüsselbegriff überschreitet er auch die Fixierung auf die Philosophie und fordert ihre Ergänzung um Biologie, Ethnologie, Geschichte, Soziologie, Psychologie und Literaturwissenschaften.

Mensch als animal symbolicum

Damit ändert sich auch der Status der Geisteswissenschaften. Im letzten Kapitel des *Essay on Man* hat Cassirer gezeigt, wie sich auch die Wissenschaft als eine der symbolischen Formen selber nach und nach als Kulturprodukt ausdifferenzierte. Und schon einige Jahre zuvor, noch in Göteborg, war das wichtige Buch *Zur Logik der Kulturwissenschaften* (1942) erschienen. Die symbolischen Formen, so führt schon die erste Studie aus, sind „Medien", die der Mensch sich erschafft, um sich zugleich von der Welt zu trennen wie auch sich fester mit ihr zu verbinden (LK, 25). Der Mensch lebt mehr in seiner „Bildwelt". Die Geisteswissenschaften sind daher aufgerufen, sich an diese spezifische „Ausdruckswahrnehmung" (LK, 40 und 45) als Gegenstand für die Kulturwissenschaft zu halten.

Die Bemühungen zielen auf eine Logik der Kulturbegriffe (Graeser, 1994, 124), also auf die methodische Grundlegung der Kulturwissenschaft. Kulturbegriffe sind eine Klasse eigener Art. Sie ähneln den Stilbegriffen der Kunstgeschichte und haben nicht die Aufgabe, jeden Einzelfall abzudecken, sondern Erscheinungen „zu einer Einheit zusammen" zu sehen (LK, 73). Das erinnert an die Debatte um Max Webers Protestantismusbegriff, der gleichfalls ein Deutungsmuster anbot. Cassirer umschreibt die Kulturbegriffe als „Sinnbegriffe" (LK, 73) und nennt als Beispiel Jacob Burckhardts „Renaissance-Mensch". Er hat in dieser Reinform sicher nie existiert, der Begriff aber charakterisiert genau das „Wesen" des zu beschrei-

Logik der Kulturbegriffe

benden Problems. Wichtig ist nun, dass Cassirer immer auch die eigene Begriffsarbeit des Wissenschaftlers in seine Reflexion einbezieht. Im ständigen Strom der Kultur, der ununterbrochen neue Symbole schafft, gliedert sich die Wissenschaft in die „Akt-Analyse" ein (LK, 98), d.h., sie hält sich nicht bei der ohnehin unlösbaren Frage nach der Entstehung der Symbolfunktion auf. Die „Kulturwissenschaft lehrt uns, Symbole zu deuten, (...) um das Leben, aus dem sie ursprünglich hervorgegangen sind, wieder sichtbar zu machen." (LK, 86). Diese „Palingenesie der Kultur" (LK, 77) ist das Ziel. Vom Standpunkt einer Gedächtniswissenschaft aus, die Cassirer wohl vorschwebt, kann er auch die pessimistische Variante von der „Tragödie der Kultur" bei Georg Simmel mit einer optimistischeren Sicht konfrontieren. Im Drama der Kultur gibt es keine endgültigen Siege und Niederlagen, sondern immer nur Wiedererweckung, Durchdringung und Auseinandersetzung mit anderen Kulturen. Dieser historischen Dialektik des Kulturbewusstseins nachzugehen, ist die eigentliche Aufgabe der Kulturwissenschaft (LK, 111–127).

Die Permanenz, mit der immer neue Formen und mediale Strukturen aus der ständigen Ausdifferenzierung des Symbolischen hervorgehen, fängt **Metaphysikverdacht** Cassirer mit einer alten Metapher ein, er spricht davon, dass die Menschheit sich in ihren Kulturformen „einen neuen Körper geschaffen hat, der allen gemeinsam zugehört" (LK, 127). Letzten Endes erscheint damit der Kulturbegriff wieder als Restposten der Metaphysik (Orth, 2000, 197 ff.). Denn die Setzungen, die Cassirer vornimmt, sind selbst nicht mehr zu begründen. Medium und Bedeutung sind ebenso verbunden wie Bedürfnis und Bedeutung, ohne dass das erklärt werden könnte. Die Theorie zehrt also von metaphysischen Annahmen, sie lässt sie im Hintergrund stehen.

Vier Aspekte **der ersten Phase** Mit der Position, die Cassirer eingenommen hat, endet die erste Phase der Kulturwissenschaft und ihrer Konzeptbildung. Aus heutiger Sicht kann man vier Aspekte hervorheben, die eine Anknüpfung an dem Geleisteten rechtfertigen: in der ersten Phase wird Kultur als ein Problembegriff etabliert. Er erscheint nicht strikt definierbar, sondern lediglich erläuterbar. Die Kulturwissenschaft ist zunächst eine Reaktion auf das Reflexivwerden des Wissens in der Moderne. Zweitens: als methodische Konsequenz auf die Tatsache, dass ihr Gegenstand nur indirekt gegeben ist, möchte Cassirer die Kulturwissenschaft im Sinne einer Gedächtniswissenschaft begründen. Sie ermöglicht die Selbstreflexion, die Selbsterneuerung der Kultur und betont vor allem die prinzipielle Kontingenz jeder Kulturform. Auch der Wissenschaftler muss sich über die Relativität seiner eigenen Praxis im Klaren sein. Bei Cassirer ist drittens deutlich, dass der Mensch mehr ein Kulturphänomen ist als ein anthropologisches (Orth, 2000, 211). Notwendig ist daher eine semiotisch angereicherte Symboltheorie, die kulturelle Kodierungspraktiken untersucht (Paetzold, 1994). Und viertens strebt die Kulturwissenschaft eine zweite Ebene der Beobachtung an. Sie soll konkurrierende Theorien vergleichen und ineinander übersetzen (Graeser, 1994, 183). Damit wird der philosophische Systemgedanke verdrängt durch ein Konzept mit integrativen Zügen, das heute vorbildlich wirkt.

2. Ethnologie: Kultur und Text

Die zweite Phase, und damit ist die Kulturwissenschaft im eigentlichen Sinne gemeint, beginnt mit der Selbstbesinnung einer Disziplin, deren Ergebnisse schon seit ihrer akademischen Institutionalisierung um 1900 an der Formierung der Kulturwissenschaft beteiligt waren. Und die Fragen, die sich der Kulturwissenschaft stellen, lassen sich gerade an der Entwicklung der Debatten in der Ethnologie nachzeichnen. Die Problemabfolge innerhalb dieser Disziplin ist daher symptomatisch für das gesamte Thema. Fragen der Beschreibung von fremden Kulturen und die Schwierigkeiten, die mit ihrer Darstellbarkeit überhaupt verbunden sind, dominieren das Fach in zunehmendem Maße. Insbesondere die Beschränkung auf außereuropäische Kulturen wird seit längerem nicht mehr akzeptiert. Seit den siebziger Jahren hat die Ethnologie auf dem Gebiet der Methodik wieder Theorieangebote vorgelegt, die über die Fachgrenzen hinaus große Beachtung fanden. Zweite Phase

Es ist das Verdienst des Ethnologen Clifford Geertz (1926–2006), der zunächst mehrere kulturanthropologische Bücher vorgelegt, in den siebziger Jahren jedoch sein Interesse ganz auf die Analyse der eigenen wissenschaftlichen Praxis und seines Faches verlegt hat. Schon der Titel seiner ersten Sammlung *The Interpretation of Cultures. Selected Essays* von 1973 verweist auf die neue Fragestellung. In weiteren Studien vertieft und 1983 in einer deutschen Auswahlausgabe publiziert, dokumentieren die Thesen von Geertz den Prozess der Klärung der eignen Arbeitsweisen und das Vordringen zu einer neuen Auffassung. Zwei Aspekte charakterisieren das Anliegen von Geertz: einmal seine hermeneutische Grundlegung der Ethnologie und sodann seine konsequente Kritik der Ethnographie, also der Beschreibungen, der schriftstellerischen Produkte, die aus der Tätigkeit des Ethnologen hervorgehen. Der Ethnologe macht nicht mehr nur fremde Kulturen, sondern nun auch sich selber zum Untersuchungsobjekt. Clifford Geertz

Die Verständigung über das eigene Fach beginnt mit der Überprüfung des methodischen Prinzips der Feldforschung. In den zwanziger Jahren hatte sich die von Bronislaw Malinowski (1884–1942) praktizierte „teilnehmende Beobachtung" als dominantes Vorgehen der Ethnologen durchgesetzt. Mit dieser empirischen Wende ging die damalige Völkerkunde von ihrer an der Naturbeobachtung orientierten Haltung zur sozialen Partizipation an den erforschten Völkern über. Der Ethnologe sollte den Standpunkt des Eingeborenen hautnah erfahren und musste daher in der fremden Kultur leben, wenn er den Alltag kennen lernen wollte. Über verschiedene objektivierende Techniken (Kohl 2000) wollte Malinowski die methodische Strenge und Haltbarkeit seiner Ergebnisse absichern. Aber die Methode war an der Tatsache gescheitert, dass letztlich allein der Feldforscher als Übermittler der Kenntnisse in Frage kommt und seine der fremden Kultur überlegene Haltung ihn an der Partizipation hindert. Mit dieser Erkenntnis wurde auch die schriftstellerische Tätigkeit des Ethnologen fragwürdig. Die Feldforschung, das drängte sich nun auf, scheitert eigentlich zu Hause am Schreibtisch. Denn in seinem Text erschafft der Ethnologe 'den Anderen' überhaupt erst. Die Singularität des konkreten Menschen löst sich auf in Kritik
der Feldforschung 'den Eingeborenen', also in ein Großsubjekt, das nur auf dem Papier und in den Köpfen der Leser existiert.

Dichte Beschreibung   In Anlehnung an philosophische Symbolkonzeptionen - Geertz greift auf die Arbeiten von Susanne Langer zurück, die stark von Cassirer beeinflusst waren, – und hermeneutische Textbegriffe, besonders häufig zitiert er Paul Ricœur, propagiert Geertz eine Abkehr von der Verhaltensbeobachtung. Nicht mehr die bloße Beschreibung von Verhaltensweisen, sondern das bedeutungstheoretische Spektrum menschlicher Betätigungen, Artikulationen ist wichtig und der Ethnologe soll sich auf die symbolischen Dimensionen des sozialen Handelns konzentrieren. Indem Geertz die teilweise indirekt vermittelte Debatte um den Stellenwert des Symbols aufnimmt, von Cassirer und Max Weber ausgeht, ist mit seiner Definition aus dem programmatischen Aufsatz *Thick Description: Toward an Interpretive Theory of Culture (dt.: Dichte Beschreibung. Bemerkungen zu einer deutenden Theorie von Kultur)* auch der Zusammenhang mit der eingangs beschriebenen ersten Phase der Kulturwissenschaft und ihren semiotischen Anfängen gegeben:

> Der Kulturbegriff, den ich vertrete, (…) ist wesentlich ein semiotischer. Ich meine mit Max Weber, dass der Mensch ein Wesen ist, das in selbstgesponnene Bedeutungsgewebe verstrickt ist, wobei ich Kultur als dieses Gewebe ansehe. Ihre Untersuchung ist daher keine experimentelle Wissenschaft, die nach Gesetzen sucht, sondern eine interpretierende, die nach Bedeutungen sucht. Mir geht es um Erläuterungen, um das Deuten gesellschaftlicher Ausdrucksformen, die zunächst rätselhaft scheinen. (1999, 9)

Kulturbegriff   Zweifellos klingt diese Definition stark nach den Worten von Cassirer,
wie bei Cassirer   der ja vom „symbolischen Netz" gesprochen und ebenfalls die Metapher vom Faden verwendet hatte, und er sucht ähnlich wie Weber nach Kulturmustern. Aber Geertz ist wesentlich weniger streng in der Terminologie, vielmehr vernetzt er ältere Begrifflichkeiten.

Auf der Suche nach der „informellen Logik des tatsächlichen Lebens" (1999, 25) beschäftigt er sich mit den öffentlichen, allen zugänglichen Bedeutungssystemen, die z. B. beim Grüßen oder dem Zwinkern mit dem Augenlid bemüht werden. Diese Sinnzusammenhänge, auf die Menschen bei ihren Handlungen zurückgreifen müssen, besitzen nun aber einen Überschuss an Bedeutung; sie gehen nicht in ihrem Gebrauch auf, sondern weisen noch über sich hinaus. Soziale Handlungen sind Kommentare, die „mehr als nur sich selbst kommentieren;" (1999, 34). Hier kommt nun die Arbeit des Ethnologen ins Spiel.

Die Symbolsysteme liegen nämlich nicht fertig vor und können auch nicht einfach an der Realität abgelesen werden. Es reicht auch nicht aus, sich in fremde Kulturen einzufühlen. Vielmehr resultiert das gewünschte Ergebnis aus der „dichten Beschreibung":

> Die Ethnographie ist dichte Beschreibung. Das, womit es der Ethnograph tatsächlich zu tun hat – wenn er nicht gerade mit der routinemäßigen Kleinarbeit der Datensammlung beschäftigt ist (die natürlich auch sein muß) –, ist eine Vielfalt komplexer, oft übereinandergelagerter oder ineinander verwobener Vorstellungsstrukturen, die fremdartig und zugleich ungeordnet und verborgen sind und die er zunächst einmal irgendwie fassen muß. Das gilt gerade für die elementarsten Ebenen seiner Tätigkeit im Dschungel der Feldarbeit: für die Interviews mit Informanten, die Beobachtung

von Ritualen, das Zusammentragen von Verwandtschaftsbegriffen, das Aufspüren von Eigentumslinien, das Erstellen von Haushaltslisten. … (1999, 15)

Sein Ziel ist das Erschließen der verschiedenen Bedeutungskomponenten, die in den anscheinend nichtssagenden Elementen des Verhaltens eingelagert sind und die Handlungen der Menschen steuern. Typische Ereignisse und Alltagserlebnisse begreift der Ethnologe als Zeichen, die Aufschluss geben über Motive und Codes. Und dabei soll auch die Bedeutung erschlossen werden, die den Handlungsweisen aus der Perspektive der Handelnden zukommt. Geertz interessiert die Frage, wie Menschen ihre Lebenswelt für sich als eine sinnvolle interpretieren (Gottowik 1997, 257). Das Erfassen dieser Ebenen geschieht in der eigentlichen Tätigkeit des Ethnologen, beim Schreiben. Die Vertextung ist der Kern seiner Tätigkeit. Er erstellt „eine Lesart dessen, was geschieht" (1999, 26). Kultur und soziales Handeln sind konstitutiv text –analog, der Ethnologe ist ein Übersetzer und Exeget von institutionalisierten Handlungen. *(Kern der Tätigkeit des Ethnologen)*

Die auffällige Parallele zwischen Text und sozialer Lebenswelt wurzelt zunächst in der Suche nach den Weltentwürfen. Aber sie beschreibt auch die konkrete Praxis. Der Ethnologe ist als Handelnder nur marginal in der von ihm untersuchten Gesellschaft integriert und hat keinen direkten Zugang zum Inneren der Diskurse. Er kann sich nur auf das stützen, was man ihm zugänglich macht: *(Parallele Text und soziale Lebenswelt)*

Wir interpretieren zunächst, was unsere Informanten meinen oder was sie unserer Auffassung nach meinen, und systematisieren diese Interpretationen dann. (1999, 22)

Das aber bedeutet eine weitere Abstraktionsleistung. Zuerst geben die Angehörigen einer Kultur ihre Deutungen und nur sie geben Interpretationen erster Ordnung. Darüber erhebt sich das Deutungsgebäude des Autors, der den „Text" aus diesen Angaben erster Ordnung destilliert. Seine Lesart ist eine „Abtrennung" vom Geschehen, ein Konstrukt.

Geertz betont daher nachdrücklich den konstruktiven, artifiziellen Charakter der Ethnographie. Ihre Interpretationen sind „solche zweiter und dritter Ordnung" (1999, 23), er nennt sie sogar „Fiktionen", aber im Sinne eines künstlich Hergestellten. Sie sind nicht falsch oder fiktiv, sondern verleugnen nur nicht ihre Herkunft. Es gibt demnach keine objektive Realität vor jeder Interpretation. *(Fiktionen)*

Im Gegensatz zu den hermeneutischen Philosophen, auf die er sich stützt, gibt Geertz jede Vorsicht auf und verallgemeinert die Textanalogien. Er substantialisiert die Textmetapher und nennt die gesamte „Kultur eines Volkes" ein „Ensemble von Texten", die „ihrerseits wieder Ensembles seien (1999, 259). In einem zweiten berühmt gewordenen Aufsatz *Deep Play: Notes on the Balinese Cockfight* (dt.: *„Deep Play": Bemerkungen zum balinesischen Hahnenkampf*) umkreist er diese These in immer neuen Wendungen und verwischt dabei allerdings seine eigenen Lesarten mit den Interpretationen, die ihm von den Balinesen angeblich erzählt wurden. Geertz dehnte dieses Konzept von der Kultur als Text schließlich auf alle nur denkbaren Aspekte des gesellschaftlichen Lebens aus und studierte selbst Paläste, Melodien oder Technologien als solche lesbaren Texte. Es *(Textensemble, Kultur als Text)* war vor allem der Essay über den Hahnenkampf, an dem sich eine hitzig geführte Debatte entzündete.

Krise der Repräsentation

Dennoch: die methodologischen Arbeiten von Geertz sensibilisierten seine Disziplin für das Problem der Repräsentation. Fortan war die Arbeit ohne Berücksichtigung der Autorschaft und ihres Einflusses auf die Formierung des Gegenstandes nicht mehr ohne weiteres möglich. Der Begriff der Repräsentation bündelt ganz verschiedene Aspekte wie „Darstellung", „Vorstellen" oder „Vergegenwärtigen" und dient dazu, die Kontextabhängigkeit der eigenen Erkenntnis bewusst zu machen. Diese Erschütterung vormals unbedenklicher Verfahrensweisen ging in die Wissenschaftsgeschichte ein als Krise der Repräsentation. Sie führte in den siebziger Jahren zu einer verstärkten Analyse der klassischen Texte des Faches, die alle gelesen hatten. Geertz griff dann mit einer Studie in diese Diskussion ein, die sprichwörtlichen Status erlangte: *Works and Lives. (dt.: Die künstlichen Wilden. Anthropologen als Schriftsteller)* von 1988/1990 untersucht Texte von Lévi-Strauss, Evans-Pritchard, Malinowski, Ruth Benedict, um an ihnen die verschiedenen textuellen Verfahren der Konstruktion des Anderen zu zeigen.

Neue Schreibweisen der Ethnologie gefordert

Zwar nimmt Geertz von einer Kritik seiner eigenen Studien Abstand, was ihm gerne vorgehalten wurde, und er distanziert sich sogar von den selbstreflexiven Tendenzen seiner eigenen Schüler (Vincent Crapanzano, Paul Rabinow). Aber er weist doch auf ein nicht zu vernachlässigendes Problem hin, nämlich die moderne Vermengung von Gegenstand und Publikum. Der ethnologische Text verliert erheblich von seiner Überzeugungskraft, wenn er von denen gelesen und kritisiert wird, die darin beschrieben werden und das ist immer häufiger der Fall. Kurios ist also nicht mehr der Andere, der sozusagen künstlich entworfene Wilde, sondern diese Art der Beschreibung selbst (Geertz 1990, 130). Jetzt wird nicht mehr nur der Realismus in Frage gestellt, sondern die Tatsache des Beschreibens überhaupt. Der Text verfährt so, als gebe es völlig beobachtbare Handlungen, die wie in der alten Naturgeschichte nur auf die Klassifikation warten. Geertz formuliert dieses Misstrauen:

> Es ist vielmehr das Versagen der gesamten visualistischen Ideologie des referentiellen Diskurses mit ihrer Rhetorik des „Beschreibens", „Vergleichens", „Klassifizierens" und „Verallgemeinerns" und ihrer Anmaßung eines Bezeichnens durch Repräsentation. In der Ethnographie sind keine „Dinge" da, die Gegenstand einer Beschreibung sein können (…) es gibt vielmehr einen Diskurs, und auch der ist kein Ding … (1990, 133)

Was sich anhört wie die Verkündigung des Endes aller Ethnologie ist in Wahrheit nur der Versuch, eine Schreibweise einzuklagen, die Rücksicht nimmt auf die Auflösung der Kolonialreiche und die dadurch geschaffene Situation der verstärkten Migration. Denn die Beschriebenen sitzen nicht mehr in fernen Ländern, sondern im Seminar des Ethnologen. Zwar wiegt dadurch die Last der Autorschaft schwerer, aber die Aufgabe des Faches, nämlich erneut zu zeigen, wie andere leben, will Geertz nicht verwerfen.

Selbstreflexion und writing culture

Für die Kulturwissenschaften brachte diese Repräsentationskrise einige wichtige Einsichten. Der Weg, den Geertz von der symbolischen Anthropologie zu einer allgemeinen interpretativen Anthropologie gegangen war, hat die selbstreflexive Wende eingeleitet. Fremdheit erschien nun nicht mehr nur als ein Effekt des Diskurses, sondern als ein grundsätzlich relationaler Begriff (Kohl 2000, 96). Und mehr noch: die Annahme, irgendwo Natur beobachten zu können, sie von jeder kulturellen Prägung unterscheiden zu können, erwies sich als Irrglaube, ein Gedanke, auf den schon Cassirer aufmerksam gemacht hatte, der aber erst jetzt voll zum Tragen kam (Gottowik 1997, 67 und 223). Darüber hinaus verwandelte Geertz sein Fach in eine Textwissenschaft und eröffnete damit eine weitreichende Auseinandersetzung. Sie wurde unter dem Titel der programmatischen Aufsatzsammlung Writing Culture geführt, die James Clifford und George E. Marcus 1986 herausgaben (Texte übersetzt bei Berg/Fuchs 1999).

Die theoretischen Grundannahmen wurden von dieser zweiten Generation interpretativer Anthropologen modifiziert. Sie ersetzten die Metapher von der Kultur als einem Text durch die dialogische Fundierung des Erkenntnisprozesses. Sie betonen die Interaktion mit dem Gegenüber und wollen den Anderen an der Konstitution des Gegenstandes beteiligen (Berg/Fuchs 1999, 77 ff.). Kultur erscheint als etwas prinzipiell nicht Fixierbares, das stillhält, um beschrieben zu werden. Forscher wie James Clifford suchen den Autoritätsverlust des Autors dadurch wettzumachen, dass sie eine Selbstbeschränkung auf reflektierte Partialansichten von Kulturen unter Einschluss der Perspektiven Betroffener bevorzugen. Die damit einhergehende Aufhebung der Unterscheidung von Autor und Leser zieht auch die Auflösung der Gattungsgrenzen nach sich. Feldbericht, Protokoll, Reportage, Essay, Erzählung und Reiseliteratur gehen ineinander über und sollen unterschiedliche Stimmen zu Wort kommen lassen. Ein neues Selbstbewusstsein leitet sich aus den Mischformen her, die keine strenge Grenzziehung zwischen Fakten und Fiktion mehr erkennen lassen.

Neuere Forscher betonen Interaktion

Innerhalb der Literaturwissenschaft hat Doris Bachmann-Medick die „writing culture"-Debatte aufgegriffen und einen Versuch der Adaption vorgelegt. Ihre Textausgabe von 1996 trägt zwar den von Geertz herkommenden Titel *Kultur als Text* und spricht von der *anthropologischen Wende*, meint aber die selbstreflexive Richtung der Ethnologie. Die symbolisch orientierte Kulturwissenschaft soll bestehende Dichotomien, wie z. B. Schriftlichkeit/Mündlichkeit, Monument/Lebenswelt, Natur/Kultur usw. aufbrechen und als kulturell bedingte Differenzen sichtbar machen. Mit James Clifford fordert Bachmann-Medick das Ende einer Interpretation von Bedeutungen und stattdessen die „Untersuchung der Textabhängigkeit von Kulturrepräsentationen" (Bachmann-Medick 1996, 31). Aus der Analyse von „Schlüsselkonzepten" einer Kultur, wie z. B. Familie, Liebe, Pflicht usw. soll der jeweilige Bedingungsrahmen solcher Konzepte hervorgehen. Ziel ist „eine Ethnographie des Schreibens selbst" (36), wie es in enger Anlehnung an die amerikanischen Autoren heißt. Aufs Ganze gesehen ist damit ein Standpunkt erreicht, der fächerübergreifende Konzepte erfordert (für die Volkskunde Kaschuba 1999), zu überprüfen bleiben aber die Reichweite der universalistischen Textmetapher und insbesondere ihre Verbindlichkeit für einen Begriff von Kultur als Praxis, der das Referenzproblem in seiner ganzen Tragweite einschließt. In jedem Falle aber sind die genannten

Kultur als Text

Ansätze bedeutend für die Lektüre der Kolonialliteratur, der Minderheiten-
literatur, der interkulturellen Literaturen.

3. Cultural Studies, Post-Colonial Theory, Interkulturalität

Cultural Studies
seit 1964

Die Hinwendung zu den sozialen Kontexten und die Frage, auf welche
Sachverhalte Texte sich beziehen, aber auch das Problem der Projektion
eigener Leitbilder auf fremde Kulturen wurden schon in anderen Zusammenhängen betrachtet. Selbstverständlich hat die Verschränkung von
Texten mit sozialen Praxisformen eine breite Tradition, die teilweise auch
für kulturwissenschaftliche Themen in Frage kommt. Sie ist dort von Be-
lang, wo sie die symbolischen Kulturanalysen bereichern und insbesondere das Wunschbild von klar abgrenzbaren Kulturen korrigieren kann. Das
gilt vor allem für die Cultural Studies, die sich völlig unabhängig von der
Kulturwissenschaft entwickelten, seit mehr als vierzig Jahren in Großbritan-
nien und den USA betrieben wurden und erst heute im deutschsprachigen
Raum breiteres Interesse finden.

Ziele des Instituts
in Birmingham

Als frühestes Projekt der praktischen Kulturanalyse sind sie pädagogisch
und literaturdidaktisch inspiriert und folgen einem emanzipatorischen Bil-
dungsideal mit politischen Wirkungsabsichten. Die drei wichtigsten Vertreter der Cultural Studies in den fünfziger Jahren waren Richard Hoggart
(*1918), der an der Universität Birmingham 1964 das Center for Con-
temporary Cultural Studies (CCCS) gründen konnte, Raymond Williams
(1921–1988), der schon 1958 mit dem Buch *Culture and Society 1780–
1950 (dt.: Gesellschaftstheorie als Begriffsgeschichte. Studien zur historischen Semantik von Kultur, 1972)* hervortrat und Edward P. Thompson
(1924–1992) mit *The Making of the English Working Class* von 1963 (dt.:
Die Entstehung der englischen Arbeiterklasse, 1987), der die Entwicklung
einer 'Geschichte von unten' vorangetrieben hatte (Textauszüge in der Anthologie: Cultural Studies 1999). Die frühe Arbeit des Instituts war geprägt
vom reformerischen Verständnis, von der Herkunft seiner Vertreter aus der
Erwachsenenbildung, von der gesellschaftskritischen Haltung und das bestimmte die Auswahl der Themen. Man widmete sich der Erforschung der
Populärkultur und der Alltagskultur ohne elitären Anstrich, natürlich besonders den sozial benachteiligten Schichten und ihren kulturellen Formen. Jugendliche Subkulturen, Popmusik, die Arbeiterklasse und das Erzie-
hungssystem gehörten ebenso zu den Themen wie das Volkslied, ethnische
Gruppen, Identitätsprobleme oder Nutzungsarten der Medien. Daraus entstand eine Mischung aus literaturkritischer und soziologischer Gesellschaftstheorie.

Stuart Hall

Das Anliegen und die Forschungsprojekte waren, obwohl institutionali-
siert, letztlich unakademisch geprägt. Zur bekanntesten Persönlichkeit entwickelte sich der zweite Direktor des CCCS in Birmingham, der aus Jamai-
ka stammende Stuart Hall (*1932), der ganz wesentlich zur Internationalisierung der Cultural Studies beitrug. Unter seiner Leitung begann in den
siebziger Jahren die theoretische Ausweitung des Konzepts. Sein Bruch mit

dem sozialistischen Populismus wurde forciert durch die Aufnahme des Strukturalismus und später dann auch die Lektüre der Werke von Foucault und Lacan, so dass sich hier Berührungspunkte zum Poststrukturalismus ergaben. Hall publizierte 1980 im Rückblick einen Essay über *Cultural Studies: Two Paradigms (dt.: Cultural Studies. Zwei Paradigmen,* in: Cultural Studies 1999, 113 ff.), in dem er das bis dahin Geleistete zusammenfasste und dabei zwei Phasen erkannte.

In der ersten Phase, dem „Kulturalismus", dominierten die Gesellschaftsanalyse und die Kritik der Massenkommunikation. Williams und Thompson favorisierten einen sehr weiten, umfassenden Kulturbegriff, der nach dem Modell eines radikalen Interaktionismus gebaut war. Nicht die Ökonomie wie bei Marx, sondern die Wechselwirkung aller gesellschaftlichen Praktiken determinierte Kultur. Aber so, dass keinem Element eine allen anderen vorausliegende Funktion zukam. Offen blieb dabei die Beziehung zwischen den Begriffen Gesellschaft und Kultur, die in der englischen Tradition unproblematisch erschien. Erst Stuart Hall eröffnete mit der Zuwendung zur kontinentalen Soziologie eine neue Phase der Theoriebildung. Man las zunächst Max Weber, Georg Simmel und Alfred Schütz (Hörning/Winter 1999, 146–195 und Lutter/Reisenleitner 1999), aber erst mit der Rezeption des Strukturalismus und der Semiotik begann die Erneuerung. Es kam nun zu einer Abgrenzung von humanistischen Kulturdefinitionen und zur Suche nach einer strikt materialistischen. Dazu sollten die Beziehungen zwischen kulturellen und anderen Instanzen in kleinen und klar umgrenzten Strukturen untersucht werden. Am Beispiel von Jugendlichen und ihrem ritualisierten Verhalten zeigte man, wie sie gegen unerträgliche Lebensbedingungen durch symbolischen Widerstand, etwa in der zeitweisen Aneignung von Kleidungsstilen aus der Oberschicht, einen Freiraum schaffen konnten, in dem sie auf sehr kreative Weise Handlungsmächtigkeit zurückeroberten.

Zwei Paradigmen

Die Auffassung von der relativen Autonomie kultureller Praktiken führte zu einer Verschiebung des Kulturbegriffs. Man erkannte, dass Kultur ein Kampf um Bedeutungen ist und daher das je konkrete Verhältnis von Kultur, Medien und Macht ins Auge gefasst werden muss. Aus der Kultur waren Kulturen geworden, Spezialkulturen der Geschlechter, der Ethnien, politische oder medial vermittelte. Solche Themen sind seither um den Leitbegriff Kontext zentriert. Kultur umfasst die Praktiken und die Produkte, die nur kontextuell, im gelebten Umfeld verfügbar sind. In radikaler Form hat Lawrence Grossberg (*1947) in seinem Essay *Was sind Cultural Studies?* von 1994 (in: Hörning/Winter 1999) diesen Gedanken der Kontextualität profiliert:

Kultur als Kontextbegriff bei Grossberg

Bei Cultural Studies dreht es sich um das Verstehen der Möglichkeiten, Kontexte durch kulturelle Allianzen und Apparate neu zu schaffen, deren Strukturen (und die zwischen ihnen bestehenden Beziehungen) das Produkt von Machtverhältnissen und –kämpfen sind. Cultural Studies versuchen, politische und kontextuelle Theorien der Beziehungen zwischen kulturellen Allianzen und Kontexten, die die Milieus der menschlichen Machtbeziehungen sind, zu erstellen. Sie sind eine Theorie über die Entstehung, Auflösung und Neuschaffung von Kontexten (zit. Hörning/ Winter 1999, 67).

Mehr Freiheit
für die Subjekte

Unter einem Kontext versteht Grossberg in erster Ordnung einen speziellen Ausschnitt des täglichen Lebens, der zwischen bestimmten Ausdrucksweisen von Praktiken und sozialen Kräften oder Institutionen eingebettet ist. Im Koordinatensystem von Macht und Widerstand interessieren die kontinuierliche Auseinandersetzung zwischen den Strategien von Starken und Schwachen oder die Aneignungsprozesse medialer Angebote, aber immer nur im jeweiligen genau bestimmten Zusammenhang. Die Subjekte werden also nicht mehr nach ihrer 'Zugehörigkeit' zu irgendeiner sozialen Kategorie, wie etwa Alter, Klasse oder Schicht geordnet, sondern in ihrem Verhalten, in ihrer Tätigkeit untersucht. Die situativen Bedingungen und Handlungsweisen sind wichtiger: es geht nicht um soziale Kategorie, sondern um soziale Formation. Kultur ist deshalb auch nicht exakt definierbar, sondern inkonsistent und immer anders, sie ist prinzipiell umkämpft. Sie spiegelt nicht einfach eine Sozialstruktur, noch determiniert sie das Verhalten der Subjekte. Der Einzelne ist aktiv, kann produktiv eingreifen, er ist ein Agent der Kultur. Die Verhältnisse sind zwar konstruiert, aber dennoch immer formbar (Lindner 2000).

Kontextualismus und
recorded culture

Während die frühen Theorien Kultur entlang kategorialer Grenzen bestimmten, betont heute der Kontextualismus das Gefüge von Praktiken, die zwar mit der Lebensweise ihrer Akteure in einer Verbindung stehen, aber grundsätzlich variabel sind. Die Cultural Studies eröffnen ein umfassendes Spektrum an Produktivität, in der sich lokales Leben verdichtet, in der auch Routinen immer wieder aufbrechen und neue Differenzen markiert werden. Am Beispiel der Medien und der mittlerweile dominanten Medienanalysen zeigt die moderne Forschung, wie die Individuen Superstrukturen unterlaufen, gegen die sie angeblich nichts ausrichten können. Die Medien liefern Formungs- und Gestaltungsmaterial für das Leben, aber es gelingt ihnen trotzdem nicht, totale Homogenisierung oder Standardisierung zu erzeugen. Zwar sind immer mehr Bereiche unseres Alltags von medial aufbereitetem Wissen durchdrungen und vorstrukturiert – das bezeichnet der Begriff „recorded culture" –, aber dennoch ist ein deterministischer Bezug nicht nachweisbar. Und die Aneignungspraktiken, mit denen Konsumenten die Produkte in ihren Besitz nehmen, kann kein Überwachungsorgan vollständig kontrollieren.

Popularkultur
und Medien
bei John Fiske

An der Schnittstelle von strukturellen Bedingungen und Lebensweisen sind die Studien zur Populärkultur (Fiske 2000) angesiedelt, die gerade die Gesamtheit moderner Lebensformen erforschen wollen. Diese neue Publikumsforschung betrachtet Konsum gleich welcher Art als einen Akt der Produktion, nicht der Reproduktion. Sie befreien die Zuschauerschaft aus ihrer passiven Rolle in der Soziologie und denunzieren sie nicht mehr als Masse. Vielmehr wirken auch hier komplexe Vermittlungen zwischen den in Diskursen lokalisierten Medieninhalten und den gleichfalls diskursiv geordneten lebensweltlichen Zusammenhängen (Hepp/Winter 1997 und Hepp 1999; Lindner 2000).

Aufgezeichnete
Kultur

Es bleibt festzuhalten, dass im Umkreis der Cultural Studies ein Kulturbegriff konturiert wird, der von der modernen Gegebenheit einer vorwiegend aufgezeichneten Kultur ausgeht. Die „recorded culture", entweder in Printerzeugnissen, Filmen oder elektronischen Medien, ist der Sektor, der heute am nachhaltigsten auf die Lebenswelt wirkt und in seinen materiellen wie auch symbolischen Bedeutungen für die Lebensweise gesellschaftlicher Gruppen wahrgenommen werden muss. Daraus ergibt sich auch die bisher eher schmale Rezeption der Studies in Deutschland. Sie beschränkte sich auf die Medienforschung (Hepp 1999), auf die Ethnologie (Kaschuba 1999), auf die Anglistik und Amerikanistik (Kramer 1997) und gewinnt gerade in der Soziologie an Attraktivität (Hörning/Winter 1999 und Lutter/Reisenleitner 1999 sowie Winter 2001).

Nicht zu vernachlässigen sind aber einige fragwürdige Aspekte. Wer einen Reader mit dem Titel Cultural Studies aufschlägt, kann darin höchst unterschiedliche Arbeiten finden. Themen wie Rasse, Sexualität, Kulturpolitik, Cyberkultur, Kolonialismus, Quiz-Shows oder Soap Operas stehen nebeneinander. Diese bizarre Vielfalt der Arbeitsfelder resultiert aus dem grenzenlosen Kulturbegriff und der Verweigerung einer Kontextualisierung auf der Theorieebene. Das methodische Verfahren lässt Komplexität nur auf der unteren Ebene zu, eben bei der Beobachtung von kulturellen Praktiken. Dort soll möglichst viel Wissen aus den sozialen Formationen einbezogen werden. Dann aber fehlt der zweite Schritt, der die Kulturwissenschaften erst legitimiert. Seit ihnen die marxistische Gesellschaftstheorie abhanden gekommen ist, bleiben die Cultural Studies weitgehend bei den Herrschenden und Beherrschten als letzten Bezugspunkten ihrer Analysen stehen. Eine zweite Schwierigkeit bieten die zentralen Termini Alltag und Formation. Ihr Doppelcharakter wird nicht als Problem gesehen, die enge Verwobenheit von Praxis und Wissenschaft nicht reflektiert (Kaschuba 1999, 131). Und als eine Formation bezeichnet man auch die Art und Weise der Forscherorganisation. Durchaus selbstkritisch sehen manche auch die Zirkularität des radikalen Kontextualismus (Hepp 1999, 250ff.). Darin verschärft sich die genannte Verweigerung der Theorie zum Paradox. Die Notwendigkeit des Kontextualisierens wird durch ihre schon gewusste faktische Undurchführbarkeit unterlaufen und wo sie gelingen könnte, wäre sie immer nur ein Segment des tatsächlich abwesenden gesamten Zusammenhangs, auf den es ja ankommt. Einen Ausweg sucht der Soziologe Hörning. Seine These von der Kultur als einer „wissensunterlegten sozialen Praxis" (Hörning/Winter 1999, 98) in der Formel vom „Konnektionismus" bleibt bei der Forderung nach einer völlig neuen Soziologie des Wissens stehen, hat damit wohl aber die Richtung angegeben, in der sich die Cultural Studies bewegen müssten.

Ganz wesentlich profitierte ihre Praxis auch von der Affinität zur Post-Colonial Theory (Childs/Williams 1997, 75 und Moore-Gilbert 1997). Nicht nur die Themen, auch die Biographien ihrer Vertreter verweisen darauf. Orientiert an der eigenen Lebensgeschichte skizzierte schon Stuart Hall im Anschluss an Schriftsteller der 'Dritten Welt' ein Identitätsverständnis, das den „neuen Ethnizitäten" Rechnung trug. In vermehrtem Maße prägen Brüche und Diskontinuitäten gerade bei Migranten die einzelnen Lebensläufe und fordern andere Auffassungen von Authentizität. Maßgebend sind jedoch die aus der dritten Welt stammenden Kosmopoliten (Hansen 2000, 347ff.).

Die Bezeichnung Postkolonialismus als Begriff für die kulturelle Eman-

Kritik
der Cultural Studies

Post-Colonial
Theory

Begriff
Postkolonialismus

zipation der ehemaligen Kolonien ist in mehrfacher Hinsicht problematisch. Zum einen kommt darin die historische Situation der ehemals besetzten Länder, die politisch unabhängig geworden sind, immer nur im Bezug auf ihre koloniale, also fremd dominierte Vorgeschichte zum Ausdruck, so dass die Zeitgeschichte ausschließlich als Verarbeitungsphase des nachwirkenden Kolonialismus erscheint. Zum anderen erfasst der Terminus einander überlagernde Zustände, historisch, funktional oder geographisch, wenn man bedenkt, dass Emanzipationstendenzen schon während der Kolonialzeit vorhanden waren oder aber zahlreiche Probleme der ehemals Kolonialisierten entweder durch neokoloniale Strategien fortgeschrieben oder durch die verstärkten Migrationsbewegungen in die westlichen Staaten reimportiert werden.

The Empire Writes Back

Flankiert wird diese seit Jahrzehnten anhaltende kulturelle Unabhängigkeitsbewegung auch von der Selbstkritik westlichen Denkens. Über die Analyse des kolonialen Diskurses in den westlichen Imperien entsteht eine Reformulierung der Literaturtheorie, die praktische Konsequenzen einklagt. Salman Rushdies Formel „The Empire Writes Back" (Ashcroft 1989) meint nicht nur den aktiven Eintritt der ehemals unterdrückten Literaturen in die Weltliteratur, sondern den Anspruch auf Veränderung des westlichen Kanons durch die Berücksichtigung ganz anderer Mentalitäten. Hier treffen die ethnologische Krise der Repräsentation und Grundgedanken des Poststrukturalismus aufeinander. Sie vereinen sich im Werk von Edward W. Said (1935–2003), der sie in eine literaturtheoretisch geleitete Interpretationskunst umgesetzt hat.

Edward W. Said

Said, der in den USA als Komparatist lehrte, begründete mit seinem Buch *Orientalism (1978, dt.: Orientalismus 1981 und 1995)* den postkolonialen Diskurs im eigentlichen Sinne. Ganz ähnlich wie Geertz behandelt Said die Repräsentation des kulturell Anderen im Text. Er greift mit dem Titel des Buches, der die seit dem 19. Jahrhundert bestehende akademische Disziplin der Orientalistik bezeichnet, eine diskursive Konstruktion auf, die einen fundamentalen Einfluss auf das westliche hegemoniale Denken ausübte. Der Orientalismus antworte mehr der eigenen Kultur als seinem mutmaßlichen Objekt, das er nämlich erst über bestimmte Verfahren herstelle. Dieses Set von Beziehungen, das zwischen der okzidentalen und der orientalen Kultur aufgespannt wurde, also zugkräftige Stereotype wie Despotie, Korruption oder Brutalität, habe für eine fortgesetzte Projektion gesorgt, die den Orient gleichsam 'orientalisiert' hätte. Das so entstandene diskriminierende Bild leite sich aus bewussten wie auch unbewussten Manipulationen her, Said verdächtigt sogar das gesamte Fach der Komplizenschaft, und es lasse sich in ganz verschiedenen Textsorten explizit und implizit nachweisen. Beteiligt waren daran neben wissenschaftlichen Werken auch Reiseberichte, journalistische Texte und religiöse Studien seit der Romantik, die ihren Rassismus hinter einem mythischen Bild vom guten Orient versteckten (Said 1981, 32, 115). Was Said exemplarisch am Orientalismus nachweist, kann man verallgemeinernd auf die Repräsentation fremder Kulturen übertragen. Denn solche Unterstellungen oder dominante Vorstellungsmuster üben eine konkrete Funktion aus. Sie sollen die eigene Identität festigen, indem sie die Überlegenheit über die letztes Endes weniger zivilisierten Völker festschreiben. Mit dem Orientalismus entlarvt Said also bestimmte Verfahren der politisch-kulturellen und geistigen Landnahme.

In seinem 1993 erschienenen Buch *Culture and Imperialism* (dt.: *Kultur und Imperialismus. Einbildungskraft und Politik im Zeitalter der Macht, 1994)* geht Said über die Ideologiekritik hinaus und tauscht das Konzept aus im Hinblick auf eine postkoloniale Literaturtheorie. Mit seiner umfassenden Theorie der Wechselwirkung von essentialistischen Zuschreibungen – die Europäer brauchen Orientalen wie auch umgekehrt – dringt Said zu einer „kontrapunktischen" Lesart der Literatur vor (1994, 92 ff.). Er beschäftigt sich ausschließlich mit dem Kanon westlicher Literatur und analysiert Romane des 19. und 20. Jahrhunderts. In Texten von Jane Austen, Charles Dickens, Joseph Conrad, Rudyard Kipling sieht er eine spezifisch imperiale Wahrnehmungsweise am Werk, die nicht einfach ideologiekritisch angeprangert werden kann. Am Beispiel von Jane Austens Roman *Mansfield Park* (1814) zeigt Said, dass die Sklavenplantage in der Karibik elementar zum englischen Landsitz gehört, dessen Lebensweise von den brutal erwirtschafteten Erträgen abhängt. Wichtig ist nun die Art und Weise, in der solche Referenzen auftreten, denn aus diesen Modi schließt Said auf die „kulturelle Topographie", auf die „Strukturen der Einstellung und Referenz", wie er in Anlehnung an Raymond Williams schreibt (94). Der Text geht nämlich nicht in der Darstellung des Imperialismus auf, sondern enthält im Umgang mit den Hinweisen auf die außereuropäischen Ländereien zugleich eine subversive Seite, indem er ihre Kontingenz mit darstellt. Wenn also der Interpret solcher Texte immer nur die eine Seite der Repräsentation wahrnimmt, wird er die tatsächliche Komplexität, die sich in den literarischen Diskurs, gerade auch in seine imperiale Wahrnehmung eingeschrieben hat, verfehlen. Insofern kann die postkoloniale Lesart nachweisen, wie stark die europäische Kultur von nicht-europäischen Einflüssen geprägt war und ist. Die postkoloniale kontrapunktische Lektüre trägt bei zur Erkenntnis des Problems zwangsläufiger Ein- und Ausgrenzungen. Sie bleibt dabei nicht stehen, sondern will die „Komplementarität und Wechselseitigkeit" (148) dieser Erfahrungen zeigen.

Romane des 19. Jahrhunderts und der Imperialismus

Für Said ist die postkoloniale Lektüre eine streng kontextuelle Aufgabe. Sie will den Imperialismus und den Widerstand gegen ihn nachweisen, indem sie das in die Lektüre hineinnimmt, was einst gewaltsam aus den Texten ausgeschlossen wurde (112). So kann man erklären, wie die großen englischen Romane die „konsolidierte Vision" (123 ff.) des Imperialismus herstellen. Sie verfestigten die Gefühle, Einstellungen und Referenzen. Ganz ohne Zweifel hat die Methode, zentrale Werthierarchien und moralische Geographien der westlichen Literatur zu dekonstruieren bereits Schule gemacht. Und sie ist ein Muster kulturwissenschaftlicher Literaturinterpretation, weil sie das symbolische Netz, von dem schon die Rede war, in der Verschränkung von sozialer und textueller Realität vorführt. Selbst dann, wenn Kolonien nicht beharrlich ins Blickfeld treten, sanktionieren die Texte einen „räumlichen Sittenkodex" und konsolidieren also Autorität. Sie eröffnen eine anspruchsvolle und weit subtilere Wahrnehmung der damaligen sozialen Welt als sie die bloß kulturkritische Haltung zulässt, denn

Postkoloniale Lektüre

gleichsam hinter dem Rücken schleicht sich der imperiale Diskurs in sprachliche Strukturen ein. Zugang zu den kulturellen Mustern, den Wahrnehmungen und Erfahrungswelten gewinnt der Leser nur durch die „langsame Analyse", die es erlaubt, Romane wie die Jane Austens auch „von innen wahrzunehmen" (148f.). Denn die vormals erste Erfahrung ist nur in der vom Text verschlüsselten zweiten zugänglich. In seinem zentralen Kapitel *Erzählung und sozialer Raum* verdeutlicht Said den kulturwissenschaftlich bedeutsamen Impetus seines Buches. Der Zusammenhang von Kultur, Roman und Imperialismus ist ein spezifisch englischer Horizont, der mit dem einstigen Weltreich gegeben war. Insofern reflektiert die Theorie die Individualität kultureller Phänomene. Aber indem sie beispielhaft die Durchlässigkeit literarischer Texte für ein größeres Spektrum von kulturellen Interaktionen vorführt, liefert sie ein Verstehensmodell für die Positionierung von poetischen Texten. Sie sind Teil einer Rhetorik der Selbstdefinition, die Said in ihren diskursiven Mechanismen aufschlüsselt. Ihre Repräsentationen sind eben nicht harmlos und ihre Verfahren sind kulturwissenschaftlich relevant. Said hat die prinzipielle Unhintergehbarkeit von Repräsentationen zwingend belegt und klar gemacht, das wir einen interesselosen Beobachterstandpunkt beim Beurteilen von Kulturen nie erreichen können.

Interkulturelle Lebensläufe
Waren Saids Lektüren noch auf die Analyse der vom Kolonialismus geprägten englischen Klassiker beschränkt, so interessierte sich die nachfolgende postkoloniale Literaturtheorie für die andere Seite des Themas. Längst dominiert die Aufwertung der englischsprachigen Literaturen aus den ehemaligen Kolonien und die Lebensläufe von Autoren zwischen den Kulturen sind zu einem eigenständigen Thema geworden (Thum/Keller 1998 und Interkulturelle Literatur in Deutschland 2000). Als gemeinsamer Fluchtpunkt von Biographien, die Salman Rushdie, Toni Morrison, Nadine Gordimer und viele andere Autoren wie etwa Elias Canetti oder Irene Dische kennzeichnen, dient die Debatte über Folgen und Probleme der Interkulturalität.

Homi K. Bhabha
Sie entzündet sich an der Erkenntnis von der Ambivalenz des kolonialen Diskurses. Die Beziehungen zwischen Herrschern und Beherrschten sind komplexer als die Ideologiekritik will und werden daher psychoanalytisch betrachtet. Es geht um die Überwindung von Polarisierungen wie 'Selbst versus Anderer' oder 'Drinnen versus Draußen' und damit auch um eine genauere Untersuchung der verschiedenen Spielarten von Repräsentation. Eine wichtige Variante der Ambivalenz entdeckte der in den USA lehrende Inder Homi K. Bhabha (*1949), der die Identitätsfindung unter postkolonialen Bedingungen problematisiert. In seiner Ausatzsammlung *The Location of Culture 1994 (dt.: Die Verortung der Kultur 2000)* gibt er mehrere Stichworte für eine mit interkulturellen Ansätzen angereicherte Literaturtheorie. Anstatt Gegensätze herauszustellen, sucht er nach Formen des Unangeeigneten wie etwa der Mimikry, also Verhaltensweisen, bei denen man

Mimikry
nicht mehr zwischen Unterwerfung und Herrschaftsanspruch unterscheiden kann und mit denen Autorität gekonnt unterlaufen wird. Dieses Gebiet zwischen Ernst und Posse (Bhabha 2000, 127ff.), für das sich die „Chamäleon-Menschen" entscheiden, ist als Figur der Repräsentation wichtig, weil

sich an ihr die Zeichen des kulturellen und ethnischen Vorrangs gegenseitig aufreiben (129). Die englische Literatur sei aber voll solcher „mimic men", wie der Titel eines Romans von V. S. Naipaul aus dem Jahr 1967 lautet (Ashcroft 1989, 88). Sie seien „autorisierte Versionen der Andersheit", so Bhabha (131), weil sie, als Figuren der Verdoppelung, genau die Aneignung der kolonialen Haltung zum Teil wieder umkehren, indem sie ihre partielle Präsenz produzieren. Sie sind fast dasselbe, aber eben nicht ganz und kultivieren darin die Differenz.

Das wichtigste Konzept verbirgt sich hinter dem Begriff Hybridität oder hybride Kulturen (vgl. die Anthologie von 1997). Wenn nämlich die angegebene Ambivalenz sich innerhalb des Subjekts auswirkt und sowohl identitätsstiftende als auch bedrohliche Züge annimmt, dann muss man essentialistische Vorstellungen von Kultur aufgeben. Es gibt demnach kein unabhängiges Gebilde namens 'Kultur', das sich durch feste Grenzen oder einen gleich bleibenden Kern auszeichnet. Vielmehr sind Kulturen immer schon gemischt und bestehen aus vielfältigen Identitäten, von denen die nationale nur eine unter anderen ist. Mit dem Terminus wird Kultur als ein „Ort des Widerstreits zwischen Repräsentationen von Welt, Subjekt, Geschichte usw." (Hybride Kulturen 1997, 11) entworfen. Und die Vorstellung von einer festen Kultur wird verflüssigt, wenn die Differenz sich nicht im Äußeren manifestiert, sondern intern jeweils neu markiert werden muss. In Anlehnung an die psychoanalytische Literaturtheorie, die aus dem Werk von Jacques Lacan entwickelt wurde, lokalisiert Bhabha die Kultur in den Suchbewegungen der Einzelnen, die ihre Verortung jeweils neu leisten. Modell stehen dabei die Identitätsprobleme von Minoritäten, die sich unter oft schwierigen Bedingungen artikulieren und durch das ständige Hinterfragen konstituieren.

Hybride Kulturen

Literaturtheoretisch bedeutsam bleibt an dieser Debatte der Hinweis auf die Überlagerung von Kulturelementen. Die Arrangements postkolonialer Texte bedienen sich höchst verschiedener Semantiken, die, wie Salman Rushdie sagt, vom „Übersetzen" zwischen den Kulturen profitieren. Sie leben von den veränderten und sich verändernden Geschichten, von der Umdeutung bekannter Poetiken und der Vermischung mit 'eigenen' literarischen Traditionen. Und sie zeigen das Aushandeln von Identität, indem sie entsprechende Interaktionsverläufe darstellen. Die Kulturwissenschaft wird so bereichert um die Erkenntnis von der Durchlässigkeit literarischer Texte für ein breites Spektrum von Zugehörigkeiten. Literatur erscheint als geeignetes Medium für die probeweise Darstellung von Vorgängen der Akkulturation, also der Übernahme von Elementen anderer Kulturen durch die eigene (Thum/Keller 1998). Sie partizipiert damit an einem grundsätzlich veränderten Kulturbegriff, der Vorstellungen von Ursprünglichkeit und Reinheit verabschiedet hat. Indem die Literatur die Zone zwischen den Kulturen als Ort des Aushandelns von Differenzen nutzt, kommt ihr eine Schlüsselrolle zu beim Vermessen des neuen Geländes („cognitive mapping", Bachmann-Medick, in: Böhme/Scherpe 1996, 60 ff.).

Übersetzen zwischen den Kulturen

Die Folgen für die Wissenschaften sind noch abzuwarten. Projekte wie die interkulturelle Germanistik, die etwa Erzählhaltungen als Verfahren für die Verarbeitung von Hybridität untersuchen und kulturell bedingten Re-

Ästhetische Standards und Interkulturalität

zeptionen nachgehen, versuchen bereits, die Kulturdifferenzen aufzuarbeiten (Intercultural German Studies 1999). Immer wieder wird dabei deutlich, dass gerade anspruchsvollen Texten eine kulturerschließende Leistung zukommt. In ihren ästhetischen Standards stellen sich Bezüge zur kulturellen Mentalität her, so wie den Wissenschaften bestimmte 'Erzählungen' vorausliegen, die deren kognitive Stile prägen. In ihrer gegenwärtigen Gestalt ist die postkoloniale Literaturtheorie noch zu sehr auf die Bedürfnisse westlicher Universitäten zugeschnitten und müsste die kanonischen Autoren und Diskurse fremder Kulturen stärker berücksichtigen (Gandhi 1998).

III. Literarische Anthropologie

Erst im Zuge des eingangs dargestellten ethnologischen Zugriffs ergibt sich heute für die Kulturwissenschaften eine weitere Anknüpfung, die in einer bestimmten Richtung der Geschichtswissenschaft nach 1900 schon angelegt war. Der symbolische Kulturbegriff, wie ihn auf unterschiedliche Weise Cassirer und Geertz, letzterer in Anlehnung an Weber, entwickelten, ist durchaus vergleichbar mit dem Konzept der in Frankreich begründeten Mentalitätsgeschichte. Auch dort standen Fragen der Verbindung von Einstellungen und sozialem Verhalten, nach Werten und Handlungen im Mittelpunkt, aber mit dem besonderen Akzent auf den jeweils epochenbedingten Grenzen von Denkmöglichkeiten. Man widmete sich den Welten subjektiver Erfahrungen, den verhaltensleitenden Formen symbolischer Verständigung und ihren diskursiven Vorgaben. Sinngebungen, die sich in Denkformen, Haltungen von Individuen oder Gruppen konkretisieren, Mentalitäten also, steuern das soziale Handeln. Die mentalitätsprägenden Weltbilder, die von den französischen Historikern erforscht wurden, stellen eine notwendige Ergänzung dar zu der mehr am Begriff arbeitenden deutschen Kulturwissenschaft.

Anfänge der Geschichtswissenschaft

Im Rückblick kann man daher behaupten, dass die Entwicklung der Kulturwissenschaften im frühen 20. Jahrhundert hauptsächlich zwei Konzepte hervorbrachte, die aber zunächst getrennte Wege gingen (Oexle 1996). Einerseits die von Simmel, Weber und Cassirer begonnene, an Deutungsmustern interessierte symbolische Kulturanalyse, die in Deutschland ohne akademische Nachfolge blieb, andrerseits die französische Mentalitätsgeschichte, die sich viel schneller mit praktischen Ergebnissen präsentieren konnte. Beide finden nun auf dem Umweg über die amerikanische Ethnologie von Geertz und die oben beschriebene Debatte um die Textualität alles Kulturellen wieder zusammen. Die neueren Entwicklungen auf dem Feld der jetzt so genannten historischen Anthropologie bringen Studien hervor, die von diesen Vorläufern profitieren (Hardtwig 1996; Dressel 1996; Dülmen 2000). Als ein markantes Beispiel dient hier die literarische Anthropologie (Iser), die sich aus allen genannten Richtungen speist und aus ihnen Inspirationen für ältere Forschungsgegenstände zieht. Dieses Kapitel versucht daher zu zeigen, wie die theoretische Anregung zu einer Problemgeschichte führt, die sich über disziplinäre Schranken hinwegsetzt.

Zwei Konzepte der Kulturwissenschaften im 20. Jahrhundert

1. Mentalitätsgeschichte und historische Anthropologie

Anders als Max Weber, der nach der Bedeutung von religionsgeschichtlichen Prägungen für den modernen Kapitalismus suchte, stellten sich französische Historiker die Frage, warum bestimmte Verhaltenweisen einer Epoche oder einer Zeit später so nicht mehr möglich und auch nicht mehr

Wandel der Mentalitäten

denkbar waren. Sie waren weniger an der Erklärung von Werten interessiert, als an den geistigen Einstellungen, den Dispositionen, die bei den Menschen in historisch veränderten Zeiten andere elementare Regungen hervorbrachten. Grundlegend für den Wandel von Kulturen war nach ihrer Ansicht der Wandel der Mentalitäten, der sich auf allen Ebenen einer Kultur auswirkt.

Annales-Schule   Zwar können eine Reihe von Wissenschaftlern mit dem Beginn der Mentalitätsforschung in Verbindung gebracht werden, wie etwa die Soziologen Emile Durkheim und Maurice Halbwachs oder der Wirtschaftshistoriker Henri Pirenne, aber die schulbildende Richtung haben die beiden Historiker Lucien Febvre (1878–1956) und Marc Bloch (1886–1944) begründet. Mit ihrer Zeitschrift *Annales d'histoire économique et sociale,* die sie 1929 als Alternative zur politischen Geschichtsschreibung der Sorbonne-Historiker ins Leben riefen, schufen sie das Forum für das neue Projekt. Die nach dem Krieg in *Annales: Economies-Sociétés-Civilisations* umbenannte Zeitschrift gab der „Annales-Schule" den Namen, die ab 1947 an der *Ecole Pratique des Hautes Études* in Paris auch einen institutionellen Rahmen fand.

Gefühlsleben früherer Epochen   Die Annales-Schule beschäftigte sich mit weit zurückliegenden Epochen und zog aus der Distanz zum Mittelalter und der Frühen Neuzeit erheblichen Gewinn beim Entwurf eines neuen Methodenprogramms. Angeregt von der Psychologie und der Psychoanalyse suchte man den Zugang zum Gefühlsleben früherer Epochen. Emotionen, davon ging Febvre aus, konstituieren Handlungsschemata, die nicht wie Reaktionsautomatismen funktionieren. Vielmehr implizieren sie zwischenmenschliche Beziehungen und kollektive Verhaltensweisen. Allmählich schaffen sie ein System intersubjektiver Stimuli, welches gleichzeitig mit der „sensibilité" jedes Einzelnen sich selbst situationsabhängig verändert. Die daraus entstehende Übereinstimmung zwischen den Menschen auf dem Wege einer Gleichzeitigkeit emotionaler Reaktionen bedeutet Sicherheit und Stabilität. Erzeugen die gleichen Verhaltensweisen und Gesten auch eine identische Gemütsbewegung, so könne sie alle Beteiligten in einer Art höherer Individualität zusammenschweißen (Schrift und Materie 1977, 317).

Themen   Das Programm dieser Historiker schlägt sich von Beginn an in eigenen Themen nieder. Eine breit angelegte Untersuchung der kollektiven, fundamentalen menschlichen Gefühle und ihrer Ausdrucksweisen sollte in eine Geschichte der Angst, der Grausamkeit, der Liebe, des Hasses münden – eine Forderung von Febvre aus dem Jahr 1941, die im Laufe der nächsten Jahrzehnte tatsächlich umgesetzt wurde. Während Bloch den im Mittelalter verbreiteten Glauben, dass Könige durch Handauflegen ein Hautleiden heilen können, untersuchte, widmete sich Febvre den Vorstellungswelten der Renaissance. Er fragte nach den Bedingungen der Möglichkeit für einen Menschen des 16. Jahrhunderts, ein Freigeist zu sein und fand heraus, wie eng begrenzt der Spielraum des Unglaubens in einer Zeit war, die jeden Sinn für das Unmögliche sanktionierte. Unter Mentalität verstand man eine prägende Ebene der Existenz. Formen des Denkens, die dem Denken selbst entzogen sind und gefühlsmäßige Orientierungen, die Gefühle erst in erkennbare Bahnen lenken. Mentalitäten umfassen also kognitive und affektive Dispositionen, die wie eine Matrix dem Denken und

Handeln zugrunde liegen (Raulff 1987, 10; Dinzelbacher 1993, XXI; Dressel 1996, 263). Dieses „mentale Rüstzeug" (Schrift und Materie 1977, 14), auf das die Menschen keinen direkten Zugriff haben, ist ein Repertoire aus Vorstellungen, Deutungs-, Empfindungs- und Wahrnehmungsmöglichkeiten, welches die Grenzen individueller und kollektiver Wahrnehmung einer Zeit markiert. Es ist wichtig zu betonen, dass solche Inhalte auch für den Forscher nicht direkt zugänglich sind, sondern auf einem Umweg erschlossen werden müssen. Die Mentalitätsgeschichte benötigt ein sehr breites Spektrum an Quellen, zu dem auch Literatur gehört. Denn in Frage stehen ja nicht einfach Realitäten, sondern die über bestimmte Deutungsmuster oder Verstehensmodelle von den Menschen der Vergangenheit geformten, geordneten und interpretierten Wirklichkeiten. Ein unverstellter Zugriff auf den Alltag, auf Privates ist in vormodernen Zeiten ohnehin nicht zu erwarten. Diese Ebene zwischen den historischen Gegebenheiten und dem Verhalten der Menschen ist als dritte Ebene des Verstehens oder Wissens der zentrale Arbeitsbereich der Mentalitätsgeschichte.

Derartige Dispositionen dokumentieren sich in alltäglichen Praktiken, Texten und Gegenständen. Unzählige verschiedene Quellentypen wie Testamente, Gerichtsprotokolle, Flugblätter, aber auch architektonische Zeugnisse und Gebrauchsgegenstände ziehen die Historiker heran, um den Hauptbereich der Alltagsgeschichte zu erkunden und menschliche Elementarerfahrungen zu beschreiben. Typische Arbeiten der Mentalitätsgeschichte sind die von Philippe Ariès (1914–1984), der nicht zur Schule gehörte, geschriebene *Geschichte der Kindheit* (1960, 1975), seine *Geschichte des Todes* (1978, 1980), die ausgesprochen große Bucherfolge waren und stilbildend wurden für eine ganze Reihe von Kulturgeschichten, oder die Regionalgeschichte eines Emmanuel Le Roy Ladurie (*1929), der mit *Montaillou. Ein Dorf vor dem Inquisitor* (1975, 1980) die Mikrogeschichte angeregt hat, eine Richtung, die an kleinen Räumen das Ineinander der Lebensbereiche sucht, die vom großen Blick auf Epochenstrukturen weder erfasst, noch in ihrer oft unzeitgemäßen Dauer erkannt werden können. Georges Dubys (1919–1996) *Die drei Ordnungen. Das Weltbild des Feudalismus* (1978, 1981) gehören dazu wie Jacques Le Goffs (*1924) *Die Geburt des Fegefeuers* (1981, 1984) oder Jean Delumeaus (*1923) *Geschichte kollektiver Ängste in Europa* (1978, 1985) sowie Alain Corbins *Pesthauch und Blütenduft. Eine Geschichte des Geruchs* (1982, 1984), die den Roman *Das Parfum* (1985) von Patrick Süskind ermöglichte. Fast grenzenlos wirken die bis heute bearbeiteten Themenfelder: Individuum – Familie, Sexualität – Liebe, Geschlecht, Geburt, Religiosität, Körper – Seele, Krankheit, Tod, Lebensalter, Ängste und Hoffnungen, Arbeit und Fest, Raum – Zeit – Geschichte, Natur und Umwelt. Einen gewissen Höhepunkt stellen die lexikalischen Projekte dar, in denen der geschichtliche Wandel von Elementarerfahrungen eine umfassende Dokumentation erfuhr. Die fünfbändige *Geschichte des privaten Lebens* (1985–1987, deutsch 1989– 1993) von Philippe Ariès und Georges Duby herausgegeben, und die ebenfalls fünf Bände umfassende, von Georges Duby und Michelle Perrot herausgegebene *Geschichte der Frauen* von 1993 –1995 sind zu nennen (Themenliste bei Dinzelbacher 1993; Anhang bei Dressel 1996).

Namen und Werke

Neue Mentalitäts-
geschichte
nach 1970

Einige der aufgeführten jüngeren Arbeiten zählen schon zum Kreis der in den siebziger Jahren erneuerten Schule. Der weite Mentalitätsbegriff, den die meisten Bücher propagierten, wurde von Jacques Le Goff kritisiert. Die nunmehr reformierte *nouvelle histoire* (Le Goff/Chartier 1990) suchte die Annäherung an die Ethnologie und die Anthropologie. Das Konzept der Mentalität alleine erschien als zu unscharf, es wurde aufgelöst in die Erforschung von Repräsentationen. Die Verhaltensweisen einer Gesellschaft, über die man sich am wenigsten Rechenschaft ablegt, beispielsweise die Körperpflege oder die Abfolge täglicher Verrichtungen, spiegeln ein System der Repräsentation wider, das sie mit den ausgefeiltesten semantischen Schöpfungen wie dem Recht, der Religion, der Philosophie oder der Literatur verbindet. Diesen Verbindungen nachzugehen, indem man Bedeutungen verzeichnet, Kategorien beschreibt, die einen Diskurs strukturieren, ist Aufgabe der historischen Anthropologie (Le Goff/Chartier 1990, 96ff.). Über die Verknüpfung der verschiedenen Ausdruckssprachen einer Epoche kann man das Modell der Repräsentationssysteme definieren. Und so erreicht man die tieferen Schichten der Mentalität, die Steuerungsmechanismen, mit denen Menschen ihre Lebenswelten konstruieren. Indem die Historiker die Geschichte anthropologisieren, verschwinden falsche Vorstellungen vom Fortschritt und traditionelle Erzählmodelle der Historiographie verlieren an Überzeugung. Der wertende Gegensatz von Tradition und Moderne ist nicht geeignet für das vielschichtige Nebeneinander von Lebenswelten. Modernisierung ist nicht gleichzusetzen mit unaufhaltsamer Wertsteigerung, sondern immer auch ein Prozess des Ausscheidens von kulturellen Ordnungen, denen keine Funktion mehr zugestanden wird.

Mikrogeschichte

Solche Bekenntnisse der historischen Anthropologie führen zu begrenzteren Szenarien der Analyse. Wie Le Roy Ladurie gingen auch Carlo Ginzburg (*1939), Natalie Zemon Davis (*1928) und Robert Darnton (*1939) den Weg der Mikrogeschichte, der bewussten Konzentration auf kleine Räume. Gewonnen wurde mit der anthropologisch ausgerichteten Lokalgeschichte – und auf die adjektivische Präzisierung kommt es an – die Möglichkeit der Überprüfung von Theorien des geschichtlichen und mentalen Wandels, von Annahmen, die in der konkreten Situation oft nicht mehr standhielten. Wenn auf der Makroebene im 18. Jahrhundert zu Recht eine enorme Steigerung der Buchproduktion und der Lesefähigkeit berechnet wird, muss die Intellektualisierung noch lange nicht breite Schichten erfasst haben und selbst dort, wo Büchereien auf dem Lande eingerichtet wurden, hat der Analphabetismus verschiedene Aufklärungen überstanden.

Gleichrangigkeit
von Kulturen

Ein wesentliches Ergebnis der Mikrogeschichte ist auch der Nachweis der Pluralität und Gleichrangigkeit von Kulturen. Es ist eben nicht nur ein Kennzeichen untergegangener Epochen, dass unterschiedliche Lebensstile nebeneinander praktiziert werden. Gerade die frühneuzeitlichen Kulturen zeigen, wie die verschiedenen Stände nahezu unvereinbaren Lebensbedingungen unterworfen waren. Aber auch innerhalb eines Standes bildeten sich Subkulturen heraus. Innerhalb der eigenen Gemeinschaft vervielfachen sich die Kulturen noch einmal, so dass man den Begriff Kultur eigentlich sinnvoll nur im Plural verwenden kann. Daher setzt die historische Anthropologie die Erforschung der Kulturen als Leitbegriff (Dressel

1996, 166 ff.). Sie sind nicht mehr länger nur ein Teilbereich der Geschichte. Vielmehr bilden sie heute das Zentrum der Geisteswissenschaften, die sich unter dem Dach der historischen Anthropologie wieder versammeln können.

Deshalb firmiert das *Handbuch Historische Anthropologie* von 1997 unter dem anspruchsvollen Titel *Vom Menschen*, dessen Belange unter den disziplinär varianten Aspekten beschrieben werden sollen. Seine Verfasser berufen sich auf die Vorarbeit der französischen Mentalitätsgeschichte und betonen ihre Verknüpfung mit der deutschen philosophischen Anthropologie (Anthropologie, hrsg. Gebauer 1998) und der angelsächsischen selbstreflexiven Ethnologie. Nach dem Ende verbindlicher Theorien soll wieder ein Zugang zu allen „Lebens-, Ausdrucks- und Darstellungsformen" des Menschen eröffnet (Vom Menschen 13) und der Zusammenhang von Imaginationen und Handlungen neu vermessen werden.

Als zentrales Thema der Mentalitätsgeschichte und der historischen Anthropologie hat sich heute das Verhältnis von Vorstellungen und Realität herausgebildet. Die Mentalitätshistoriker waren sich darüber im klaren, dass Vorstellungen sich immer auf etwas beziehen, dass sie also gesellschaftlicher Natur sind. Umgekehrt sind aber auch die gesellschaftlichen Dinge durch menschliches Bewusstsein konstruiert, denn die Dinge können letztlich nur als vorgestellte in der Geschichte wirken. Gedachte Ideale sind nicht weniger wirklich als die äußere Wirklichkeit. Hier bietet die historische Anthropologie einen Ansatzpunkt für die Literaturwissenschaft (Jöckel 1985). Für die Literaturwissenschaft ist die historische Anthropologie und damit auch die frühere Mentalitätsgeschichte attraktiv, weil beide mit bewusstseinsähnlichen Phänomenen zu tun haben und die Bindung der Literatur an den historischen Prozess für beide die gleiche Rolle spielt. *(Randnotiz: Verhältnis von Vorstellungen und Realität)*

In der Literatur, gemeint sind nicht nur die schöngeistigen Texte, findet der Leser nicht soziale Strukturen oder gesellschaftliche Gruppen, sondern mentale Bilder, Elemente einer kollektiven Vorstellung oder Aspekte ihrer Psychologie. Ganz ähnlich verhält es sich auch mit den Quellen, die der Historiker heranzieht. Die historischen Anthropologen lesen ihre Quellentexte als Dokumente, die an die Realität der Lebenswelten ihrer Verfasser erinnern oder an die Realität von Gegebenheiten jeder Art. Was bei der Literatur im engeren Sinne sofort einleuchtet, dass sie nämlich über die literarische Tradition geformt ist, gilt auch für die anscheinend direkt von der Vergangenheit berichtenden historischen Quellen im engeren Sinne. Die Literatur zeigt lediglich eindringlicher, was ohnehin der Fall ist: jedem historischen Dokument kommt die Rolle eines „mentalen Rüstzeugs", wie Febvre gesagt hatte, zu und deshalb kann auch die schöngeistige Literatur als Teil dieser mentalen Ausstattung begriffen werden. Auch sie ordnet, schafft oder verändert Welt und Realität, sie thematisiert in stets neuen Varianten das, was wir immer tun: in der ständigen wechselseitigen Bezugnahme von Realem auf Imaginäres unser Weltverhältnis konkret zu bestimmen. *(Randnotiz: Literatur und Mentalitätsgeschichte)*

Aus der historischen Anthropologie stammt der für die kulturwissenschaftliche Literaturtheorie bedeutende Hinweis auf die dritte Ebene des Wissens und Verstehens, zwischen den sozialen Strukturen auf der einen *(Randnotiz: Attitudes mentales)* und dem Denken und Handeln der Menschen auf der anderen Seite (Jöckel 1985). Diese „attitudes mentales", Deutungsschemata könnte man übersetzen, dienen dazu, die Wahrnehmung der diffusen Wirklichkeit vorzustrukturieren und die verschiedenen Bereiche der Wirklichkeit für uns überhaupt erst verstehbar zu machen. Insofern muss man heute davon ausgehen, dass literarische Texte nicht direkt als Belege für Mentalitäten zu lesen sind, sondern über den mehrfachen Bezug auf Diskurse, die zu einer bestimmten Zeit Geltung erlangten, wichtige Wandlungsprozesse perspektivisch darstellen und steuern. Sie behandeln und reflektieren Formen des Wissens von der Wirklichkeit in verschiedenen Diskursen, auf die sich auch andere Darstellungen stützen. Wer die Vermittlung zwischen realen und ästhetischen Sinngebungen auf dieser dritten Ebene angemessen erfassen will, benötigt einen Kulturbegriff, wie ihn Geertz vorgeschlagen hat. Ein Programm für die kulturwissenschaftliche Umsetzung solcher Voraussetzungen liegt in den Studien vor, die unter dem Namen New Historicism entstanden sind.

New Historicism   In den Forschungsarbeiten von Stephen J. Greenblatt (*1943), der in den USA Literaturtheorie lehrt, wurde ein Verfahren entwickelt, das die „dichte Beschreibung" von Geertz mit den Anliegen der historischen Anthropologie verknüpft und eine kulturwissenschaftliche Öffnung der Literaturwissenschaft vorantreibt. Seine Auffassungen haben jedoch auch die moderne Geschichtsschreibung vorangebracht und das hängt mit dem Kulturbegriff zusammen. Texte werden so weit in ihren kulturellen Kontext zurückgesetzt, dass die Erforschung des Kontextes das eigentliche Ziel ist. Greenblatt erweitert die Materialbasis derart, dass nur durch den Erwerb von „local knowledge" ein Text richtig gelesen werden kann. In einem wichtigen Buch unter dem Titel *Shakespearean Negotiations. The Circulation of Social Energy in Renaissance England* (1988, dt.: *Verhandlungen mit Shakespeare. Innenansichten der englischen Renaissance* 1990) verspricht er, den Text wieder mit der „sozialen Energie" aufzuladen, die ihn mit seiner Zeit verbunden hat. Und in einem Handbuchartikel definiert er Kultur als „bestimmtes Netzwerk von Verhandlungen" (New Historicism, hrsg. Baßler, 1995, 55), in dem die Künstler symbolisches Material aus einer Sphäre in die andere transportieren und dabei seine emotionale Wirkungskraft vergrößern. Verhandlung, Tausch und Zirkulation sind die drei Kategorien, mit denen der New Historicism das Verhältnis von Texten und kulturellen Praktiken beschreibt. Damit ist genau derselbe Bereich gemeint, den auch die Anthropologen erforschen, nämlich die kollektiven Anschauungen und Erfahrungen, die als soziale Energie die Entstehung von Bedeutungskämpfen veranlassen, welche ein Text nur in konzentrierter und abgekürzter Form präsentiert (New Historicism, hrsg. Baßler, 1995, 256ff.). Über den semiotischen Kulturbegriff betrachtet der New Historicism die Poesie und die Geschichte als austauschbar, wobei die Analogie zwischen sozialer Energie und Wirkungskraft eines ästhetischen Produkts nicht allen Kritikern einleuchtet.

Kultur
und Geschichte
heute   Dennoch liefert der New Historicism mit seiner These von den Kulturen als Orten der Verhandlung ein Stichwort für die Kulturwissenschaften. Zum mindesten verweist der neue Ansatz auf die Logik der Verhandlungen zwi-

schen den Diskursen in den historisch arbeitenden Disziplinen und die historische Anthropologie profitiert definitionsgemäß davon. Sie zeichnet der neue kreative Umgang mit den kulturgeschichtlichen Traditionen aus (Kultur & Geschichte 1998), den gerade der Rückbezug auf die historischen Hochphasen der Kulturwissenschaft fördert. Viele neue Arbeitsfelder zeichnen sich ab, wie etwa die Geschichtlichkeit von Sinneswahrnehmungen und Gefühlen, die Gesten usw. Eine historische Anthropologie der Sinne scheint gegenwärtig bei den Historikern an Reiz zu gewinnen, sie erlaubt auch einen ganz anderen Zugang zur Theatergeschichte oder zu anderen Medien. Geschlechtergeschichte, Gewaltrepräsentationen, Erinnerungskulturen sind darüber hinaus die Themen mit den interessantesten Studien, die in der Anthologie *Kultur & Geschichte* exemplarisch vorgestellt werden. Sie zeigen, dass sich die Konzeption solcher Themenfelder nur durch Verhandlungen zwischen den Disziplinen gewinnen lässt.

2. Denkstile der Kultur- und Zivilisationstheorie

Als ein erstes Ergebnis der historischen Anthropologie kann man die Aufmerksamkeit für die eigene Bedingtheit des wissenschaftlichen Umgangs mit Kulturen herausstellen. Wenn sich die solchermaßen interessierte Kulturwissenschaft nun von neuem dem gut bestellten Feld der Kulturtheorie zuwendet, dann wird sie dies nur mit Gewinn tun können, wenn sie die Grenzen genau kennt, in denen das Thema bisher verhandelt wurde. Natürlich funktioniert auch Wissenschaft vor dem Hintergrund einer Matrix des Denkens, die in der normalen Praxis nicht ständig thematisiert wird.

Es ist daher immer aufschlussreich, wenn wissenschaftsgeschichtliche Studien ganze Disziplinen auf ihre Voraussetzungen hin befragen und minutiös darlegen, wie sich selbstverständliche Betrachtungsweisen kultureller Phänomene im meistens gar nicht so langen Verlauf ihrer Erforschung ausbilden konnten. Der Blick für solche Probleme öffnet sich in der Konfrontation mit anderen Denktraditionen. Ein herausragendes Beispiel stellt die kritische Aufarbeitung der Altertumswissenschaften dar, die Renate Schlesier (*1947) unter dem Titel *Kulte, Mythen und Gelehrte. Anthropologie der Antike seit 1800* vorgelegt hat, einem Titel der auf das bekannte Buch von Ceram *Götter, Gräber und Gelehrte* anspielt, um die unvermeidliche Mischung aus Fakten und Fiktionen kenntlich zu machen, die auch von den mit der Antike befassten Wissenschaftlern betrieben wurde. Der Umgang mit antiken Mythen und Kulten wurde in einem Kampf um Begriffe auch institutionell organisiert und die dabei jeweils bemühten Kategorien und Denkmodelle zeigen, dass die heute rekonstruierbare Überlieferungsgeschichte eine Geschichte der Deutungen ist. Letztere gehen ihrerseits auf Grundüberzeugungen der Wissenschaftler zurück, die nicht unbedingt wissenschaftliche Wertigkeit haben müssen. Aber die bis heute anhaltende Faszination der Gegenstände, die zu dem modernen Zugriff der Anthropologie führte, ist nach Schlesier ein Beleg dafür, dass die weiterwirkende Aktualität des Vergangenen ernst zu nehmen ist. Offensichtlich leistet die Beschäftigung mit antiken Mythen und Kulten für die Anthropologie

Anthropologie der Antike, Aufarbeitung der Altertumswissenschaften

immer noch wichtige Dienste bei der Klärung von Kultur- und Zivilisations-begriffen. Und vor allem prägt ihre Geschichte unsere Vorstellungen davon.

Kulturbegriffe   Eine Liste dieser Begriffe und ihrer dem historischen Wandel unterworfe-nen Deutungen wäre nicht nur lange, sie müsste auch die Deutungs-geschichte seit dem Beginn der Schriftlichkeit einkalkulieren. Selbst die Be-grenzung auf die europäische Tradition würde spätestens im 18. Jahrhun-dert einsetzen und eine Darstellung mit Giambattista Vico, Jean-Jacques Rousseau und Johann Gottfried Herder beginnen lassen (Jung 1999; Kittler 2000). Dennoch könnte diese Begriffsgeschichte noch keine Basis für eine kulturwissenschaftliche Literaturtheorie abgeben, weil sie das Problem der Kontextualisierung nicht beseitigen würde. Das 18. Jahrhundert markiert in-sofern eine Grenze, als es den Übergang von der bloßen Beschreibung zur Beobachtung zweiter Ordnung einleitet. Kulturbegriffe, so der Soziologe Niklas Luhmann (1927–1998) werden fortan auf eine Metaebene gesetzt. Sie bleiben unbestimmt, aber kompatibel mit unterschiedlichen Prioritäten.

Bildung und Kultur   Eine solche Funktionalisierung enthält die Verzahnung von 'Bildung' und 'Kultur', die in der deutschen Begriffsgeschichte meistens mit der Abgren-zung von 'Zivilisation' einherging. Will man also dem kollektiven Wirk-lichkeitsbewusstsein nachspüren, in das solche Begriffe historisch jeweils eingebunden waren, dann müssen die Termini im Zusammenhang von sprachlicher Kommunikation und erfahrungsbildenden Sachverhalten untersucht werden. Diese spezifisch deutsche Doppelung von *Bildung und Kultur* hat als erster Georg Bollenbeck (1947–2010) untersucht und dabei eine neue Interpretationsperspektive eröffnet. Wichtig ist demnach immer der Verwendungszusammenhang von Begriffen. Die konkreten Kontexte, Diskurse, schaffen Deutungsmuster, in denen sprachliche Elemente der Weltdeutung mit konkreten Handlungsanbindungen zusammengehen. Am Beispiel der deutschen Antithese von Kultur und Zivilisation zeigt Bollen-beck, wie sich ein solches Muster kollektiv verfestigt und zukünftige Orien-tierungen vorgibt. Das Deutungsmuster prägt die Organisation gesellschaft-licher Beziehungen und formiert soziale Identitäten seiner Trägerschichten. Auf symbolischem Wege bewirkt es die Vergesellschaftung verschiedener Praxisbereiche.

Taxonomie des Kulturbegriffs bei Hansen   Letzten Endes ist auch die Taxonomie des Kulturbegriffs wie sie Hansen vornimmt, ein Produkt wissenschaftlicher Deutungsmuster. Er unterteilt Theorien nach dem Status, den sie der Kultur zubilligen. Beim Sekundär-status rangiert Kultur nach der allem vorausliegenden biologischen Ausstat-tung des Menschen erst an zweiter Stelle, wogegen Theorien zum Primär-status einen starken Kulturbegriff favorisieren, indem sie die elementare Bedeutung von Selbstbeschreibungen des Menschen betonen und bewei-sen, dass auch die Natur des Menschen ein kulturelles Produkt ist (Hansen 2000, Kap. 4). Genau dieser Widerstreit führte auch zu den frühen kultur-wissenschaftlichen Entwürfen von Max Weber und Ernst Cassirer, die neue Grundlagen für den Primärstatus suchten und reicht bis zu den aktuellen Debatten bei Clifford Geertz und Edward Said. Bis heute reißt der Streit um die Verwendbarkeit des Kulturbegriffs nicht ab. Beim aktuellen Stand der Debatten gebührt der Vorzug einem Konzept, das auf Situationen eingeht und Kultur als einen relationalen Begriff definiert. Kultur hat keinen eindeutig abgrenzbaren Gegenstand, sondern ist selber Produkt eines Vergleichs. Deshalb kann man auch nicht einfach aus ihr heraustreten oder einen Standpunkt jenseits der Kultur einnehmen, sondern bestenfalls situationale Entscheidungen treffen.

Literaturtheoretische Relevanz gewinnt das Thema bei der Frage, welche Aufgabe den Texten dabei zukommt. Sollen Literatur und Kultur eng zusammengehen, müssen textimmanente und die Texte überschreitende Modelle die Analysen lenken (Germanistik als Kulturwissenschaft 1999, 543 ff.). Theorien, die den Text unterordnen, ihn also entprivilegieren, indem sie den Text in alle nur denkbaren Diskursbezüge auflösen wie beim New Historicism, müssen mit Theorien der Reprivilegierung kombiniert werden, die an die kulturstiftende Kraft von Texten erinnern und so alle Fäden des symbolischen Netzes zu untersuchen erlauben. Auch dafür bietet die frühe Kulturwissenschaft ein Beispiel. Die Zivilisationstheorie des Soziologen Norbert Elias (1897–1990), die erst seit den siebziger Jahren Wirkung entfalten konnte, löst die antinomische Bedeutung von Kultur und Zivilisation auf und führt zugleich eine Textinterpretation vor, die Anthropologie, Soziologie, Psychologie und Literaturwissenschaft zu einer „Menschenwissenschaft", wie Elias sagte, (Rehberg 1996) vereint.

Norbert Elias

Wie Weber beschäftigen auch Elias im ersten Band von *Über den Prozeß der Zivilisation* (1939) die langwirkenden Einstellungen, Mentalitäten, nun aber unter dem Aspekt der Zivilisation. Die abendländische Geschichte seit dem Mittelalter interessiert ihn unter der Fragestellung, wie sich die gesellschaftlichen Verkehrsformen zwischen den Menschen entwickeln. Sie sind abhängig von Vorstellungen über die Natur des Menschen, manifestieren sich aber in der psychischen Konstitution. Die historische Veränderung des Menschenbildes ist eingebunden in einen langen Prozess der Zivilisierung, der gleichzeitig neue Herrschaftsformen hervorbringt. Hier sieht Elias verschiedene Faktoren am Werk, letzten Endes aber führt er sie auf Anpassungszwänge an soziale Standards zurück. Die Geschichte der Verfeinerung von Sitten, von Verhaltensweisen ist ein sozio- und psychogenetischer Vorgang. Im Laufe der Zeit nimmt die gesellschaftliche Konditionierung des Verhaltens zu – Elias zitiert immer wieder Begriffe der Psychoanalyse Sigmund Freuds – und dieser Prozess schlägt sich in moralischen Strategien der Bedürfniskontrolle wie auch der Triebkontrolle nieder.

Begriff der Zivilisation

In seiner äußerst anschaulichen Darstellung gibt Elias viele Beispiele für das Gesagte. Beim mittelalterlichen Menschen stellt er eine weit geringere Peinlichkeitsschwelle fest, denn beim Anblick von Nacktheit, von Trunkenheit, Sexualität, Vulgarität wendete man sich nicht ab. Es gehörte zum Alltag, daran teilzunehmen. Die Aggressivität wurde im Vergleich zur Neuzeit noch direkter ausgelebt und es schien die gesellschaftliche Ächtung von Grausamkeit zu fehlen. An einem späten Beispiel erklärt er das Vorrücken der Distanz. Ein Manierenbuch schreibt vor, dass man Kinder dazu anhalten solle, nicht nach allem, was ihnen gefällt mit Händen zu greifen. Solche Stellen zitiert Elias aus der Geschichte der Umgangsliteratur und er legt seinen Analysen die reiche Überlieferung solcher Manierenbücher zugrunde. Beginnend mit seiner wichtigsten Quelle, der von Erasmus ver-

Umgangsliteratur

fassten Schrift *De Civilitate morum puerilium* von 1530, über die italie-
nische und französische Verhaltensliteratur, die bis zu Knigge reicht, weist
Elias an Themen wie Essen, Schneuzen, Spucken, Baden usw. minutiös
nach, dass der Zwang zur Selbstkontrolle zugenommen hat und das „gute
Benehmen" aus dem Druck hervorwächst, den die Menschen aufeinander
ausüben. In immer stärkerem Maße wurde das peinlich Gewordene hinter
die Kulissen verlegt und das Gespür für das zur Instanz avancierte Peinlich-
keitsgefühl wurde geradezu inkarniert in den Distanz schaffenden Ess-
instrumenten. Seine Nahrung mit der Gabel zum Mund zu führen ist
schließlich keine kulturelle Selbstverständlichkeit. Und was zuvor normal
war, verschwand dann aus dem Repertoire der Verhaltensstandards. Anderes ist in Fleisch und Blut übergegangen. Elias ist allerdings weit davon entfernt, das als stetigen Fortschritt anzusehen. Es geht ihm um das darin wal-
tende Paradox. Auf der einen Seite üben die neuen Instrumente der Zivilisation einen Zwang aus, sie fordern eine Versagung, auf der anderen aber
erhalten sie sofort den Sinn einer sozialen Waffe gegen die Niedriger-
stehenden. Zivilisiertheit ist ein Distinktionsmittel und schafft soziales Pre-
stige. Die Studie ist ausgerichtet auf diese Entwicklung zu einer bloß noch
vermittelten Teilnahme an Affekten oder ihrer lediglich indirekten Äußerung. Vorgegeben sind die veränderten Verhaltensweisen zunächst als

Selbstzwänge,
Fremdzwänge,
Affektmodellierung

Fremdzwänge. Sie verwandeln sich aber ganz in Selbstzwänge (Elias,
Bd. 1, 215). Und an dieser „Verwandlung zwischenmenschlicher Fremdzwänge in einzelmenschliche Selbstzwänge" (Elias, Bd. 1, LXI) kann Elias
erklären, wie die Affektmodellierung (Elias, Bd. 1, 41) funktioniert.

Figuration bei Elias

Damit sind essentialistische Annahmen über soziales Verhalten überflüs-
sig geworden und erwünscht ist nun das Studium der „Figuration" (Elias,
Bd. 1, LXVII). Mit seinem Terminus Figuration beschreibt Elias das Geflecht
der Angewiesenheiten von Menschen aufeinander. Es sind diese Verflech-
tungen, die sie nötigen, sich den geschilderten Zwängen zu unterwerfen.
Meist geschieht das Hineingleiten der geschichtlichen Protagonisten in den
neuen Verhaltenstyp ganz unbewusst. Das bedeutet aber, dass solche Veränderungen nicht auf einem historisch erarbeiteten Fundus beruhen, sondern manchmal durch Zufall, immer aber auf Druck stattfinden. Man steht
im Verflechtungszusammenhang, versucht darin zu agieren und das Resultat kann ganz vom Plan abweichen. Der Denkstil ist hier wichtig. Soziales
und Kulturelles rekonstruiert er als ein und denselben Zusammenhang.
Ihre Formen betrachtet er als im Zusammenspiel begriffene, in Figurationen
fassbare Zustände. Rückführbar ist das immer nur auf das Apriori der Gesellschaftlichkeit, das nun nicht mehr im Sinn einer Entität verstanden, sondern in seinem historischen Feld erschlossen wird. Das Figurationstheorem
enthält aber noch einen kulturwissenschaftlich bedeutsamen Akzent. Elias
stützt seine Theorie ja ausschließlich auf die literarische Überlieferung.

Verankerung von
Texten in der
sozialen Figuration

Er liest diese Tischzuchten, Manierenbücher und Umgangslehren aber
nicht nur als Dokumente, in denen sich der Wandel von Verhaltensstandards niedergeschlagen hat. Vielmehr will er die eigentümliche Art dieser
Literatur erfassen, indem er auf ihre unterschätzte Bedeutung hinweist:

Diese Gedichte und Schriften sind selbst ganz unmittelbar Instrumente der „Konditionierung" oder „Fassionierung", der Einpassung des Einzelnen an jene Verhaltens-

weisen, die der Aufbau und die Situation seiner Gesellschaft erforderlich macht. (Elias, Bd. 1, 109)

Die Literatur über das Verhalten ist an der Affektmodellierung auch selbst beteiligt. Bei ihr handelt es sich um einen speziellen Typ von Literatur, der die Verankerung von Texten in der sozialen Figuration zeigt. Die Texte sind Teil des Verflechtungszusammenhanges und reflektieren lediglich einen Teil des kommunikationsgeschichtlichen Geschehens. Dennoch wird man heute den Horizont dieser Literatur ein wenig vorsichtiger deuten als Elias. Was er mit dem unmittelbaren Eingreifen der Texte meint, ist ihre Teilhabe an einer bestimmten Wissensordnung, an deren Neuformulierung und beständiger Reformulierung sie mitarbeiten. Innerhalb dieser Grenzen verfolgt die Umgangsliteratur ein pragmatisches Interesse und insofern war die mentalitätsgeschichtliche Einordnung von Elias berechtigt. Gleichwohl lenkt Elias das Augenmerk auf die bis heute nicht geschriebene Literaturgeschichte der Umgangsliteratur, die das zivilisationshistorische Interesse mit dem Textcharakter dieser Literatur vereinen würde und dann zu einer Erklärung von mentalitätsbildenden und verhaltensmodellierenden Funktionen vorstoßen könnte.

Die Umgestaltung des Körpers im Zivilisationsprozess ist eine mimetische Aneignung von regelgeleiteten Bewegungen, von Vorschriften und Anweisungen, die auch in literarischer Form tradiert werden. Aber die Weitergabe von Verhaltensstandards betrifft nicht nur den Umgang, sondern auch andere Formungsprogramme. Weil die geläufigen Vorstellungen von literarischer Mimesis zu kurz greifen, haben Gunter Gebauer (*1944) und Christoph Wulf (*1944) eine Rekonstruktion dieses ästhetischen Begriffes vorgelegt, die dem mimetischen Verhalten in größeren sozialen Dimensionen nachgeht. Durch diese Änderung der Wahrnehmung kommen sie zu einem Konzept von Mimesis, das den Terminus über seinen engeren Bereich hinaus zu einer anthropologischen Kategorie der Humanwissenschaften erhebt. Denn, wie die beiden Autoren nachweisen, während ihrer ganzen Geschichte seit der Antike verweist die Mimesis auf die gegenseitige Durchdringung von Erfahrung, Handeln und dem Erzeugen symbolischer Welten.

Körper und Zivilisation, Mimesis

Am Beispiel des Theaters der Aufklärung beschreiben sie den Mechanismus. Im bürgerlichen Trauerspiel des 18. Jahrhunderts ist die Empfindungsfähigkeit des Zuschauers die eigentliche Eintrittskarte, die ihn zur Teilnahme an der Mimesis des Bühnengeschehens qualifiziert. Die Stücke sollen die gesellschaftliche Praxis des Bürgers darstellen, seine Alltagswelt. Dadurch wird der Zuschauer in das Stück hineingezwungen, in Gedanken wird er Gleicher unter den Gleichen, die auf der Bühne stehen. Die Identifizierung suggeriert ihm, er sei selber eine Dramenperson. Aber er soll auch etwas lernen. Die Bühnendarstellung soll ihn in die Lage versetzen, seine eigene soziale Darstellung anzuheben. Sie gibt ihm neue inszenatorische Möglichkeiten für das Privatleben. Auf der Bühne führen ihm die Dramen genau das vor: wie er seinen Berufsfleiß, seinen Ernst, seinen Familiensinn, die Moral, die Verlässlichkeit erfolgreich repräsentieren kann. Das sogenannte bürgerliche Trauerspiel leistet somit in der Phase der gesellschaftlichen Heranbildung des Bürgertums seinen Teil bei der Selbst-

Trauerspiel im 18. Jahrhundert, Selbstbeschreibung des Bürgertums

beschreibung dieser Schicht. Es entwirft nämlich ein symbolisches Register des sozialen Spiels, das später die bürgerliche Gesellschaft kennzeichnen wird (Gebauer/Wulf 1992, 238). Ohne jetzt auf die dramentheoretischen und ästhetikgeschichtlichen Details eingehen zu können, die das Konzept differenzieren, kann man behaupten, dass solche Lesarten einer literatur-anthropologischen Deutung die Frage nach den Denkstilen der Kulturtheorie bereichern, indem sie zeigen, wie die literarische Mimesis der sozialen Lebenswelt eine Form geben kann. Und umgekehrt: wie sie wieder in die Literatur hineinreicht, denn von der sozialen Lage des entstehenden Bürgertums aus werden die entscheidenden Begriffe der Dramenpoetik festgelegt.

Mimesisgeschichte   Als wichtigste Charakteristika entnehmen die Autoren der Mimesisgeschichte: erstens die Identifikation einer Person mit einer anderen. Gemeint ist damit ein aufs Geistige übertragener körperlicher Akt des Anschmiegens, wodurch es zu einer Horizontverschmelzung der Weltauffassungen kommt. Zweitens ist Mimesis eine körperliche Handlung, die den Charakter des Zeigens hat. Selbst in ihrer versprachlichten Form ist sie eine Geste, zeigendes Sprechen. Darin liegt schon, drittens, das Performative der Mimesis. Das Gezeigte oder Dargestellte wird zum Spektakel, zur Aufführung. Und das bezieht sich eben nicht nur auf literarische oder allgemein künstlerische Verfahren, sondern bezeichnet vielfältige soziale Prozesse (Gebauer/Wulf 1992, 14). Die Autoren verleihen dem Begriff nicht nur eine stark schöpferische Komponente, sondern heben die übliche Trennung zwischen künstlerischen und außerkünstlerischen Darstellungen auf (33). Sie betonen in ihren am historischen Material erprobten Interpretationen dieses Fundament des praktischen Handelns, das Zusammenspiel von Wahrnehmung, Bewertung, von fiktionalen Elementen und tätigem Eingreifen in die Welt. Ohne einer einfachen Gleichung von Literatur und wirklicher Welt aufzusitzen, können sie zeigen, wie Literatur in die soziale Praxis eingreift, indem sie dieser Modelle gibt, Kodifikationen verändert, wirklichen Personen suggeriert, sie würden die Welt ähnlich erfahren wie literarische Vorbilder, deren symbolisches Verhalten sie übernehmen. Mimesis wirkt damit wie ein Scharnier und ist ein anthropologischer Terminus, der eine spezifische menschliche Fähigkeit bezeichnet, welche Handeln, Beobachten, Darstellen in der Welt charakterisiert und dabei empirische wie auch fiktive Welten umgreift (34).

Literatur greift in soziale Praxis ein

In der Geschichte der Bildung und Formung des Subjekts lassen sich noch zahllose andere Beispiele für die Soziologisierung der Mimesis und die Ästhetisierung der Lebenswelt finden. Gerade die moderne Kunst, die uns seit mehr als hundert Jahren begleitet, steht keineswegs mehr antithetisch der Wirklichkeit gegenüber. Sie hat in allgegenwärtigen Signalen ihre Spuren hinterlassen und lässt sich nur schwer noch als eigene Wirklichkeit identifizieren. Die eingefahrene Trennung zwischen erster und zweiter Ebene ist willkürlich geworden. Bilder werden zum Ersatz von Realitätserfahrungen und der Unterschied zwischen Realität, Bild und Fiktion ist schwer auszumachen (vgl. die Artikel zum Thema 'Kultur' in: Vom Menschen. Handbuch 1997). Mimesis ist das Primäre, nicht das Sekundäre, das lehren die Beispiele der literaturanthropologischen Interpretation und provozieren eine Neufassung der Theorien über Fiktionalität.

Ästhetisierung der Lebenswelt

3. Das Fiktive, das Imaginäre und die Medien

Geschichten
des Imaginären

Der Konvergenzpunkt von sozialer und ästhetischer Mimesis als eigentliches Gebiet der historischen Anthropologie eint die hier vorgestellten verschiedenen Zugänge. Sie versuchen alle, die Grenzen zwischen Kunst, Wissenschaft und Leben durchlässiger zu machen. Diese neuen Verbindungen von Künsten und Wissenschaften reflektieren die produktive Seite der Mimesis. Ein wesentlicher Anstoß ging von der Mentalitätsgeschichte aus. Sie entwarf die Geschichte des Imaginären als Bezugsrahmen einer neuen Geschichtswissenschaft. Denn Bilder bestimmen das Leben des Menschen genauso wie die greifbaren Realitäten (Le Goff, 1990, 12). Weitgespannte Themenfelder eröffneten sich: die Ängste, die Bilder vom Tod, die Fabelwesen des Mittelalters, Jenseitsdarstellungen in Barockkirchen, die Mythen und Weltbilder ferner Epochen, der Widerstreit zwischen offiziellen und populären Glaubensauffassungen, das alles gehörte zum System gesellschaftlicher Vorstellungen, das eng mit den herrschenden religiösen Auffassungen zusammenhing. Das Imaginäre der Vergangenheit war jene dritte Ebene zwischen der Tatsachenerfahrung und der Kunst, auf die sich die unerfüllten Bedürfnisse einer Gesellschaft projizierten. Veränderungen im Repräsentationssystem, die sich dann in der Ikonographie des Imaginären niederschlagen, geben mehr über den Sinn einer Gesellschaft preis als politische Verlautbarungen (Le Goff 1990). Allerdings ergaben sich Abgrenzungsprobleme zur Literaturwissenschaft und zur Kunstgeschichte. Der Stellenwert des Imaginären ist variabel und nur schwer zugänglich. Würde man aber die literarische Imagination so eng mit der Repräsentation von Wirklichkeit im Alltagswissen zusammenbringen, dass sie nur noch als einer ihrer Sonderfälle erscheint, wäre eine bedeutende Leistung von Texten und Kunstwerken unzureichend bewertet. Abhilfe müsste hier eine Theorie des Fiktiven schaffen.

Einen grundlegenden Versuch, *Das Fiktive und das Imaginäre* zu bestimmen, in der Absicht *Perspektiven literarischer Anthropologie* darzustellen, hat der Anglist Wolfgang Iser (1926–2007) unternommen. In einer Situation, in der die Literatur eine erhebliche Zahl von Aufgaben an andere Medien verloren hat, wie Unterhaltung, Information, Dokumentation oder Zeitvertreib, muss man ihre Existenzberechtigung anders begründen. Sie hat immer noch eine Bedeutung für die anthropologische Ausstattung des Menschen. Da der Mensch zu einem wesentlichen Teil aus seiner Phantasie lebt, kann die Literatur gerade in diesem Bereich wichtige Funktionen erfüllen. Sie ist ein „Spiegel für die Plastizität des Menschen", für sein „ständiges Sich-selbst-Überschreiten". Indem sie eben dies zeigt, wie der Mensch über seine Vergegenständlichungen hinaus will, ergeben sich Anschlussmöglichkeiten für anthropologische Fragen (Iser 1991, 11 f.). Wenn die Kunst also die Selbstauslegung des Menschen befördert, dann kann man an ihr auch erkennen, dass axiomatische Bestimmungen des Menschen nicht mehr weit tragen. Iser geht von den „Evidenzerfahrungen" aus (15), die der Mensch macht und die auch für die Literatur gelten. Das Fiktive wie das Imaginäre kommen nicht nur in der Literatur vor, sondern auch lebensweltlich beim Träumen, Halluzinieren, beim Täuschen usw. Aber

Wolfgang Iser

damit ist die Spezifik eines Textes noch nicht erklärt. Literatur hebt sich vom Lebensweltlichen ab durch den „organisierten Verbund von Fiktivem und Imaginärem" (15).

Fiktion und Wirklichkeit: Isers Triade

Was in Frage steht, ist das genaue Verhältnis von Fiktion und Wirklichkeit. Unser Problem ist die vorschnelle Gewissheit. Wir glauben nämlich immer schon zu wissen, was diese beiden Sphären trennt und vor allem: wir gehen an Literatur mit dieser Opposition im Kopf heran. Und dabei sprechen wir dem, was wir als Fiktion ausmachen, den Rang des Wirklichen ab. Dem soll eine andere Sicht abhelfen. Die alltagssprachliche Antithese hält nicht stand. Die Triade des Realen, Fiktiven und Imaginären bezeichnet die Sachlage besser. Denn fiktionale Texte enthalten auch realistische Elemente, während nichtfiktionale Texte, man denke nur an Autobiographien, nicht selten Fiktives bieten. Aber literarische Texte sind ja auch dann fiktional, wenn sie wirkliche Verhältnisse präsentieren. Das ist das Problem. Um das zu verstehen, führt Iser die dritte Stelle ein, das Imaginäre. Enthält nämlich der fiktionale Text Reales, ohne sich in dessen Beschreibung zu erschöpfen, so wirkt dieses Mischungsverhältnis auch auf das Fiktive zurück. Es ist dann die Zurüstung eines Imaginären.

Der Akt des Fingierens

Isers Modell ist deshalb so interessant, weil es das Denken in Seinsverhältnissen hinter sich lässt. Wir dürfen also nicht mehr nach dem Realen hinter dem Fiktiven suchen und etwa fragen, ob sich ein Satz in einem Roman auf die Wirklichkeit beziehe oder nicht. Sondern wir müssen von Tätigkeiten ausgehen. Der Bezug des Textes auf Wirklichkeit durchläuft den Akt des Fingierens. Darin kommen Zwecke zum Vorschein, die der solchermaßen wiederholten Wirklichkeit nicht eignen. Dieser Akt ist erforderlich, um eine Wiederkehr lebensweltlicher Realität im Text zu ermöglichen, denn sie kann ja nicht direkt abgebildet werden, aber die Realität wird dadurch zum Zeichen und zugleich wird das Imaginäre, das sonst nicht vorstellbar wäre, zur Gestalt (20) und beide heben sich gegenseitig auf. Das Reale wird Zeichen, das Imaginäre zur Vorstellbarkeit.

Rolle des Imaginären

Nun kann Iser zwar nicht angeben, was das Imaginäre ist und es muss seiner Meinung nach diffus, formlos und ohne Objektbezug bleiben. Denn es ist ihm eben eigen, dass es sich nur überfallartig, in willkürlich erscheinenden Zuständen manifestiert. Und es ist überhaupt nur in Manifestationen wie der Vorstellung oder dem Traum gegenwärtig. Aber ein wesentlicher Gewinn liegt doch in dem Modell. Es fundiert die Interpretation von Literatur in den Wechselbeziehungen der Triade. Und in diesem Sinne bindet Iser die Literatur an anthropologische Modi. Es geht um Formen der Grenzüberschreitung, um Operationen der Zuschreibung, darum, herauszufinden, wie Imaginäres funktioniert und wie es sich darin von seinen lebensweltlichen Verwandten, den Phantasmen, Projektionen und Tagträumen unterscheidet. Und es geht darum, die einzelnen Akte, mit denen die spezifisch literarische Welterzeugung vorgeht, nach ihren Funktionen zu differenzieren. Wie wird ausgewählt, wie wird das Material kombiniert, wie wird es im Text zueinander in Beziehung gesetzt und was geschieht, wenn der literarische Text sich selbst entblößt, also seine Faktur, seine Gemachtheit bewusst enthüllt?

Historisch variable Funktionen des Fiktiven

Mit dem Modell ist eine entscheidende Wende vollzogen. Nach Iser kann es nicht mehr darum gehen, in der Literatur nach dargestellten Themen der Anthropologie zu suchen, sondern zuerst die verschiedenen Manifestationen des Gebrauchs von Fiktion festzustellen. Aus der Untersuchung von historisch veränderten Funktionen des Fiktiven gehen Erkenntnisse hervor über die Erwartungen, die mit dem Imaginären verbunden waren. Wenn man also die Doppelstruktur des Fiktiven ernst nimmt, kann man am jeweils nachweisbaren Spiel der Transformationen, an den Wahrnehmungs- und Vorstellungsakten einiges über das Weltverhältnis oder die Möglichkeiten der Welterzeugung ablesen, das dann Rückschlüsse erlaubt über die kulturanthropologischen Bedingungen einer Epoche. Es ist das Imaginäre, das Aufschluss gibt über die Bewusstseinsgeschichte und über Weltbilder, in denen kollektive Erfahrungen weiterleben.

Iser trennt die Bestimmungen des Fiktiven und Imaginären von ihren jeweiligen Manifestationen in Texten oder Werken und qualifiziert sie für einen anthropologischen Index. Ausschließlich im Zusammenspiel des Fiktiven und des Imaginären lassen sich die Grenzüberschreitungen fassen. Ihr Widerspiel ist entlastet von der lebensweltlichen Pragmatik. Was Iser die Plastizität des Menschen nannte, kommt jetzt zum Tragen. Denn daran knüpft er die anthropologische Valenz der Literatur. Weil der Mensch nicht definitiv bestimmbar ist, sondern nur annäherungsweise aus seinen Möglichkeiten heraus beschrieben werden kann, gibt er seine anthropologische Disponiertheit in gerade diesem Zusammenspiel zu erkennen (405). Und mehr noch: er benötigt ein Organ der Vergegenständlichung, um diese Zurüstung zu erfahren. Die Möglichkeiten sind nicht anders ableitbar als im unendlich erneuerten Entwurf, der stets nur in einer beschränkten Version realisiert werden kann. Anthropologisch gesehen ist die Literatur notwendig als „Vergegenständlichung der Plastizität des Menschen" (14). An dieser Stelle führt Iser eine Kategorie ein, die sein Modell prägt. Das genannte Zusammenspiel ist nichts anderes als eine permanente Inszenierung. Sie ist die transzendentale Bedingung dafür, einer Sache ansichtig zu werden, die ihrer ganzen Natur nach nicht gegenstandsfähig ist. Um das Imaginäre zum Erscheinen zu bringen, bedarf es der Inszenierung (406). Sie ist nicht negativ zu verstehen, sondern eben eine anthropologische Kategorie.

Weil das Imaginäre nicht konkret fassbar ist, wird es nur real im Akt des Fingierens, auf dem Wege der Inszenierung. Literatur ist der Ort, an dem die prinzipielle Unverfügbarkeit des Menschen und seine exzentrische Position in der Inszenierung ausgetragen werden können. In der Exzentrik, die Iser mit Helmuth Plessner (1892–1985) als die Unmöglichkeit, sich je selber gegenwärtig zu werden beschreibt, liegt das anthropologische Fundament der Literatur:

Die Inszenierung der Literatur veranschaulicht die ungeheure Plastizität des Menschen, der gerade deshalb, weil er keine bestimmte Natur zu haben scheint, sich zu einer unvordenklichen Gestaltenfülle seiner kulturellen Prägung zu vervielfältigen vermag. (Iser 1991, 505)

Sich selbst in Szene setzen, Konzepte, Werte oder Ordnungen und Welten zu inszenieren, das sind menschliche Tätigkeiten in allen kulturellen Bereichen. Die Literatur entfaltet darin das Panorama dessen, was möglich

Zusammenspiel des Fiktiven und Imaginären

Kategorie Inszenierung

Plastizität des Menschen

ist und befreit den Menschen von seinen sozialen Begrenztheiten. Sie wird zu einer Institution, die Gleichrangigkeit mit Wissen und Erfahrung beanspruchen kann, insofern sie auch das noch zur Kenntnis bringt, was ihnen verschlossen bleibt.

Iser gelingt es mit seinem Modell, die Literatur als inszenierten Diskurs oder als Inszenierungsform von Diskursen ernst zu nehmen und darin ihr kulturanthropologisches Fundament zu sehen. Außerdem trägt die Triade den heute immer häufiger beobachteten Mischformen von faktualen und fiktionalen Texten Rechnung. Aber vor allem rehabilitiert Iser die fiktionalen Texte in ihrem anthropologischen Erkenntniswert. Dabei berücksichtigt er auch, dass die Literatur die Realität nur gebrochen verarbeitet und ihrerseits auf die Konstitution von Wahrnehmung einwirken kann. Ist das Imaginäre ungreifbar und doch allgegenwärtig, so wird es doch in Formen gebracht, in denen das Verhältnis zu den Realitätsnormen ausgelotet wird. Diese Formen werden in der Regel von der Kunst parat gehalten. Wenn man dem Akt des Fingierens und seinen Ergebnissen einen Ort innerhalb der menschlichen Aktivitäten zugesichert hat, so kann man die Wirkungsweise des Imaginären am besten in jenen Bereichen aufsuchen, die sich als Bruchstellen verstehen lassen. Dafür eignet sich der Komplex Subjektivität, weil in ihm der Realitätsdruck und die imaginären Projektionen in virulenter Weise aufeinanderprallen.

Historisch gesehen verändern sich die Funktionen des Imaginären. Mit dem Aufstieg des auf sich selbst gestellten Individuums, das in der Moderne seit 1800 mehr und mehr von ständischen Zuordnungen freigestellt wird und seine gesellschaftliche Stellung, aber auch seine Identität selber gewinnen muss, ändert sich auch die Rolle der Literatur (Costa Lima 1990). Sie löst sich aus ihren unmittelbaren sozialen Bedingungen und erobert einen Raum, in dem sie eine Aufgabe übernimmt, die kein anderer Diskurs behandelt. Die Literatur wird zum Organ der Reflexion über das Weltverhältnis des Individuums. Und sie ist fortan der privilegierte Ort, an dem dieses Nachdenken permanent stattfindet, an dem Werte, Rollen und Affekte probeweise verhandelt werden. Von dort aus wirkt sie wieder auf das Subjekt ein und dies in einer besonderen Weise.

Die oben beschriebene Soziologisierung der Mimesis im Verband mit der erhöhten Zirkulation von Büchern schaffen eine Akkumulation des Imaginären, die sich aus einem Netzwerk der Bezugnahmen aufbaut. Es entsteht ein imaginäres Pantheon, ein Reservoir von Bildern, aus dem sich jeder nach Bedarf bedienen kann. Aber nicht ohne konkrete Funktion. Das kollektive Imaginäre stellt nämlich die Identifikationsmuster bereit, an denen sich die Individuen orientieren können. Am Beispiel der Rezeption von Texten Friedrich Schillers im 19. Jahrhundert hat Ute Gerhard gezeigt, wie sich der Umgang mit der Literatur zu einem sozialen Phänomen ersten Ranges entwickelte. In den verschiedensten Zusammenhängen tauchen Worte, Zitate oder Anspielungen auf Sequenzen aus den Texten auf. Ob in der Zeitung, in Briefen, in Parlamentsdebatten oder auf der Kanzel, Schiller war in diesem Jahrhundert stets gegenwärtig. Die Funktion solcher Bezugnahmen bestand aber darin, dem Einzelnen Situationsbilder bereitzustellen, die sich auf die eigene Zeiterfahrung projizieren ließen. Heraus kam

Literatur als Inszenierungsform

Moderne seit 1800

Akkumulation des Imaginären, das kollektive Imaginäre

der Gedanke: es ist wie bei Schiller. Aus den Texten, auf die man sich bezog, wurden Subjekte, mit denen oder mit deren Hilfe die Individuen miteinander kommunizieren konnten. Vor allem in den Briefen des 19. Jahrhunderts findet man dieses überindividuelle Phänomen. Denn beim Schreiben fallen den Schreibern die Zitate wie von selbst ein, sie mischen sich gleichsam unbemerkt in den Diskurs und strukturieren auch unter der Hand den Selbstentwurf. Die Textstellen fungieren als „Subjektsituationen" (Gerhard 1994, 45), die auf jeweils andere, aber doch vergleichbare Lebenslagen bezogen werden können. Man liebte wie Thekla, war genial wie Wallenstein und man politisierte wie Marquis Posa. Auch die Autoren konnten sich natürlich in die Dichterbilder hinein versetzen, die ihnen von der Literatur vorgegeben wurden. So auch die Sprache der Liebe. Im ganzen Jahrhundert war erotische Imagination in Briefen nicht denkbar ohne Verse. Ob es um Gefühlsintensivierung ging oder um die Organisation einer erotischen Beziehung, immer wurden Affekte mit literarischen Sinnschemata korreliert.

Die elementare kulturelle Funktion der Literatur offenbart sich in solchen Beispielen. Sie führt Affektmodellierungen vor, denen sich die Individuen zuordnen können und in denen ihnen eine gelenkte Öffnung der Seelen möglich war. Die literarisch vorgelebten Handlungsmuster schaffen die imaginären Identitätsschemata, denen die empirischen Individuen sich einpassen, von denen sie ihre Handlungsbefähigung beziehen. Denn das Imaginäre ist zugleich Teil der symbolischen Ordnung der Gesellschaft und des Unbewussten (Pott 1995, 9). In diesem Sinne ist das Leben tatsächlich eine Bühne, denn es gibt keine Wirklichkeit jenseits der symbolischen Ordnungen. Das ist auch der Grund, warum so viele Romanhelden als Leser vorgestellt werden. Sie erfassen ihre Welt zeichenhaft wie die realen Leser und konturieren das komplexe Kulturmuster der Neuzeit, das unser Selbst- und Weltbild bestimmt (Pott 1995, 23).

> Identitätsschemata

Nun steht bei dieser Funktionsbestimmung in der Gegenwart die Literatur nicht mehr allein im Vordergrund. Zu einem großen Teil ereignet sich die Akkumulation des Imaginären längst in anderen Medien. Insofern kann man dem Theorieentwurf von Iser vorhalten, dass er noch zu einseitig die Literatur untersucht oder aber sein Modell lediglich an einem Medium erprobt. Wenn er daher Literatur zum wesentlichen Index menschlicher Selbstinszenierung macht, so ist damit noch nichts über die Spielräume der anderen Medien gesagt. Man könnte sogar fragen, ob und wie sich das Imaginäre in seinen verschiedenen Materialisationen verändert. Während Iser also die Rahmenbedingungen noch eng fassen musste, um das neue Thema überzeugend darstellen zu können, versucht heute der Anglist Karl Ludwig Pfeiffer (*1944) die angedeutete Erweiterung unter dem programmatischen Titel *Das Mediale und das Imaginäre* (1999), um die von Iser ausgesparten *Dimensionen kulturanthropologischer Medientheorie* zu ermessen.

> Das Imaginäre und die Medien, Karl Ludwig Pfeiffer

Ausgangspunkt ist die Schwachstelle der Reflexion über Literatur, die schon in ihren antiken Anfängen den medialen Bedingungen und der performativen Seite der Literatur zu wenig Aufmerksamkeit schenkte. Bereits Aristoteles glaubte, dass der Text des Dramas, nicht die Aufführung das

> Performative und interpretative Schichten der Kultur

Wesen des Theaters ausmachte. Dieser „cultural lag", also das Missverhältnis zwischen tatsächlichem Geschehen im Umgang mit Literatur und seiner Reflexion im Theoriediskurs zwingt die Theorie dazu, auf einer anderen Ebene anzusetzen. So muss man ohnehin von einer größeren Durchlässigkeit zwischen den anspruchsvollen Erzeugnissen der Kultur und den offenen, im praktischen Vollzug sich erschöpfenden Formen der Kultur ausgehen, wobei die alte Zweiteilung in hohe und niedere Kultur sehr weit ausgelegt werden darf. Die Beziehungen zwischen den performativen und den eher intellektualisierten interpretativen Schichten der Kultur auszuloten, ist nach Pfeiffer eine vorrangige Aufgabe (Pfeiffer 1999, 42).

Medien-
konfigurationen

Daher wäre es sinnvoller, anstatt von den Künsten zu sprechen, den umfassenderen Begriff Medien einzusetzen. Damit ist aber keine Beschneidung der alten Medien gemeint, sondern lediglich der Versuch unternommen, die anthropologische Betrachtungsweise auf eine möglichst viele Medien umgreifende Sicht umzustellen. Gerade wenn man multi-mediale Formen wie die Oper, aber auch neue Medien betrachtet, kommt man um eine Analyse der Beziehungen zwischen den beteiligten Medien nicht herum (33). An die Stelle der Geschichte von Einzelkünsten müsste eine Geschichte der Medienkonfigurationen treten (27). Niemals werden Kulturen von einem Medium allein dominiert, fraglich ist nur der jeweilige Grad der Komplexität bei der Verknüpfung aller beteiligten Medien. Es genügt auch nicht mehr, einzelnen Medien einen wohlbestimmten kulturellen Stellenwert zuzuschreiben, den sie in der oft geglaubten Exklusivität nicht haben. Dann ergibt sich auch die neue Fragestellung nach der anthropologischen Symptomatik von gesamten Konfigurationen (33). Gerade wenn man den kulturellen Bedarf an Vermittlung von ästhetischen Erfahrungen berücksichtigt, hilft der umfassendere Medienbegriff dabei, die Mannigfaltigkeit und Heterogenität von Medienkonfigurationen, damit auch die von ihnen geschaffenen Realitäten in Vergangenheit und Gegenwart zu erkennen:

Ein Medienbegriff, auf alle Fälle ein anthropologisch orientierter, muß versuchen, einen Sinn für Vermittlungen, Spannungen und kulturell-mediales 'Aushandeln' zu entfalten, in denen die Figuren des Imaginären und die Erscheinungen, die Effekte der sogenannten harten Realitäten, in packenden, aber auch prekären und fragwürdigen Formen zusammenkommen. (53 f.)

Pfeiffer legt Wert auf die Tatsache, dass das Imaginäre, ob Archetypen oder Stereotypen, nicht einfach gegeben ist, sondern ein hochvermitteltes Produkt darstellt. Was zählt, ist die wechselseitige Beziehung von imaginären und realen Effekten und sie ist das Ziel der Medien.

Rehabilitierung des
Erfahrungsbegriffs

Jenseits von kulturkritischen Warnungen vor den unheilbaren Eingriffen der Medien in das menschliche Vorstellungsvermögen, empfiehlt die moderne Medientheorie die Rehabilitierung des Erfahrungsbegriffs. Medien sind, neutral gesagt, Ermöglichungsformen von bestimmten Erfahrungen. Sie erlauben gesteigerte Erfahrungen, die kulturell in verschiedenen Medien realisiert werden können. Ein Beispiel wäre das Theater der Griechen und ihre Tragödie, die von ihrer medialen Anlage her ihre Fortsetzung nicht etwa in der europäischen Theatergeschichte, sondern erst in der Oper fand (13). Unter dem Primat der ästhetischen Erfahrung, die Pfeiffer als eine not-

wendig „packende, faszinierende Erfahrung" (22) durchaus wieder im Anklang an alteuropäische rhetorische Bestimmungen beschreibt, ordnen sich
die Medien dem gesellschaftlichen Bedürfnis nach Erlebnissen kristallisier-
ter Vitalität unter, die soziale und private Lebensformen imaginativ stimu-
lieren. Seine Annahme von einer Prägung der Individuen durch imaginäre
Projektionen (58) ähnelt stark den Ausführungen von Gerhard und Pott zu
den Identitätsschemata.

Die Literatur – am Beispiel des Romans erklärt Pfeiffer sein Modell – reagiert in ständiger Auseinandersetzung mit anderen Medien auf kulturelle
Änderungen. So kann man den Aufstieg des Romans im 18. Jahrhundert mit
der performativen Verarmung erklären. Durch den größeren Zwang zum
stillen, einsamen und konzentrierten Lesen entsteht ein Verlust an sinnlicher Erfahrung, den der Roman durch die Simulation von Performanz
wettmacht. Romane werden durch solche Reflexionsmöglichkeiten zu Formen der kulturellen Selbstbeschreibung, in denen ein Gespür für die Verarmung wachgehalten und auch für mögliche Gegenmaßnahmen angebo-
ten wird (83).

Nach dieser kulturanthropologischen Medientheorie sind Medien alle
ästhetisch rezipierbaren Inszenierungen mit einem performativen Potential,
das je nach materialer Gegebenheit aktiviert werden kann. Es wird umso
stärker sein, je mehr Bezüge zwischen unterschiedlichen Medien einbezogen sind. Im Vergleich mit Iser erweitert Pfeiffer also die Theorie des Imaginären vor allem um diese Intensitäten. Ganz anders als Iser unterstellt er
aber den Medien auch noch eine potentielle Unmittelbarkeit, die gerade in
der Konfiguration intensiver erscheint. Das erscheint problematisch. Pfeiffer rettet sein Modell aber mit dem Hinweis, dass ästhetische Theorien und
Praktiken sich unbeschadet aller methodischen Einsprüche an solchen Effekten der Evidenz abgearbeitet hätten. Immer waren Oppositionen wie
'Unmittelbarkeit' versus 'Inszenierung', 'Präsenz' versus 'Distanz' am Werk
und lenkten die Analysen. Man muss also die kulturelle Präsenz solcher
Deutungsmuster feststellen, die nach wie vor virulent sind. Erst in einer
Medientheorie zweiter Ordnung, die auch diese kulturell bedingten Muster
mitreflektiert, kann eine widerspruchsfreie Theorie gelingen. Der Körper, so
zeigt Pfeiffer am Beispiel des japanischen Theaters, ist vor allem dann prä-
sent, wenn er sich in der Künstlichkeit der Kostüme, Masken und Bewegungen zu verlieren scheint (279). In der modernen japanischen Kultur
entfalte sich eine Version der Modernisierung, die das offenkundig Archai-
sche nicht überrollt, sondern neu konturiert.

Kulturanthropologi-
sche Medientheorie

4. Literarische Anthropologie

Während die Arbeiten zum Imaginären nach der Fiktionsbedürftigkeit des
Menschen fragten und anthropologische Ansätze in die ästhetische Theorie
einführten, entstand in der Germanistik Mitte der 80er Jahre ein praktisches
Forschungsfeld, das kritisch gegen die dekonstruktivistische These von der
Referenzlosigkeit der Literatur gestellt, eine profilierte kontextuelle Inter-
pretation vorantrieb. Die Texte wurden nun konsequent in ihr Umfeld ein-

Germanistik
und Anthropologie

gebettet, so dass ihr Entstehungskontext im anthropologischen Sinne wieder sichtbar gemacht wurde. Die Arbeit der Rekonstruktion galt den Räumen des Wissens, in denen die Texte einst entstanden waren. Kenntnisse über alle Diskurse, die zur Zeit der Texte das Wissen über verschiedene Seiten des Menschen regulierten, waren nützlich, um das jeweilige Anliegen eines Textes richtig zu verstehen. Nur diese Nähe der Literatur zu den anderen Wissensformen konnte auch die Rekonstruktion der lebensweltlichen Fundamente von Texten ermöglichen und erklären, warum der Literatur in der Moderne überhaupt der Status eines anthropologisch relevanten Diskurses zuwachsen musste.

Forschungen zum 18. Jahrhundert

Das heute breit akzeptierte Thema entstand in der Forschung zum 18. Jahrhundert. Zwar gab es eine Verbindung von Anthropologie und Literatur schon in der Renaissance, etwa in der französischen Moralistik, aber erst im 18. Jahrhundert erhielt diese Konjunktion ihre besondere Brisanz. In einer Zeit der zunehmenden Unsicherheit von metaphysischen Verortungen, von Kritik an bloßer Standeszugehörigkeit und der wachsenden Ansprüche an den Einzelnen, an seine Mündigkeit, änderte sich auch das Menschenbild, das von den Wissenschaften konstruiert worden war. Das dominante Modell der Zweiteilung des Menschen, das von Descartes stammte, genügte nicht mehr. Der cartesische Leib-Seele-Dualismus war der Bezugsrahmen für alle Neuerungen. Er bedeutete die Annahme von zwei völlig verschiedenen und eigenständigen Substanzen, nämlich der immateriellen Seele und dem rein materiellen Körper. Den Körper dachte man sich demnach als völlig mechanisches Funktionsorgan. Allerdings könne die beiden Substanzen sich im Menschen vereinigen und diese Maxime führte zur Suche nach dem besonderen Interaktionsort der beiden Substanzen. Mit der Theorie vom Seelenorgan hatte Descartes versucht, einer einfachen Lokalisierung etwa in einer Drüse zu entgehen und nach einem sensomotorischen Umschlagpunkt gesucht. Er spricht nicht vom Sitz der Seele, sondern von ihrer Präsenz, die über den ganzen Körper verteilt sei und in der Zirbeldrüse lediglich den Umschlagpunkt finde (Hagner 1997). Das sogenannte Seelenorgan blieb aber das Substrat für das Zusammenwirken von Körper und Geist, das „commercium mentis et corporis".

Philosophische Ärzte

Das Konzept blieb unbefriedigend. Der Körper wurde mechanistisch gesehen, alles genuin Menschliche fiel in den Bereich des Immateriellen und der vorausliegenden Annahme einer strikten Trennung zwischen Mensch und Tier misstraute man. Es war diese Aufspaltung des Menschen in eine Sinnennatur und in ein nicht-materielles Geistwesen, die schon der einfachen Erfahrung widersprach. Den daraus entstanden Vermittlungsdesideraten begegneten Lehren, die nach Übergängen für das Commercium suchten. Ein durchaus typisches Beispiel für eine ganze Bibliothek von ähnlichen Schriften ist die *Anthropologie für Aerzte und Weltweise* (1772) des Leipziger Mediziners und Philosophen Ernst Platner (1744–1818), der Körper und Seele in ihren gegenseitigen Verhältnissen und Einschränkungen studierte. Das Wesen der Phantasie beschäftigen ihn ebenso wie Gedächtnis und Erinnerungsvermögen, Wahrnehmungen und Gemütskrankheiten. Die Erforschung dieser Literatur der philosophischen Ärzte fällt heute in ein Gebiet, das zwischen Medizingeschichte und Literaturwissenschaft anzusiedeln ist, denn die Ärzte und Naturforscher der anbrechenden Moderne waren selber beides: Naturwissenschaftler und Literaten und das bedeutet, dass ihre Theorien, ihre Modelle immer vom wechselseitigen Austausch der Disziplinen profitierten (Hagner 1997). Das war sogar gewünscht, wie bei Johann Gottfried Herder (1744–1803), der eine Synthese von Medizin, Philosophie, Anatomie und Anthropologie anstrebte, in einem letzten Versuch vor der bis heute anhaltenden Trennung der beiden Kulturen, die eine rein naturwissenschaftliche Hirnforschung hervorbrachte (Hagner 1997).

Die Anthropologie des 18. Jahrhunderts (Schings 1994) übersetzt die Dynamik von Außen und Innen mit verschiedenen Begriffen wie „Ausdruck" oder „Projektion" oder stellt ein Drittes dazwischen, die Zeichen. Das „Commercium"-Problem rief eine Reihe von Wissenschaften auf den Plan, die erforschten, wie die Zustände der Seele und des Körpers ineinander übersetzt werden können. Neben eine Semiotik der Seele traten Hermeneutiken des Ausdrucks, mehrere Zeichenwissenschaften von der Erforschung des Umgangs mit Menschen bis zur Kriminalistik und der semiotischen Medizin (Beispiele bei Schings 1994). So war ein breites Spektrum des Konfigurativen entstanden, denn die Anthropologisierung des Wissens und die Ästhetisierung der Wissenschaften gingen Hand in Hand. Ihrer Form und den Inhalten nach wurde die Anthropologie literarisch, was sich in der Flut von Metaphern ganz oberflächlich äußerte, aber bis in die Erkundung der Zwischenbereiche des Materiellen und Spirituellen hineinreichte.

Anthropologie des 18. Jahrhunderts

Die Psychologie als die große neue Erfahrungswissenschaft emanzipierte sich aus dem Verband der Philosophie und konstituierte sich neu als „empirische Psychologie", als „Experimental-Seelenlehre" und als „Erfahrungsseelenkunde". Nicht der Wille, so stellte man fest, regiert den Menschen, sondern das Unbewusste hatte beträchtlichen Anteil an den Handlungen. Man begann, sich stärker mit den Nerven zu befassen und pathogenes Verhalten mit unzähligen Therapievorschlägen zu heilen. Dazu wurden die Zivilisationskrankheiten, die jetzt vermehrt auftraten, mit großem Interesse beschrieben. Das alles tendierte in Richtung einer Naturalisierung des Menschen. Nicht mehr die Frage, was der Mensch sein sollte stand im Mittelpunkt, sondern die Aufklärung stand vor der Frage, wie er beschaffen sei und man staunte darüber, wie er sein kann.

Psychologie

Die Erfahrungsseelenkunde weist recht verschiedene, teilweise obskure Richtungen auf, man muss jedoch akzeptieren, dass sie den Naturwissenschaften der Moderne wichtige Vorarbeiten leistete (Hagner 1997). Und sie bewirkt eine ambivalente Reaktion in der Literatur, sobald nämlich sichtbar wurde, dass sie eine materialistische Irritation erzeugte. Gegen das Verschwinden alles Seelischen im Körper setzte Johann Caspar Lavater (1741–801) sein vierbändiges Werk *Physiognomische Fragmente zur Beförderung der Menschenkenntnis und Menschenliebe* (1775–1778), in dem der Körper ein letztes Mal als Abbild Gottes verstanden wurde. In der Physiognomik, der Lehre von der Deutung der individuellen Gestalt aus dem menschlichen Antlitz und den Körperlinien, versuchte Lavater vergeblich,

Der ganze Mensch

ein platonisches Menschenbild gegen die moderne naturwissenschaftliche Zerstückelung des Leibes in Körperorgane zu retten und eine Orientierung anzubieten, die als Topik im Alltag brauchbar sein sollte. Gewiss pflegte Lavater den Traum vom Verstehen ohne Rest und wies auf den Skandal hin, der sich in der Annahme einer Symbolsprache ohne menschlichen Sprecher verbarg. Aber er macht doch auf eine Problemlage aufmerksam und lieferte eine extreme Ansicht des Anliegens, das auch die anderen Popularphilosophen antrieb: die Suche nach einer Theorie des ganzen Menschen.

Man spürt den Bedarf nach Redeweisen, die beides berücksichtigen, die Vernunft und das Andere der Vernunft, und sie zusammenzuführen. Will man den Horizont dieses Anspruchs rekonstruieren, ist der Zugriff auf das gesamte Spektrum der Fachprosa unerlässlich, denn die Vielfalt der Methoden spiegelt sich auch in der Kreuzung verschiedener Diskurse und davon abgeleiteter Publikationen. Die Fülle des empirischen Wissens, die Beschleunigung der Konzeptbildungen und die Auffächerung der wissenschaftlichen Disziplinen markieren den Kontext, in dem die Literatur sich nun bewegt. Und das heißt für den Kulturwissenschaftler, dass er sich auf das Wissen aus der Sicht der Autoren jener Zeit einlassen muss, gerade wenn die Auffassungen einer Epoche entschieden von den eigenen abweichen (Riedel 1994).

Sinnlichkeit und Körper um 1900 Ganz anders als die heute noch greifbare diskursive Allianz zwischen Psychologie und Literatur steht es um eine ästhetisch-anthropologische Theorie der Einfühlung, des Gefühls und der taktilen Wahrnehmung. Das Thema Sinnlichkeit und Körper in Literatur und Text ist beinahe zu einem Modethema geworden, hat aber einige grundlegende Studien hervorgebracht, die ein völlig neues Licht auf die Moderne um 1900 werfen. Sie belegen die Brauchbarkeit der literarischen Anthropologie für neuere Literaturen. Der Germanist Georg Braungart (*1955) untersucht in *Leibhafter Sinn. Der andere Diskurs der Moderne* von 1995 die Beziehungen zwischen Wissenschaft und Literatur am Beispiel eines Transfers von Theorien. Die Einfühlungsästhetik des 19. Jahrhunderts ist eng an den Körper als ein sinnkonstituierendes Medium gebunden, mit dem sich die Wissenschaften und die Literatur befassen. Dieser Diskurs reicht bis zu Herder zurück, der in der Geschichte der Kodierungen des Gefühls eine folgenreiche Umstellung in der Hierarchie der Sinne vornahm. Herder wertete den Tastsinn auf und gesellte ihn den höheren Sinnen zu (63), er nutzte die im 18. Jahrhundert entstandene semantische Nähe von Gefühl und Tasten für ein ästhetisches Konzept. Zentrales Theorem war die körperliche Erweckung von Seelenzuständen, ein Gedanke, der zum Kernsatz der Emotionspsychologie aufstieg. Wenn schon die Menschwerdung mit der Taktilität beginnt wie beim Kleinkind, so kann man aus dieser Urform der Sinneswahrnehmung, wie sie Herder einstuft, die Subjektwerdung überhaupt ableiten. Und auf die Kunstwahrnehmung überträgt Herder diesen Gedanken, wenn er fordert, man müsse so sehen, als ob man taste (Braungart 1995, 86).

Einfühlungsästhetik In weit ausgreifenden Rekonstruktionen erschließt Braungart die gesamte Einfühlungsästhetik bei Lotze, Vischer, Volkelt, bei Fiedler und Wölfflin, bei W. Wundt und zeigt, wie die Annahme einer leibhaften Wahrheit, eines zur Präsenz gelangenden Sinns in der gesamten Wahrnehmungsphysiologie konturiert wurde. So gelangt er zu der wichtigen These, dass die Moderne gerade dort, wo ihr eine Krise unterstellt wurde, nämlich in der sogenannten Sprachkrise um 1900, nicht am Befund der Unaussprechlichkeit krankt, sondern dass sie eine Kommunikationskrise, denn darum handelt es sich, im medizinhistorischen Kontext diskutiert. Das Ausdrucksproblem etwa in Hofmannsthals *Chandos-Brief*, dem vielgelesenen Grundtext der Moderne, oft fälschlich als ein Dokument des typisch modernen Sprachverlusts gedeutet, wird von Braungart einleuchtend erklärt als „Geschichte eines Anfalles, der seine eigene Sprache spricht", nämlich die des Körpers (228). Hofmannsthal zitiert die Körpersprache der Hysterie, um das bewusstseinssprengende Potential der zu gewinnenden Erfahrung von Ganzheit anzudeuten. An die Stelle des nicht Aussprechbaren tritt die körperliche Antwort, es kommt also lediglich zu einem Wechsel der Ausdrucksmöglichkeiten, der noch nicht einmal der sprachlich-literarischen Mitteilung misstraut. Wie diese „Wahrheit des Körpers" in unterschiedlichen Texten und Textsorten zum Ausdruck kommt und sich der „leibhafte Sinn" offenbart, zeigen die Interpretationen zu Rilke, Döblin und Hofmannsthal.

Während Braungart einen medizinisch tingierten ästhetischen Diskurs rekonstruiert, lassen sich noch andere, enger an naturwissenschaftliche Disziplinen angelehnte Theorien beschreiben (dazu der Forschungsbericht Erhart 1996). Anthropologische Studien dieser Art versuchen, wissenschaftliche Theoreme und Erzählverfahren der Literatur zu vergleichen. Beide Diskursformen arbeiten am kulturellen Wissen (Titzmann 1989), die Literatur kann aber auch abweichende Thesen erproben. In aller Regel wird die Literatur weniger komplexe Modelle der Selbstwahrnehmung anbieten und relevante Fragen zuspitzend aufgreifen oder neue Fragen wieder an die Wissenschaften zurückgeben (Erhart 1996, 256 f.). In der modernen Literatur begegnen dem Leser unzählige Darstellungen von Nervenkrankheiten, die noch nicht im Kontext des kulturellen Wissens ihrer Zeit und den konstitutiv mit ihnen verbundenen Erzählmodellen untersucht sind. Nervenkrankheiten

Selbstverständlich hat sich die literarische Anthropologie mit den Leitdiskursen der Moderne auseinandergesetzt und dabei vor allem den Aufstieg der Biologie beachtet. Wenn die Literatur um 1900 von „Natur" spricht, so Wolfgang Riedel (*1952) in seiner Studie *Homo natura* von 1996, meint sie anderes als noch hundert Jahre zuvor. Die Biologie als neue Episteme der Natur gibt auch das kulturelle Wissen darüber vor. Natur „gerät ins Zeichen des Sexus", sie wird in der dominanten Perspektive der Psychoanalyse sexualisiert (XIII). Oder in der Biologie, wie die Zellenkunde belegt, zu einer Theorie der Geschlechtlichkeit entwickelt (161). Demgegenüber erklärt nun Riedel, dass die Natur der Naturwissenschaften nicht vorrangig in die Dichtung eindringt, sondern eine Distanz, eine Gegenreaktion zu bemerken ist. Überraschend bewahrt gerade die moderne Literatur eine Affinität zur Naturphilosophie, namentlich der Schopenhauers. Und die Texte arbeiten sich an einer metaphysischen Bestimmung des Lebensbegriffs ab, der weit mehr semantischen Spielraum zulässt als bei den Naturwissenschaften. Letztere werden überhaupt auf einer Ebene rezipiert, auf der Ganzheitsaussagen anschließbar sind. Offensichtlich reden die beiden Diskurse von unterschiedlichen Rationalitäten. Um die Biologie als Leitdiskurs der Moderne

Reichweite solcher literarischen Sinnkonstruktionen zu erkennen, muss der Interpret sich aber auch mit den anderen Systemen befassen. Allerdings wird man von einer „Pluralisierung des Menschenbildes" durch die Wissenschaften ausgehen und nach verschiedenen Diskursen fragen müssen (Barsch/Hejl 2000). Der Darwinismus etwa ist nur eine der bekanntesten Arten des verweltlichten Menschenbildes und konkurriert mit anderen zu Gesellschaftstheorien ausgewachsenen Biologismen.

Pluralisierung des Menschenbildes

Menschenbilder, wie sie nicht nur die Leitdiskurse entwerfen, sind konzeptuelle Vorstellungsrepertoires mit einem ihnen zugeordneten Handlungswissen. Sie prägen auch das wissenschaftliche Denken und schließlich ist die eingangs beschriebene Kulturkritik um 1900, die von psychopathologischen Kategorien ausgeht, von eben dieser Diskurskreuzung hervorgebracht. Kultur und Gesellschaft konnten selber zum Gegenstand des psychiatrischen Diskurses erhoben werden und standen so in enger Wechselbeziehung zur bürgerlichen Selbstwahrnehmung (Barsch/Hejl 2000).

Poetologien des Wissens

Die Beispiele aus der Literatur um 1900 erfordern eine Abkehr von gesellschaftskritischen Lektüren und einen Blickwechsel des Interpreten hin zur Wissenschaftsgeschichte. Dann erkennt der Interpret, dass die Literatur als eine unter möglichen anderen „Poetologien des Wissens" aufgefasst werden muss (Vogl 1999). Hierbei hilft der Weg, den die *Archäologie des Wissens* (1969) von Michel Foucault (1926–1984) geebnet hat. Die Herausarbeitung des Rasters, mit dem zu einer bestimmten Zeit Erfahrungen und Aussagen über Wahres möglich waren, führt dazu, dass auch Wissenschaft nur als eine Wissensformation unter anderen eingestuft wird. Vogl ergänzt das Konzept von Foucault um die Inszenierungspraktiken von Aussagen einer Epoche. Das Wissen erscheint ja immer in bestimmten Darstellungen, die auf seinen Gehalt zurückwirken. Im System des Wissens einer Epoche gebührt auch der Literatur ein eigener Ort. Und innerhalb dieser Ordnung verläuft das Wissen über Äußerungsweisen ganz unterschiedlicher Art. Es kann daher im literarischen Text erscheinen, ist jedoch nicht immer nur textuell verfasst. Interessant und literarisch besonders augenfällig wird das Wissen einer Zeit, wenn es sich in Randgebieten oder Übergangsbereichen manifestiert, wie beim Umbau der Sinneshierarchie im 18. Jahrhundert und seinen erst längerfristig bemerkbaren Konsequenzen. Man kann solche Veränderungen aber nur im breiten Studium diverser Wissensformationen, verstreut in diversen Quellen, rekonstruieren. Die Psychologie des 18. Jahrhunderts ist gewiss eine hybride Mischung aus biologischen Annahmen, medizinischen Forschungen, Spekulationen über Hypnosen und literarischen Fallbeispielen. Klar getrennt erscheint das nirgends, am wenigsten in der Dichtung. Diese Räume des Wissens, die in der Vermengung aus Texten und nicht-diskursiven Praktiken sowie ihren jeweiligen Repräsentationsweisen geschaffen werden, erforscht eine „Poetologie des Wissens" (Vogl 1999, 11 ff.). Sie bezieht auch die Tatsache mit ein, dass zwischen den Wissensordnungen keine vorhersagbaren Relationen bestehen, sondern disparate Verhältnisse regieren. Ein literarischer Text ist demnach eine von mehreren realisierbaren Repräsentationsweisen, die eine Wissensordnung ausbildet.

Betrachtet man also die Literatur als eine besondere Wissensformation und relativiert man die Bedeutung wissenschaftlicher Aussagen im Bezug zu konkurrierenden Aussagemodellen, so erscheint der Gehalt von Gegenständen des Wissens als ein Effekt aus einem dichten Gefüge unterschiedlicher Praktiken. Von dieser Definition aus kann man den anthropologischen Wert beschreiben. Literatur stellt Modernisierungen dar und problematisiert sie zugleich. Sie ist eine Institution, in der das Wissen über sich selbst Rechenschaft ablegen kann, in der es um Aspekte des Ausgegrenzten angereichert werden kann. Und diese Funktion ist seit dem 18. Jahrhundert auf Dauer gestellt, die anthropologische Leistung der Literatur liegt in der Bewegung, mit der sie in die unabänderliche Historisierung der Wissensordnungen eingreift.

Literatur stellt Modernisierungen dar und problematisiert sie zugleich

Hier bieten sich Anschlüsse an für die oben dargestellten Fiktionalitätstheorien. Sowohl Isers Modell der Triade als auch Pfeiffers Medienkonfigurationen, in denen extravagante Erfahrungen möglich sind, behandeln das Fiktive und das Imaginäre ebenfalls nicht als Repräsentationsweise untergeordneter Art. Eine Diskursanalyse, um solche Fragestellungen erweitert, verortet die anthropologische Funktion der Literatur vorrangig wieder in ihrer Aussageweise. Der Interpret, der nach den Ordnungen fragt, die sie hervorbringen, kann verstehen, wie die Literatur auch dort noch spricht, wo dies sonst nicht mehr möglich wäre. Dies ist nicht ihre schlechteste Bestimmung: gerade den Bereich des Wissens zugänglich zu machen, von dem keine andere Wissensordnung explizit handelt.

IV. Handlungs- und Wahrnehmungstheorien

Texte
als Handlungen

In der Perspektive der literarischen Anthropologie erscheinen Texte wie Instrumente für die Selbsterweiterung des Menschen. Auch wenn ihr Hauptanliegen die Selbstreflexion ist, lässt sich die Literatur deshalb noch nicht in einer lebensfernen Provinz nieder. Schon die Theorien über das Imaginäre betonen den Sitz in der Lebenswelt und daher erläutert das folgende Kapitel weitere Ausdifferenzierungen anthropologischer Probleme. Die Erkenntnis von der Geschichtlichkeit menschlicher Erfahrung, ihrer Wandelbarkeit und Abstinenz von angenommenen Konstanten, fordert ästhetische Konzepte mit lebensweltlichem Hintergrund. Ästhetik im ursprünglichen Sinne, als Theorie der Wahrnehmung, ist buchstäblich an Praxis orientiert. (Neumann/Weigel 2000, 16). Texte sind Ergebnisse von Handlungen und sie veranlassen Handlungen oder koordinieren sie, indem sie Sinnverständigungen kommunizieren.

Die praktische Kunsttheorie beginnt mit den scheinbar einfachen Fragen nach unserem Handeln und Wahrnehmen. Alltägliche Wahrnehmungen behalten in den künstlerischen Wahrnehmungen ihre Gültigkeit; und dennoch gewinnen die Gegenstände der wirklichen und ständig wahrgenommenen Welt in der Kunst eine Gestalt, in der vielfache Bezüge hervortreten. So können Wahrnehmungen verschiedener Ordnungen ineinander aufgehen (Schwemmer 1986, 172). Die im vorigen Kapitel genannten Theorien des Imaginären behaupten ebenfalls, dass unsere Wahrnehmungen prinzipiell mittelbare sind. Wir benötigen immer schon erworbene, inhaltlich besetzte Muster, um Sinnesdaten festhalten zu können. Nur blenden wir normalerweise die Tatsache aus, dass die Unmittelbarkeit der Wahrnehmung auf der Fähigkeit beruht, die ihr vorangegangenen Lernprozesse nicht mehr alle nachvollziehen zu müssen.

Handlungstheorie
und
Lebenswelttheorien

Im Zentrum stehen nun solche „wahrnehmungsleitenden Sinnstrukturen" wie sie in der phänomenologischen Situationstheorie geläufig und wieder aktuell sind (Bahrdt, Grundformen 1996, 85 ff.). Die Einheit einer Handlung wird dabei auch mit Begriffen der Kunsttheorie beschrieben und als eine „poietische Leistung" bezeichnet (Schwemmer, Existenz 1997, 123–129). Handlungstheorie und Lebenswelttheorien sind nicht mehr nur wissenschaftstheoretisch verbunden (wie bei Joas 1992). Wenn wir eine anthropologische Konstanz in der Lebenswelt nicht voraussetzen dürfen, dann bleibt ein Spielraum für erfahrungswissenschaftliche Differenzierungen (Straub/Werbik 1999).

1. Kunst als Praxis.
Theorien des symbolischen Handelns

Man braucht nicht einmal auf soziologische Handlungstheorien zurückzu-greifen (Joas 1992), um zu wissen, dass neben dem rationalen und norma-tiven auch noch das kreative Handeln die Welt erschließen kann. Der amerikanische Kritiker Kenneth Burke (1897–1993) untersucht Literatur in ihrer Funktion als „symbolic action". Mit seiner Theorie, unter dem klaren Titel *Dichtung als symbolische Handlung* 1966 übersetzt, formulierte er schon 1941 einen Ansatz, der erst in den aktuellen kulturwissenschaft-lichen Debatten gehörige Resonanz findet.

Kreativität, Dichtung als symbolische Handlung

Für Burke ist jedes diskursive Handeln ein symbolisches Handeln und mit dieser Bedeutung des Begriffs möchte Burke die Verwechslung des Symbolischen mit Fiktivem vermeiden. Er erkennt, dass Stilisierung gene-rell unvermeidlich ist. Vielmehr führe gerade die Untersuchung der Frage, was ein Text für den Autor leistet, zu der übergreifenden, was er überhaupt für jeden Leser leistet (Burke 1966, 74). Die eigentümlichen Vorgänge im Text sind zu verstehen als Strategien, mit deren Hilfe ein Autor sein Leiden oder ein anderes konkretes Unbehagen stellvertretend ausagiert. Man kann also nicht einfach sagen, die Autoren schrieben über ihre eigenen Proble-me, sondern sie behandeln sie symbolisch in der Kunst. Burke weiß um den Unterschied zwischen realen und symbolischen Handlungen, auch wenn Übergangszonen existieren:

Die symbolische Handlung ist der „getanzte" Ausdruck einer bestimmten Haltung (*dancing of an attitude*). (14) (…) Die psychosomatische Medizin hat gezeigt, dass etwas so Reales wie ein physisches Leiden eine „symbolische Handlung" des Kör-pers sein kann. Der Körper manifestiert oder „tanzt" einen entsprechenden psychi-schen Zustand. (16)

Mit dem Vergleich aus der Psychosomatik verdeutlicht Burke den ganz körperlich gedachten Antrieb der Dichtung, den er aber mit dem formalen Aspekt der Literatur verknüpfen kann. Von Interesse sind hier nämlich die Verfahren der Bildfindung in der Literatur. Jeder Autor gebraucht spezi-fische Assoziationen, implizite Gleichungen und schafft einen eigentüm-lichen Konnex zwischen Akten, Bildern, Charakteren und Situationen. Auch beim höchsten Grad der Bewusstheit eines Autors über sein schrift-stellerisches Tun kann er unmöglich alle diese Beziehungen in der Logik seiner Phantasie durchschauen (25). Wichtiger ist aber, dass diese Assozia-tionskomplexe nur teilweise privater Natur sind. Indem der Autor sie näm-lich so wählen muss, dass sie allgemeine Bedeutung erlangen, verallge-meinert er auch seine eigene Lage („socialize his position"). Er wird sein privates Drama also auf verschiedenen Ebenen verhandeln, wobei er bild-lich auf Grunderfahrungen rekurriert, die allgemein bekannte Qualitäten stellvertretend zugänglich machen. Mit Hilfe der rituellen Funktion eines Kunstwerks – Burke vergleicht den Dichter einmal nicht bloß ironisch mit dem Medizinmann (65) – bewältigt der Autor bestimmte Situationen. Und wenn sich diese vom Text entworfene Situation mit der eines Lesers deckt, wird dieser auch die Strategie des Textes als gelungen akzeptieren.

Getanzter Ausdruck

Texte als Formen einer Dramatisierung

Die Theorie der symbolischen Handlung begreift Texte als Formen einer Dramatisierung; Burkes exemplarisches Genre ist ohnehin das frühe griechische Drama. Er beschreibt die „Taktiken poetischer Vergemeinschaftung (*socialization*)" (91), also die zeitspezifischen Transformationen persönlicher oder sozialer Umstände und vor allem deren Umwandlung in den poetischen Strukturen. Die Verwendung von Assoziationen als poetischen Strukturelementen betrachtet Burke als das essentiell Dramatische jedes Kunstwerks. Die Art und Weise, in der sie von einzelnen Autoren eingesetzt werden, gibt Aufschluss über die Mechanismen der Regelung von anders nicht zu bewältigenden Situationen. In diesem Sinne spricht Burke auch von der „Lebenshilfe" (62), welche die Literatur dem Leser anbietet. Auch wenn man diesen Zweck nicht jedem Kunstwerk konzedieren mag, so hat doch Burke einen ungeheuer wichtigen Aspekt betont, der in der Literaturtheorie lange Zeit gar keine Rolle mehr spielen durfte.

Literarische Beispiele

Symbolisches Handeln bei Burke bedeutet zweierlei: einmal die sinnliche Erfahrbarkeit, die eben auch das Kunstwerk gewährleistet. Das Beispiel des Rhythmus im Gedicht leuchtet dem unmittelbar ein, der sich selber um die Rezitation von Gedichten bemüht. Selbstverständlich kann der Vortrag hier sehr fein differenzierend Erregungszustände mitteilen. Das reicht bis in eine allgemeine Theorie des gestischen Sprechens hinein (17), die Lautqualitäten als Mittel des Ausdrucksaktes einsetzt. Sprache ahmt körperliche Vorgänge nach, was die suggestive Wirkung metrisch geordneter Sprache erklärt. Zum andern ist mit dem symbolischen Handeln durchaus auch die Wechselbeziehung zwischen Körper und Geistigem gemeint. Ein Roman, der einen Selbstmord darstellt, Goethes „Werther" drängt sich geradezu als Beispiel auf, provoziert deshalb nicht einfach die Nachahmung. Sondern er ermöglicht das stellvertretende, gleichsam therapeutisch verordnete Ausagieren einer Selbstaufgabe des Ich, ein Fahrenlassen aller Rollen, das im realen Leben gerade vermieden werden soll. In der zeitweiligen Identifikation mit der Geschichte im Text ereignet sich ein symbolisches Probehandeln, das umgekehrt die „Wiedergeburt" des Ich bewirkt (43). Mit diesen beiden Qualitäten der Kunst erfasst Burke die nicht zu unterschätzende konstruktive Leistung des Kunstwerks. Und rückt sie in die Nähe anderer Formen rituellen Handelns, ohne doch die Besonderheit der Literatur zu leugnen.

Mimesis außerhalb der Literatur

Diese Beispiele eines anscheinend so abstrakten und subjektiven Unterfangens wie das Verfassen von Prosatexten belegen die Handlungsorientierung der Literatur und ihre Ausrichtung auf den von Iser so benannten anthropologischen Modus der Inszenierung. Selbst Iser, der die Inszenierung als transzendentale Bedingung für das Erscheinen des Imaginären fasst, versuchte, das komplexe Wechselspiel zwischen Darstellung und Symbolisierung in seiner unauflösbaren Duplizität zu fundieren. Theorien diesen Zuschnitts benötigen einen weiten Handlungsbegriff, den auch Burke seinem stark pragmatischen Versuch zugrunde legte. Mimesis erscheint dabei als eine Kategorie, die außerhalb der Literatur eine grundlegende Funktion erfüllt und nicht in ihrer rein ästhetischen Bedeutung aufgeht. Der avisierte Brückenschlag zwischen Lebenswelt und Kunst kann so ohnehin nur gelingen, wenn die Mimesis von der Imitation streng unterschieden wird. Viele Ansätze scheitern an einer Vermischung dieser beiden Termini oder an der engen Auslegung der Vorstellung vom Gestalten, Machen, Herstellen, die sie für das Tun des Künstlers reservieren.

Der erweiterte Mimesis-Begriff, der auch alltagspraktisch hergestellte Bezüge einer geschaffenen Welt zur vorgegebenen Welt berücksichtigt, also Gesten, Körperbewegungen oder performative Handlungen umfasst, hat zuerst in Theorien über Spiel und Kultur eine bedeutende Anwendung gefunden. Diese Beziehung kam bei der Suche nach einer lebensweltlichen Anbindung der Kunst und ihren symbolischen Handlungen schon früh in den Blick und man konnte sich auf die idealistische Tradition des 18. Jahrhunderts berufen. Friedrich Schillers ästhetische Theorie mit ihrer Verschränkung von Geschichtsphilosophie, Pädagogik und Ästhetik zu einer Kulturtheorie, nach der die Entfremdung des Menschen durch eine neue Versöhnung mithilfe des „Spieltriebs" aufgehoben werden sollte, war stets gegenwärtig. Man muss also sehen, dass die Kulturtheorien dieser Provenienz zwar eine Auffassung von der Kunst als Praxis vorantreiben, sie aber strikt in einer idealistischen Kulturtheorie, in der Feier des Spiels als erhöhter Daseinsform aufgehen lassen und somit die feinen Fäden zwischen dem symbolischen Handeln und dem Alltagshandeln in einen gröberen Text verwinden.

Spiel und Kultur

Einen immer noch lesenswerten Beitrag zu den kulturwissenschaftlichen Literaturtheorien bietet das 1938 verfasste, im darauffolgenden Jahr in deutscher Sprache erschienene Buch *Homo ludens* des niederländischen Historikers Johan Huizinga (1872–1945). Er geht von der vielfach praktizierten Realität des Spiels aus, von Wettkampf, Schaustellungen, Tänzen und Musik, Maskerade und Turnier, leitet die sozialen Spiele aber auch auf die bekannte späthumanistische Metapher von der Welt als einer Schaubühne („theatrum mundi") zurück und gewinnt aus dieser historischen Kulturanthropologie seinen Begriff vom Ursprung der Kultur im Spiel. Es ist mehr als nur ein Faktor im Kulturleben, weil es alle ursprünglichen Betätigungen des Menschen durchwebt. Schon die archaischen Gemeinschaften spielen und die Kulte sind nichts anderes als Spielfunktionen. Kultur, so die zentrale These, entspringt nicht aus dem Spiel, sondern „entfaltet sich in Spiel und als Spiel" (279). Nun bestimmt Huizinga das Spiel aber als eine herausgehobene Handlung, die sich vom alltäglichen Handeln unterscheidet. Es kann durchaus ernsthaft sein, bildet demnach keinen Gegensatz zum Ernst, aber es ist in aller erster Linie „ein freies Handeln" (12). Zeitweilig tritt der Spielende aus dem „eigentlichen" Leben heraus und beginnt eine Aktivität, die sich in einer Enklave des Alltags ereignet. Darin entfaltet es seinen eigenen Sinn. Das gewöhnliche Dasein ist stillgestellt, die Spielhandlung wird als „nicht so gemeint" (21) empfunden und trotzdem bleibt der Akteur mitten im Leben.

Johan Huizinga

Mit diesem Gedanken eröffnet Huizinga eine neue Sicht auf das Spiel, die er auch für die Dichtung fruchtbar machen kann. Das Dichten, wie er sagt, ist nämlich genauso eine eigene Welt wie das Spiel und das Herstellen von Dichtung, *poesis*, sei schon in der Antike in seiner Spielfunktion ausgezeichnet, eben als Kulthandlung, Gesellschaftsspiel oder Prophetie (194). Dichtersprache ist daher „Spielsprache" (215) und Dichter der-

Dichtersprache ist Spielsprache

jenige, der diese Kunstsprache sprechen kann. Die poetische Sprachverwendung ist damit erstmals nachdrücklich als Spiel charakterisiert und in ihrer Besonderheit von der alltäglichen Rede abgegrenzt – ein Hinweis, den man von den Figurengedichten der frühen Neuzeit bis zu den Sprachspielen der konkreten Poesie mit immer neuen Beispielen illustrieren kann.

Spielbegriff und Mimesis

Nun hat man gegen Huizinga vorgebracht, er verkürze den Spielbegriff. Und in der Tat betrachtet er eigentlich nur diejenigen Formen der Dichtung, die er als „sozial-agonale Poesie" (196) eindeutig zuweisen kann. Seine Belege wählt er auch aus den Gattungen, die in der Antike im Rahmen von Wettkämpfen aufgeführt wurden. Tragödie und Komödie liest er zurecht als zu der „Sphäre des Wettkampfs" (233) gehörende Spiele, denen man ihren Ursprung im Agon jederzeit noch ansehen könne. Man muss aber bedenken, dass Huizinga im Spielbegriff noch die Mimesis verankert, auch wenn das unausgesprochen bleibt. Tatsächlich greift seine Definition nur, weil beim Spielen als einer ausgegrenzten Handlung ein mimetischer Prozess stattfindet. Denn im Spiel – oder in der Kunst – wird das gewöhnliche Handeln verdoppelt und dadurch bewirkt der Spielende die Distanzierung von der ersten Handlung. An diesem Punkt begegnen sich die Theorie des symbolischen Handelns von Burke und die Spieltheorie, die ihren weiten Begriff ebenfalls im Sinne des symbolischen Handelns verwendet. Huizinga verschiebt lediglich den mimetischen Aspekt auf die Ebene des Heiligen, Kultischen, auf der das wahre Spiel zu finden sei. Aber dort regiert gerade die am weitesten abliegende Schöpfung zweiter Sinnwelten, die sich nicht immer in allen Aspekten auf den Alltag beziehen lassen. Wenn Huizinga jedoch sagt: „der Mensch dichtet, weil er in Gemeinschaft spielen muß" (228), dann will er das Ästhetische mit dem Alltagshandeln zusammenbringen. Die Grenze seiner Theorie ist dort erreicht, wo er zugunsten einer Kulturtheorie am Exempel des heiligen Spiels die Kunsttheorie verkürzt um eine Erklärung ihres mimetischen Spiels.

Als-Ob-Handeln

Idealistische Spieltheorien weisen zwar durchaus richtig auf den Aufführungscharakter und die Darstellungsfunktionen hin. Obwohl sie das Als-Ob-Handeln erklären, in dem ein Vergleichsmoment mit der ästhetischen Erfahrung gegeben ist, fehlt ihnen doch die genaue Auseinandersetzung mit den verschiedenen Möglichkeiten des darstellerischen Verhaltens. Erst wenn die künstlerischen Aspekte auch im Spiel nachgewiesen werden, ist eine Relation in den symbolischen Handlungen beider Sphären erkennbar. An dieser Stelle eröffnen sich zwei Möglichkeiten der Deutung des symbolischen Handelns. Einmal der lebensweltliche Zugriff, den die Theorie von Gebauer/Wulf mit ihrem weiten Mimesisbegriff und der Eingliederung des Kunstwerks in die soziale Welt bietet, zum andern die bereits erwähnte Theorie des Imaginären von Iser mit dem Ansatzpunkt bei der prinzipiellen Distanz des literarischen Textes zur Welt. Beide argumentieren mit dem Spielbegriff. Sie sind aber nicht ohne weiteres kompatibel. Somit besteht eine Kluft zwischen der Korrespondenztheorie und ihrer direkten Übertragung ästhetischer Kategorien auf die Lebenswelt und einer ästhetischen Theorie, die aus der Differenz argumentiert.

Roger Caillois, Spiel und kulturwissenschaftliche Literaturtheorie

Eine Theorie des symbolischen Handelns, die vom Hin und Her zwischen dem, was in einen Text eingegangen ist und der Referenzrealität, aus der es herausgehoben wurde, ausgeht, liegt bei Iser vor. Die Phänomenologie der Handlung überführt er in eine Phänomenologie der Sprachhandlung. Dort, auf einer Ebene, die zunächst einmal nicht direkt mit der Lebenswelt zu tun hat oder weitaus komplexere Handlungen zulässt, stellt Iser eine Spielhandlung fest. Zu diesem Zweck appliziert Iser die Spieltheorie des französischen Soziologen Roger Caillois (1913–1978) auf eine kulturwissenschaftliche Literaturtheorie.

Im Gegensatz zu Huizinga bietet Caillois eine umfassende Spieltheorie, weil er nicht alle Spiele unter dem agonalen Zweck subsummiert, sondern sie in vier Kategorien einteilt. Neben den Wettkampfspielen, bei denen die Geschicklichkeit des Einzelnen entscheidet, kennt er noch die aleatorischen Spiele, die auf dem Zufall beruhen und bei gänzlichem Verzicht auf den menschlichen Willen vom Glück abhängen. Zum Wettkampf, „agon", und dem Glücksspiel, „alea", kommen noch die „mimicry", bei der eine Person zeitweise in eine andere schlüpft, eine andere Person sein will und wie ein Schauspieler momentan in ein anderes Universum eintritt, sowie „ilinx" – aus dem griechischen Wort für Wasserstrudel –, das Streben nach einem Rauschzustand, in dem eine ekstatische Erfahrung möglich wird. Die Kategorie „mimicry" reicht von der kindlichen Nachahmung über die Puppenspiele bis zur Maskerade, Travestie und den komplexen Illusionsspielen der Theaterbühne (Caillois 1982, 30). Sie deckt alles ab, was in die Sphäre der „unaufhörlichen Erfindung" fällt (31). Gemeinsam mit der letzten Kategorie, „ilinx", die kindliche Drehspiele bis zu den artistischen Kunstsprüngen umfasst, bezeichnen diese Begriffe alltägliche und künstlerische Praktiken (Tabelle bei Caillois 1982, 46). Aber sie sind fundiert in der Entsprechung von Spiel und Haltung. Den jeweiligen Spielen entsprechen Dispositionen (Caillois 1982, 53), die sich in ihnen adäquat inszenieren lassen. Das ist nun der Ort, an dem Iser eine Übertragung für die Literatur ansetzt (Iser 1991, 447).

Arten der Spiele

Wenn die Spiele nach Caillois Inszenierungen von anthropologischen Disponiertheiten sind, dann kann man Texte als Inszenierungen solcher Spiele lesen. Aber nicht die direkte Aufrechnung und Parallelisierung ist gemeint, sondern Iser plädiert für eine Spieltheorie der Literatur, die voraussetzt, dass Literatur eine symbolische Handlung ist, welche nach Maßgabe der vier Kategorien von Caillois strukturiert sein kann (Iser 1991, 448). Das Spiel eines Textes besteht darin, dass er auf einer imaginären Szene das zur Entfaltung bringt, was eigentlich unbestimmbar ist. Wenn bei einer literarischen Darstellung, etwa einer Figur, von „mimicry" die Rede sein soll, dann in dem Sinne einer Überschreitung des Wiederholten. Denn in der ständigen Nachahmung eines singulären Handelns tritt die Subjektivität gerade aus ihrer Singularität heraus. Erst im Spiel der „mimicry" kann diese sich selbst erfahren und sie braucht dieses Spiel, weil sie nur in der Vergegenwärtigung sich selber ansichtig werden kann (Iser 1991, 456f.). Ein literarischer Text ist somit gewissermaßen ein Meta-Spiel und der Leser wird in ein Spiel hineingezogen, das der Text mit ihm spielt.

Text und Spiel

Iser verweigert also die Fundierung des Spiels der Texte in einem Grund außerhalb seiner selbst (431), weil dadurch die Differenz aufgehoben wäre. Die Besonderheit des Textes hat mit seinen Schemata zu tun. Jeder

Kipp-Spiel

Text arbeitet mit einem solchen schematischen Bestand von affektiven Einstellungen, Wahrnehmungen, Motivationen. Sie garantieren, dass die Rezipienten den Eindruck des Stimmigen oder Lebendigen bekommen. Eine Romanfigur ist kein imitierter Mensch, sondern eine Gestalt aus Schemata, deren Komponenten der Vorstellbarkeit dessen dienen, was sie symbolisieren sollen. Der jeweils neue Text schafft diese Schemata aber um, er bearbeitet sie in einem Kipp-Spiel, wie Iser sagt (439). Das heißt: der Text geht so mit den uns vertrauten Schemata um, dass sie etwas zur Ansicht bringen, was unverfügbar ist. Schon deshalb reichen einfache Aufrechnungen des Mimetischen nicht hin. Vielmehr ereignet sich in dieser Spielstruktur von Texten das unauflösbare Hin und Her von Nachbildung und Symbolisierung als Bedingung des Erscheinens von gegenstandsunfähigen Sachverhalten. In Isers ästhetischer Theorie gehört daher das spielerische Austragen dieser Duplizität unabdingbar zur anthropologischen Bestimmung des Kunstwerks.

Weltverhältnis der Kunst, Gebauer und Wulf Eine neuerliche Spieltheorie der Literatur müsste diese Vorgaben beherzigen und nicht von einer Analogie ausgehen, sondern strukturelle und funktionale Kriterien erarbeiten. In Ansätzen versuchen Gebauer und Wulf eine sozialwissenschaftliche Grundlegung des mimetischen Handelns und ziehen immer wieder Kunstwerke für ihre Argumentation heran. Während Iser vom Kunstwerk her eine Spieltheorie erprobt, beschreiten sie den umgekehrten Weg und behaupten, das „Weltverhältnis der Kunst" existiere immer schon „vorgängig zur künstlerischen Welt im alltäglichen praktischen Handeln." (Gebauer/Wulf 1998, 17). Praktisches Tun und ästhetische Formung gehen Hand in Hand und das eben in einem ganz wörtlichen Sinne. Die beiden Autoren zeichnen einige Charakteristika des Spiels aus. Es steht in einem metakommunikativen Rahmen, der es von anderen Handlungen unterscheidet, seine eigene Wirklichkeit ankündigt und sie als eine für sich stehende Welt markiert. Spiele sind daher „nachgeordnete Welten" (195). Das Spiel als eine Aufführung bleibt folgenlos, es bewirkt nichts, es zeigt lediglich. Es ist ein „mimetisches Medium" (198), dessen Prinzip die Ausweitung des Menschen ermöglicht. Eine Reihe von Belegen kann diese Theorie anführen für das Verhältnis der zweiten Welt zu der ersten und für ihre Funktion innerhalb der ersten. Unbestreitbar enthalten die Spiele auch Ordnungsprinzipien aus der Erfahrungswelt, an denen sich die Art und Weise studieren lässt, in der sich eine Kultur organisiert (188). Das Problem dieser Korrespondenz liegt eben in der Einseitigkeit der Vergleichsebenen. Zwar können Gebauer und Wulf alle Prozesse der Ästhetisierung der Lebenswelt überzeugend nachweisen, aber das literarische Kunstwerk wäre mit dem Umkehrschluss, den die Vergleiche nahe legen, nicht hinreichend beschrieben. Jedenfalls denken sie in der Regel nur an das Schauspiel beim Vergleich mit künstlerischen Praktiken.

Formen der Geselligkeit Wenigstens ein Beispiel könnte einen Ausweg aus dem Modell der entgegengesetzten Spieltheorien weisen. Wenn es gelänge, einen Kulturbereich ausfindig zu machen, der beiden Ansätzen genügen könnte, wäre vielleicht ein neues Konzept für die Kunst als Praxis in Sicht. Mit einigem Recht kann man eine solche Sphäre in den älteren Formen der Geselligkeit sehen, wie sie in den Salons und Gesprächszirkeln der europäischen

Adelskultur praktiziert wurden. Im geselligen Gespräch, in der Konversation mit ihrer Verbindung von Probehandeln und relativ freiem Gewährenlassen der gesellschaftlichen Handlungsschemata wäre ein Bereich des Dazwischen markiert, in dem gerade auch das Hineinwirken literarischer Fähigkeiten eine enorme Rolle spielte. Der Causeur musste in seiner gekonnten Schlagfertigkeit und gewitzten Reaktion die gegebene Situation in einem Kipp-Spiel auflösen können, das dem Umgang des Literaten mit den ererbten Schemata genauso entsprach wie den Anforderungen an die soziale Mimesis.

2. Symbole in der Bewegung: Ritualforschung

Ein verwandtes, aber noch neues Arbeitsfeld stellen die Ritualtheorien bereit. In verstärktem Maße interessiert sich die Literaturwissenschaft für inszenatorische, theatralische oder anders gestaltete Ordnungsmuster des Sozialen. Die bereits beschriebenen Ansätze der Anthropologie finden ihre Fortführung bei der Untersuchung jener Bewegungsmuster, die direkt in das soziale Leben eingreifen und mit denen man die Texte an zentrale Kulturthemen zurückbinden kann. Ein solches Themenfeld haben schon die kulturgeschichtlichen Arbeiten des 19. Jahrhunderts seit Nietzsche mit ihren Theorien vom Ursprung des Dramas im Ritual vorbereitet (Texte in: The Myth and Ritual Theory 1998). Allerdings blieben die meisten Modelle bei der Beschreibung des Übergangs von mythischen Gesellschaften zu modernen stehen und gelangten zur Erklärung von Riten als Mustern der Selbstbeschreibung von Gesellschaften.

Ältere Ritualforschung

Erst die moderne Ritualforschung berücksichtigt das Umspringen des transzendenten, sakralen Bezugs der Riten in einen säkularen und überträgt den Ritualbegriff aus den tribalen Sozialformationen in die Industriegesellschaften. Auch die postmodernen Gesellschaften mit ihren Subsystemen bieten eine Nährboden für Rituale. Damit verbindet die Forschung einen Literaturbegriff, der, nach der Formel von Greenblatt, Texte als Elemente der „Zirkulation von sozialer Energie" begreift. Andererseits erkennt sie aber sehr wohl die Bedeutung des Ästhetischen als einer Energie, die über das kulturelle Handeln zu einer sozialen Kraft wird. Zwei Tendenzen bestimmen die moderne Ritualforschung. Einmal die Abstinenz von der Religion, denn die Theorien entfernen sich bewusst von den Ursprüngen des Begriffs und wollen keine Riten beschreiben. Es kommt also zur Trennung der Begriffe Ritus und Ritual. Und das Ritual interessiert als ein Phänomen für sich, das allen Aspekten des Lebens angehört. Folgerichtig und stattdessen bestimmen sie Rituale im Rahmen von Modellen des kommunikativen Handelns. Annahmen über die Natur eines Rituals, wie sie noch die älteren ethnologischen oder althistorischen Forschungen prägten, wurden aufgegeben. Moderne Ritualtheorien sind letzten Endes Handlungstheorien und finden schon deshalb das Interesse von Wissenschaftlern, die sich nicht primär mit Religionssoziologie, Altertumswissenschaft oder Ethnologie befassen. Selbstverständlich formierten sich in den USA bereits „ritual studies" (Ritualtheorien 1998, 8). Ganz allgemein gesagt, versuchen

Zwei Tendenzen der modernen Ritualtheorien

Ritualtheorien die sich wandelnden Wahrnehmungs- und Regelungsmodelle sozialer Kommunikation als strukturell bedeutsame Elemente bei der Erklärung von Korrespondenzen zwischen Literatur und anderen kulturellen Praktiken heranzuziehen.

Performanzmuster und ästhetische Theorie

Alle neuen Ritualtheorien suchen nach einer Pragmatik des sinnhaften Handelns und nach der ihr zugrundeliegenden Grammatik. Sie nähern sich unter drei Gesichtspunkten diesem Thema. Erstens wird das Ritual als Performanzmuster gesehen, das auf seine universale Tauglichkeit hin geprüft werden soll. Schon diese Voraussetzung führt dann zu einem stark erweiterten Ritualbegriff. Zweitens lässt sich aus der Gleichartigkeit der symbolischen Bedeutungsordnungen bei Ritual und Literatur eine ästhetische Theorie ableiten, die mit Annahmen von Geertz und Cassirer arbeitet. Es kommt zu dem folgenreichen Synkretismus der Disziplinen. Schließlich drittens kann das Ritual als ein Beispiel für Probleme der Repräsentation dienen, wobei sich die Frage stellt, wie weit die Theorien selber für die Konstitution ihres Gegenstandes verantwortlich sind. Alle drei Aspekte sind nun mit ihren Hauptvertretern darzustellen, wobei die Ausdifferenzierung des Forschungsbereichs in den beiden Anthologien leicht nachzulesen ist.

Victor Turner und Arnold van Gennep

Das zweifelsohne bedeutendste Werk stammt von dem Ethnologen Victor Turner (1920–1983), der als Feldforscher und vielseitig interessierter Lehrer auch in seiner Person den genannten Synkretismus verkörperte und eine literaturtheoretisch argumentierende These vorlegte. Turner verstand das Ritual zunächst als eine rein gemeinschaftliche Handlung und zwar als ein formelles Verhalten für besondere Anlässe, die nicht der Routine dienen. In seinen afrikanischen Studien *The Ritual Process* (1969; *Das Ritual* 2000) beobachtet er einen Dualismus von Einordnung in eine gesellschaftliche, soziale Struktur und deren Auflösung, einen Dualismus, den er als Prozess denkt. Die Teilnehmer eines Rituals waren zeitweise verpflichtet, ihre sozialen Positionen aufzugeben und in einen Zwischenzustand einzutreten. Bei diesem Phänomen konnte sich Turner auf die Vorarbeiten des französischen Ethnologen Arnold van Gennep (1873–1957) stützen, der in seinem Buch *Les rites de passage* (1909/*Übergangsriten* 1999) schon eine Klassifikation solcher Situationen vorgelegt hatte. Das Leben des Menschen ist geordnet nach Etappen, wie soziale Pubertät, Heirat, Amtseinsetzung. Die dabei zu durchlaufenden Grenzsituationen im Leben des einzelnen sind Schwachstellen der Gesellschaft, weil sie nach Regelungen verlangen, die aus den Routinen ausbrechen. Trennungsriten, Umwandlungsriten oder, besonders wichtig, die Initiationsriten schaffen hier Ordnungen für die Bewältigung eines Rollenwechsels.

Liminalität

Turner beschäftigt sich noch einmal mit den Formen des symbolischen Krisenmanagements. Er nennt den Schwellenzustand die „Liminalität" und kennzeichnet die soziale Form des Dazwischen als „communitas", Gemeinschaft (Turner 2000, 95 f.). In diesem Zustand sind die Beziehungen der Teilnehmer untereinander anti-strukturell, weil undifferenziert. Turner stellt sich gesellschaftliche Entwicklung als einen Prozess der Auseinandersetzung von vergangenheits- und zukunftsorientierter Struktur versus der im Momentanen und Spontanen gegründeten „communitas" vor (111). Und das gilt für alle Gesellschaftssysteme. Um das zu beweisen, weitet

Turner seine Studie von afrikanischen auf Beispiele aus den modernen Industriestaaten aus und zitiert immer wieder auch aus der Literatur. Er vergleicht also nicht lediglich performative Formen wie Stammesriten und Mönchsorden oder Jugendgruppen der westlichen Welt, sondern mustert auch die Literaturen nach solchen symbolischen Figuren der Marginalität.

Erst später, in seinen Aufsätzen unter dem Titel *From Ritual to Theatre* (1982; *Vom Ritual zum Theater* 1989) bietet Turner eine Reihe von Differenzierungen. Den liminalen Erfahrungen treten in modernen Sozietäten auch noch „liminoide" zur Seite, nämlich Tätigkeiten, die den liminalen bloß ähnlich sind. Grund für diese Unterscheidung ist die Trennung von Arbeit und Muße, wie sie typisch ist für moderne Gesellschaften. Sport, Spiel und Spannung sind für uns Freizeitaktivitäten und sie bezeichnen den Raum des Liminoiden, der „Mußegattungen" (1989, 63). Ein recht großer Teil der liminalen Erfahrung ist in das Liminoide ausgewandert. Gleichzeitig hat sich das Liminoide nicht nur weit vom Kontext der Übergangsriten entfernt, sondern auch individualisiert (1989, 82 f.). Allerdings ist es in der Lage, dem Einzelnen eine ebensolche Erfahrung zu verschaffen, wie sie das Ritual bot, nämlich das „Fließen", die ganzheitliche Empfindung, die beim Handeln mit totalem Engagement gegenwärtig ist (1989, 88). Es gibt aber noch eine weitere Vergleichsebene.

Das Liminoide

Rituale festigen die sozialen Strukturen, indem sie lehren, wie potentiell gefährliche Situationen bewältigt werden. Sie verschaffen also dort wieder Respekt für Autorität, wo sie droht, verloren zu gehen. Sie setzen Mechanismen der Bewältigung in Gang, um Krisen oder Störungen auszugleichen. Dieses Verfahren nennt Turner „soziales Drama" (1989). Das gesellschaftliche Leben benötigt immer wieder Phasen, in denen Konflikte dramatisch ausagiert, durchgespielt und dadurch überwunden werden. Sie stellen einen Zustand der Unversehrtheit wieder her und reintegrieren die ausgescherten Mitglieder. Soziale Dramen – und das ist nun eine weitreichende These – regieren auch das gesellschaftliche Leben in den sogenannten modernen Strukturen. Ob private Streitigkeiten, politische Affären oder Revolutionen, für Turner gibt es kein Feld des Sozialen, das nicht solche Züge aufweist, in denen sich von Zeit zu Zeit das emotionale Klima entlädt. Turner gibt also dem Ritual einen säkularen Akzent. Es ist Bestandteil eines sozialen Dramas, bei dem einzig die Inszenierung des sozialen Konflikts entscheidend ist. Hat man so die Dramatik im sozialen Leben nachgewiesen, ist auch der Umkehrschluss naheliegend. Die Darstellung von Konflikten in Drama und Theater hat ein reales Fundament in der Prozessualität der sozialen Dramen. Man kann daher sagen, dass Schauspiel nicht lediglich eine Metapher ist für alltägliches Rollenspiel, sondern dass das Bühnendrama selbst ein Teil dieser rituellen Prozesseinheiten ist (Bachmann-Medick 1996, 101). Turner universalisiert dieses Modell:

Soziales Drama

Ich betrachte also das soziale Drama als die Grundsubstanz der Erfahrung, aus der die vielen kulturellen Darstellungsgattungen, angefangen bei Ritualen und Gerichtsverfahren zur Krisenbewältigung bis hin schließlich zu oralen und schriftlichen narrativen Formen, hervorgegangen sind. (1989, 124)

Diese „Achillesferse der Menschheit" wäre also ein anthropologisches Universale, womit Turner jeglichen Unterschied der Kulturen in einem sys-

Prozess der Symbolisierung

tematischen Modell nivelliert, wie ihm Clifford Geertz vorhielt. Und dass Erzähltexte aus solchen Prozessen hervorgehen sollen, ist noch nicht entschieden. Aber Turners Anliegen ist zunächst nur, zu zeigen, wie Theater und Drama über die Textgrenzen hinausweisen, wie sie der Sphäre der Handlung zugehören. Und er wollte erklären, wie literarische Texte kulturelle Bedeutung nicht lediglich abbilden oder festhalten, sondern wie sie in den Prozess der Symbolisierung einwirken, indem sie Kodierungen erzeugen oder sie verändern. Dadurch nehmen sie ebenfalls Teil an dem gemeinsamen Aushandeln, das im sozialen Drama stattfindet. Das nennt Turner durchaus in Anklang an Kenneth Burke die „vergleichende Symbologie". Sie versuche, das Spielerische der Kodierung zu erhalten und „die Symbole gewissermaßen in Bewegung einzufangen" (1989, 33). Symbole in den konkreten historischen Verwendungen aufspüren heißt einfach, den vielfältigen Spielräumen der Texte nachzugehen, dort, wo sie einen konkreten Handlungsbezug aufweisen.

Betrachtet man eine kulturelle Praxis des 19. Jahrhunderts, dann leuchten Turners Thesen sofort ein. Das Duell oder andere weniger spektakuläre Formen des Ehrenkampfes bestimmten männliche Erfahrungen und Erlebnisstrukturen in einer Weise, die politische Konsequenzen hatte. Zweikämpfe mit tödlichem Ausgang in modernen Gesellschaften bilden daher durchaus zentrale soziale Strukturprinzipien ab und man kann solche symbolischen Praktiken auf ihre Grammatik hin untersuchen. Denn hier lassen sich Bedeutungsstrukturen erkennen, die in einem besonders erfahrungsnahen Raum als Paradigmen des Handelns zutage treten. Ganz offensichtlich fungieren Duelle im Sinne Turners als Bewältigungsmechanismen für eine Krise, der ein Regelbruch vorausgegangen ist. In ihrer Ausführung benötigen sie dann einen erheblichen Aufwand an Inszenierung und Theatralik, womit sie die Kriterien für ein soziales Drama genau erfüllen. Sie sind bühnenreife Handlungen und ermöglichen auch bei unblutigem Ausgang eine Satisfaktion. Das strenge Reglement ist also ein Institut für den Versöhnungsgang unter Standesgenossen, der vor einer repräsentativen Öffentlichkeit buchstäblich „aufgeführt" wurde (Frevert 1991).

Nun kann man mit einigem Recht behaupten, dass die Literatur des 19. Jahrhunderts nicht selten solche Szenen behandelt oder aus ihnen Handlungsmomente gewinnt. Für Turner war eine direkte Ableitung der Literatur aus dem sozialen Drama problemlos, weil er sie mit seiner Unterscheidung liminal-liminoid begründete. Problematisch ist allerdings sein Verwischen dieser Modi, wie gerade das Duell zeigen kann. Es ist nämlich durchaus nicht immer ausgemacht, dass sich darin nicht beide Modi vermengen konnten und über das Verhältnis von Ritualisierung und Entritualisierung konnte nur die jeweilige Praxis entscheiden. Noch schwieriger wird das im Falle der literarischen Darstellung von Duellen. Außerdem wäre das 19. Jahrhundert ein geeignetes Feld für eine historische Differenzierung, zumal der von Turner behauptete Übergang zum Liminoiden mit dem Übergang zur Moderne einhergeht. Und die kulturelle Dichotomisierung ist vor allem ein westliches Phänomen, was den systematisch als universal gedachten Geltungsbereich der These noch einmal einschränkt.

Während Turner der ersten Richtung der Ritualtheorien zuzuordnen ist

(Marginalien:)
Das Duell im 19. Jahrhundert

Ritual und Literatur

und mit seiner Performanzthese der Forschung überhaupt den entscheidenden Anstoß gegeben hat, entwirft der Germanist Wolfgang Braungart (*1956) eine ästhetische Theorie, die, bei Burke und Turner verortet, systematische Gesichtspunkte von Geertz, Cassirer und der modernen Handlungslehre aus der Soziologie bei Hans-Georg Soeffner hinzunimmt. Daraus entsteht ein Konzept, mit dem einige vernachlässigte Genres und Rezeptionsweisen der Literatur betrachtet werden können. *Ritual und Literatur* von 1996 beginnt mit einer Kritik der poststrukturalistischen Annahmen vom unendlichen Spiel der Zeichen im Text und stellt dagegen die nach wie vor dominante Leseerfahrung einer Sinnsuche. Identifikatorische und kompensatorische Rezeptionen, die Lebenshilfe von der Literatur erwarten, wie in der frühen Neuzeit, gesellige Formen der Aufnahme von Dichtung, etwa bei Mörike, oder die kultischen Zelebrationen der Lyrik von Stefan George sind nur drei Beispiele für die These von der Vorgängigkeit ästhetischer Erfahrung, die nicht allein durch Literatur erzeugt wird. Vielmehr ist diese an den umfassenderen Vorgängen der symbolischen Ordnung beteiligt (13). Das hat sie mit dem Ritual gemeinsam. Braungart geht aber weiter mit der Annahme, dass Kunst und Literatur „substantiell geprägt worden sind" durch Rituelles (20) und behauptet „eine ursprüngliche und notwendige Affinität von Ritual und Kunst" (26). Mit diesem Verständnis sucht er einen Schlüssel für ein systematisches Verständnis von Literatur, das herkömmliche Epocheneinteilungen und Annahmen über Epochengrenzen hinter sich lässt.

Ästhetische Struktur eines Textes, seine Rezeption und die Literatur als inszenatorisch elaborierte kulturelle Äußerung – das sind die drei Vergleichsebenen, auf der die Theorie argumentiert. Mit der dritten Bestimmung, ähnlich einigen Theoremen von Burke und Turner, öffnet sich die Theorie für Kontextualisierungen. Sie sollen nun zu einer Verbindung von funktionsgeschichtlichen mit kulturanthropologischen Bestimmungen der Literatur beitragen. Literatur als Handlung ist demnach ein „dem Ritual ähnliches Geschehen" (17). Daraus leitet Braungart ein Set von Kriterien ab, mit dem er „Analogien und Parallelen zwischen der symbolischen Bedeutungsordnung des Rituals und jener der Literatur" (142) nachweist. Die wesentlichen Begriffe sind: Wiederholung, ästhetische Inszenierung, Heraushebung und Steigerung, Selbstbezüglichkeit und Symbolizität, die jeweils mit Beispielen aus der Lyrik und Dramatik erläutert werden. Hinzu treten noch situative Rahmenbedingungen wie Fest und Feier, Kult und Spiel, die ebenfalls Literatur im rituellen Geschehen verankern. Dabei geht es nicht um inhaltliche Bestimmungen, sondern um ein konsequent durchgehaltenes Beschreibungsmodell von Literatur als einem Spezialfall des kommunikativen Handelns.

Der Vorteil dieses weit ausgreifenden Konzepts besteht darin, dass sowohl die Aspekte der Selbstinszenierung von Kunst als auch die rituelle Gestaltung, folglich der über das Werk hinausgehende Griff ins Soziale einen Platz finden, und dennoch diejenigen Seiten der modernen Kunst einbezogen sind, die jenseits der Sphäre ästhetischer Selbstreflexion eine Rolle spielen. Nach wie vor ist auch das noch so moderne Kunstwerk, sei es noch so differenziert und subversiv, im Rituellen gegründet. Damit er-

Marginalie: Analogien und Parallelen zwischen Ritual und Literatur

Marginalie: Soziale Rolle

gänzt Braungart die These Turners vom „sozialen Drama" um eine implizit mitlaufende Theorie der sozialen Rolle, auf die sich die Vergleichbarkeit von Ritual und Literatur stützt. Gerade das affirmative Aufgehen im Vollzug bei dennoch möglicher Distanz vom Geschehen ist eine spezifisch moderne, paradoxe Referenz auf das Ritual, die den Interpreten zum Vergleich mit dem Zuschauer im Theater verführen muss. Mit dem Verfahren ist aber eine Terminologie gewonnen, die es erlaubt, die Rollenstruktur der Literatur zu untersuchen. Fruchtbar ist das Vorgehen, solange die richtigen Beispiele gewählt und die Kontexte zutreffend eingeschätzt werden. Denn zu beachten sind die Gattungsprobleme – ein Roman ist nach dieser Theorie sicher nur teilweise zu erklären – und die rezeptionsgeschichtlichen Vorannahmen. Eine vollständige Interpretation nach diesem Modell steht unter der Prämisse einer „primären Leseerfahrung" (5), wonach komplexere Leseakte eigentlich ausgeschlossen sind. Oder anders gesagt: die Ritualforschung fordert eine neue Rezeptionspragmatik und weist mit Recht darauf hin, dass die elaborierten Modelle des Leseakts nur einen elitären Kreis von professionellen Lesern erfassen.

Anthropologisches Substrat

An diesem zweiten Zugriff auf die Ritualforschung kann man lernen, wie eine Ablösung des Ritualbegriffs von seinen religiösen Denotationen zu einem weiten Literaturverständnis führen kann, das vernachlässigte kulturelle Sektoren erschließt. Solange man Ritualisierungen streng von Routinen unterscheidet, kommen so die Faktoren Dichterfeiern, Denkmäler und Dichterbünde oder die Ästhetik der Geselligkeit genauso in den Blick, wie die Kultur der Deklamation im 19. Jahrhundert, die geistliche Dichtung wie auch die konkrete Poesie, Formen der Präsentation von Literatur in der Buchkunst bis zu multimedialen Vermittlungstechniken von ausgewählten Texten. In erheblichem Maße trägt die Ritualforschung dazu bei, möglichst umfassend den Formen des Inszenatorischen nachzuspüren, die auch und gerade die Moderne ganz wesentlich ausmachen. Dabei vermeiden die Ritualtheorien einfache Übersetzungs- oder Abbildungsverhältnisse, wenn sie die komplexen Wechselbeziehungen zwischen Literatur und Lebenswelt betonen. Es geht um den Vergleich eines anthropologischen Substrats, das diese Beziehungen nahe legt. Wie schon Turner bemerkte, lassen sich zentrale Kategorien der Literatur auch als soziale beschreiben, die er als soziale Dramen einstufte, und umgekehrt spielen lebensweltliche Konzepte in die ästhetischen hinein, denn soziale Rollen konfigurieren nun einmal in beiden Sphären Einstellungen und Verhaltensweisen.

Außerliterarische Handlungsmodelle

Außerliterarische Handlungsmodelle, um auf der allgemeineren Ebene zu bleiben, können sogar kulturübergreifende Ähnlichkeiten aufweisen, wie die Forschungen zu den Märchen, den Mythen und Sagen schon lange gezeigt haben. So hat etwa Joseph Campbell in seinem Buch *The Hero with a Thousand Faces* 1949 (dt.: *Der Heros in tausend Gestalten 1953*) aus zahlreichen Erzählungen einen allerorten gleichen Mythos rekonstruiert, den er Monomythos nannte. Campbell war aufgefallen, dass die narrativen Schemata in den Überlieferungen der Alten sich ähnelten und er filterte eine Verlaufsstruktur heraus, die er in ihren Teilphasen erklärte. Heldengeschichten weisen demnach eine feste Form auf, die vom Aufbruch, der Berufung, überwundenen Weigerung über die Initiation, den Weg der

Prüfungen, Verführungen und Reifungen bis zur glücklichen Rückkehr, der Rettung und dem Übertreten der heimatlichen Schwelle reichen und dies keineswegs nur in der Odyssee. Campbell beruft sich auf die Vorarbeiten von van Gennep und versucht eine frühe Verortung der Literaturtheorie in der Ritualforschung, allerdings nur auf der Ebene von Handlungssequenzen. Eine andere Gruppe von Ritualforschern geht von Gewalt als dem Grund aller Kulturen aus. Der Altphilologe Walter Burkert (*1931) fundiert das Ritual in der Aggression und stellt eine soziobiologische Erklärung für das genannte Handlungsmodell auf. In *Homo Necans* von 1972, der in den USA weit stärker rezipiert wurde als hierzulande (Auszug in: The Myth and Ritual Theory), ruht die Kultur auf der angeborenen Aggression, die sich im Jagdtrieb und im Tötungsverlangen äußert. Vor allem letzteres, das lebensnotwendige Töten wird im Ritual gesühnt und im darauf aufbauenden Mythos wird das Gedächtnis der Toten bewahrt. Burkert nimmt eine Gleichförmigkeit von Mythos und Ritual an und versteht ihre kulturelle Expressivität als direkten Ausdruck existentieller Problemlösungen.

Gewalt

Näher an den literarischen Texten selber ist René Girard (*1923), der in seinen Studien über *La violence et le sacré* (1972; *Das Heilige und die Gewalt* 1987*)* und *Le bouc émissaire* (1982; *Der Sündenbock* 1988) den sozialen Praktiken der Mimesis nachgeht. Im agonalen Menschenbild Girards kommt der Mimesis die Funktion eines bestimmenden und unausweichlichen Faktors zu, der zwangsläufig Rivalität und Gewalt hervorruft. Der Gewaltausbruch kann allerdings kanalisiert werden, indem die Wahl eines Sündenbocks die zerstörerische Aktion der Einzelnen wieder zu einer kollektiven bündelt. Rituale sind also normale Ausübungen zulässiger Gewalt und Mythen nachträgliche Rationalisierungen des Sündenbockmechanismus (Gebauer/Wulf 1992, Kap. 20 und Ritualtheorien 1998, 356 ff.). Alle Institutionen der Gesellschaft würden daher dem Ritual entspringen, so nimmt Girard in seiner Ursprungstheorie an, womit er sich zweifelsohne ebenfalls als ein Anhänger des Monomythos bekennt. Aber seine These vom Ritual als einem Institut für die Kanalisierung von Gewalt erklärt einen wichtigen Aspekt der Tragödie. Die griechische Tragödie verfolgt ja bekanntlich den Zweck der Reinigung von Leidenschaften oder der Leidenschaften – man muss bei einem geistesgeschichtlich derart vorbelasteten Thema vorsichtig formulieren –, aber unbestritten bezogen die Griechen aus der stellvertretenden Tötung eines bösartigen Anderen einen Gewinn, den man unterschiedlich deuten kann. Die grossen Tragödien signalisieren alle eine Reaktion auf den rituellen Exzess einer Gemeinschaft, indem sie Ansprüche von Individuen vertreten, die unter dem Zwang einer Notwendigkeit leiden. Und indem sie das tun, sind sie schon über den fatalen Mechanismus hinaus. Allein die szenische Präsentation hat schon eine entmystifizierende Kraft, das Theater funktioniert wie ein Ritual. Man muss demnach unterscheiden zwischen dem Sündenbock als Thema und als Struktur.

Sündenbock

Girard untersucht also eine Art Logik des Handelns, die wieder auf beiden Ebenen zu beobachten ist, denn Opferhandlungen gibt es eben im Schauspiel wie im Leben. Er weist eindringlich darauf hin, dass Literatur mit solchen sozialen Problemen zu tun hat und dies bis in die Form hinein.

Fragwürdige Anthropologie bei Girard

Freilich ist seine Anthropologie fragwürdig. Außerdem bleibt eben die Frage offen, ob moderne Travestien oder Parodien von klassischen Tragödienstrukturen letztlich nicht auch ihre Beziehbarkeit auf den rituellen Urgrund abschneiden. Schließlich hat Turner zu Recht auf den Übergang zum Liminoiden verwiesen, dessen genaues Verhältnis zur Spaßgesellschaft noch nicht beschrieben ist.

Dekonstruktion der Ritualtheorie

Derartige Unschärfen rechtfertigen einen Blick auf die Dekonstruktion der Ritualtheorie. Anders gesagt: auf eine selbstkritische Untersuchung ihrer Repräsentationsprobleme und Forschungsinteressen. Man kann durchaus die in der Debatte über „Kultur als Text" erschlossenen Instrumentarien auf die Vorannahmen der Ritualforschung selber anwenden und wird dabei auf prinzipielle Fragen stoßen. Die Religionssoziologin Catherine Bell (*1953) hat das getan und den Ritualbegriff als ein problematisches Konstrukt eingestuft (Text in: Ritualtheorien 1998). Bell reflektiert vor allem die moderne Loslösung vom Thema des Glaubens und der Religionen und sieht eine auffällige Logik am Werk. Einerseits werde das Ritual als eine Handlung konzipiert und dabei rein formal betrachtet, eben losgelöst vom Denken, so dass die dabei (theoretisch) entstandene nachgeordnete Form des Tuns letzten Endes sinnlos sein kann. Andererseits würde man im Ritual aber eine ausgezeichnete Form sehen, die solche Gegensätze gerade integrieren könne. Mit der zweiten Annahme solle also das wieder rückgängig gemacht werden, die Trennung von Handeln und Denken, was man doch brauchte, um den Terminus überhaupt interessant zu machen.

Trennung von Glaube und Ritual als Problem

Ein fundamentales Problem liegt demnach in der leichtfertig gemachten Trennung von Glaube und Ritual, die es alleine erlaubt, im Ritual selber noch einmal begriffliche und verhaltensmäßige Komponenten zu entdecken. Das wird besonders prekär, wenn man, wie Geertz, behauptet, dass ausgerechnet Rituale dem außenstehenden Wissenschaftler einen privilegierten Blick in die fremde Kultur erlaubten. Problematisch sei seine These von der Bedeutung schaffenden Praxis des Rituals und der daran vom Forscher ablesbaren Bedeutung. Nach dieser Logik handeln die Teilnehmer der Rituals, während diejenigen, die sie beobachten, denken und die anderen zu bloß Handelnden degradieren. Tatsächlich aber, und darauf weist der Theologe Theodore Jennings (*1942) hin, entsteht „Rituelles Wissen" (Text in: Ritualtheorien 1998) ganz anders. Es wird nicht durch losgelöste Betrachtung gewonnen, sondern durch Handeln und es wird im und durch Körper gewonnen. Nun wird das Ritual aber auch dargestellt, es kennt den Zuschauer. Durch ihn wird aber das Ritual verändert, man erfährt nur das, wozu man eingeladen ist. Wenn also die Praxis schon selber den Beobachter einbezieht, dann ist das Verstehen des Handelns in diesem Zusammenhang selber rituelles Wissen. In theologischer Sicht wäre hier eine folgenschwere Differenz anzusetzen, die darauf hinausläuft, das wissenschaftliche Wissen als eine Erweiterung des rituellen zu verstehen (Ritualtheorien 1998, 169). Eine unangetastete und unbeteiligte Beobachterposition existiert dann nicht.

Historische Funktionen von Ritual und Literatur

Wie eine nach diesen Vorgaben gestaltete Literaturtheorie aussehen müsste, ist nicht bekannt. Aber vielleicht genügen zunächst zwei andere

Einwände, die bei den Analogien mit literarischen Themen nicht immer beachtet werden. Wichtig wäre die strenge historisch-funktionale Differenz, bei der nach dem jeweils herrschenden Verständnis von Rituellem und auch nach der Funktion von Literatur gefragt werden muss, will man vorschnelle Relationen verhindern. Die Stellung der Literatur innerhalb des Kultursystems kann die Koordinaten für den Vergleich gründlich verändern, man denke nur an das Mittelalter oder die frühe Neuzeit, für die ganz andere Verhältnisse gelten als in der Moderne. Nach wie vor offen ist auch die Frage nach dem Unterschied zwischen liminalen und liminoiden Erfahrungen – eine Frage, die fast unvermeidlich eine Reflexion über die zu einer Zeit verfügbaren Medien nach sich zieht. Ein dargestelltes Ritual ist immer schon ein Ritual zweiter Stufe, aber eben auch ein medial anders vermitteltes. Insofern würden hier auch Formen des Medienwechsels eine Rolle spielen oder die Differenzen in den medial verschiedenen Konzepten eines Körpertextes. In jedem Falle liegen bei den Ritualtheorien bisher zwei grundverschiedene Zugänge zur Literatur vor. Zum einen der am sozialen Prozess interessierte von Turner bis Braungart, zum andern der dekonstruktive und theologisch argumentierende von Bell und Jennings, der eine literarische Anwendung extrem erschwert. Ausgebaut wurden Versuche besonders auf dem Sektor der Performance-Kulturen.

3. Mediale Praktiken – cultural performance

Von Turner wurde bereits der Performanz-Aspekt in die Debatte eingeführt und er hat sich als wichtiger Bestandteil der kontextuell argumentierenden Forschungen erwiesen. Vor dem Hintergrund der gerade beschriebenen Kritik am wissenschaftlichen Ritualverständnis kann man auch hier behaupten, dass die Differenz zwischen Handeln und Denken oder Glauben und Verhalten die Voraussetzung für das Konzept ist. Deshalb ersetzen viele den Begriff Ritual durch Ritualisierung, der, synonym mit Performance verwendet, seine Herkunft aus der Handlungstheorie deutlicher zu erkennen gibt. Fast jede Handlung kann in irgendeiner Weise ritualisiert werden. Mit Performance wird nicht allein die dramaturgische Handlung bezeichnet, sondern jeder sinnbildende Akt, der sich im Vollzug erschöpft. Am leichtesten macht man sich klar, was gemeint ist, wenn man an die Aktionskunst denkt, die „happenings" oder „body art" und verwandte Künste. Damit erschließt die Ritualforschung einen Bereich des kommunikativen Handelns, der sonst bestenfalls von der Linguistik bearbeitet wurde, jedoch für die Literatur nicht nur historisch bedeutsam ist. Von vornherein, das ist festzuhalten, steht diese Thematik aber unter einem ganz anderen Vorzeichen. Forschungen zu den Performanzkulturen gehen weit weniger von Ritualen aus als von den Medien, die mit den jeweiligen Aufführungen verbunden sind und ohne die sie oft nicht möglich wären. Performanztheorien untersuchen in der Regel mediale Praktiken.

Ein kurzer Rückblick auf Turners These kann zeigen, wie sich die Ritualforschung fast zwangsläufig in eine Medientheorie verwandeln musste. Dass die sozialen Dramen in den „ästhetischen Dramen", also ihren me-

Akt, der sich im Vollzug erschöpft

Theater

dialen Gegenbildern, ihre „kulturellen Doubles" fänden (Turner 1989, 142), dass die Verlaufsform der sozialen in den medialen Dramen implizit nachzuweisen sei, war der großangelegte Versuch einer systematischen Integration moderner Praktiken in die Ethnologie und umgekehrt. Bis hin zum Experiment. Turner ließ nämlich in Zusammenarbeit mit Richard Schechner (*1934, Text in: Ritualtheorien 1998) Ethnographien als Theaterstücke aufführen, er schrieb ethnologische Bücher in Theaterstücke um (Turner 1989, 143 ff.) mit der Absicht, die Bedeutungen der Handlungen allen Beteiligten vor Augen zu führen. Schechner lieferte dazu die passende Performance-Theorie, indem er als das Hauptmerkmal einer Aufführung das sogenannte „rekodierte Verhalten" ansetzte, also ein Verhalten, das sich auf ein vorangegangenes bezieht. Ontogenetisch leitet er so das theatralische Verhalten aus dem alten rituellen ab. Im Theater könne man diese uralte Verbindung wieder erneuern. Dass Theateraufführungen mit Feldforschern das geeignete Mittel seien, um eine theoretische Annäherung der Sozialwissenschaften an die Ethnologie zu fördern, wurde jedoch schnell bezweifelt. Auch Turner bekannte, dass sein Projekt einer „performativen Ethnologie" oder eines „Ethnotheaters" durchaus Grenzen hatte. Zweifelsohne hängt das mit der Verdoppelung von Performanzen zusammen, die auf der Bühne in ganz anderen Kontexten erscheinen.

Bühne und soziales Drama Dem Vorwurf entgegnete Turner mit der Prozessualisierung seines eigenen Ansatzes. Soziale Dramen wirken auf den latenten Bereich des Bühnendramas ein und das Bühnendrama – vorrangig Unterhaltung –, ist dann ein Metakommentar zu den wesentlichen sozialen Dramen einer Gesellschaft. Diese im Kunstwerk eröffnete Umwandlung, Transformation oder Stellungnahme zum Sozialen wirke dann wieder auf die latente Prozessstruktur des sozialen Dramas ein und beschleunige dessen Ritualisierung (Turner 1989, 170). Die Protagonisten des sozialen Dramas – wir alle –, übernehmen vom ästhetischen einiges. Auf diese Weise seien „die performativen Gattungen komplexer Industriegesellschaften", gemeint sind Institutionen von der Theaterbühne bis zum Gerichtshof, „tief im menschlichen sozialen Drama verwurzelt" (175), weil der Prozess ihrer Beeinflussungen und Veränderungen als ein kreisförmiger Austausch zu denken sei.

Dehnbarkeit des Liminoiden Zweierlei ist deutlich: das Ritual ist nicht vollständig als eine textuelle Repräsentation beschrieben, sondern nur von seiner Performanz her zu fassen. Anderseits aber spielen die modernen Performanzen der nicht-tribalen Gesellschaften auf einer anderen Ebene, sie sind von vornherein im Rahmen des Liminoiden angesiedelt. Unterhaltung ist vorwiegend von Simulationen umstellt. Hinzu kommt dann der Medienaspekt, der auf dieser Ebene der Unterhaltungskulturen schlechthin prägend ist. In Mediengesellschaften spielt zunehmend nicht mehr der Gegensatz zwischen Text und Performanz eine Rolle, sondern die Dehnbarkeit des Liminoiden (Pfeiffer, 1999, 64), die unterschiedliche Modi der Fabrikation von Erfahrungen zulässt. Die Beziehungen zwischen den performativen und den interpretativen Schichten der Kultur vervielfachen sich und sind auch historisch zu rekonstruieren.

In ihren cultural performances artikulieren die Kulturen ihre Selbstbilder, liefern sie verdichtete Selbstbeschreibungen, die sie für sich und für Fremde ausstellen. Das Theater ist nur ein besonders ausgezeichnetes Genre für die Symbolisierung der Theatralität als einem anthropologischen Phänomen. Denn die performativen Umgangsweisen des Theaters sind alle schon in der Lebenswelt vorhanden, der instrumentelle und zeichenhafte Gebrauch des Körpers ist nicht auf die Bühne beschränkt. Semiotisch gesehen benötigt das Theater nur den menschlichen Körper und die in der Kultur vorhandenen Zeichensysteme. Die primäre Funktion der Zeichen wird verdoppelt, so dass die sekundäre eine andere Symbolisierung erlaubt (Kulturen des Performativen, Fischer-Lichte, 1998). Die Theaterwissenschaftlerin Erika Fischer-Lichte (*1943) hat daraus die in materieller Hinsicht enge Bindung des Schauspiels an die empirische Wirklichkeit abgeleitet und am Leitfaden der Spannung zwischen dem phänomenalen, auf der Bühne erscheinenden, und dem dargestellten, semiotischen Körper des Schauspielers eine Geschichte des Theaters entwickelt. Sie beschreibt die epochal wechselnden Zuweisungen von Zeichen an den Körper und zeigt die bis zur Verleugnung des phänomenalen Körpers fortschreitende Semiotisierung (Artikel: Theater, in: Vom Menschen 1997). Erst in der Moderne, mit der Performance-Kunst, erfolgt eine Rückbesinnung und die Wiederentdeckung des Körpers in seiner Phänomenalität. Sie läuft parallel zum Vordringen des überall sichtbaren Bedürfnisses nach Selbstdarstellung, nach Inszenierung, Design und Spektakel.

Theatralität als
anthropologisches
Phänomen

Wichtig ist die Betonung der Doppelung von Referenz und Performanz. Theater ist eben immer beides, es bietet Inhalte und die Schaustellung, historisch nur in jeweils anderen Umbesetzungen bei der Bewertung der beiden Funktionen. Man kann das Geschehen auf dem Theater als Modell einer Performanzkultur betrachten. Dann kommt die Vielfalt performativ-diskursiver Mischformen (Pfeiffer 1999, 209) in den Blick, die keine Erfindung der Moderne darstellt. Auch die gedruckte Literatur steht in performativen Zusammenhängen. Rezitationen aus den Werken gestorbener Autoren, Dichterlesungen, Literaturcolloquien, Hörbücher oder Verfilmungen – das sind nur einige Wege, auf denen das Gedruckte im emphatischen Sinne zur Aufführung drängt. Im Hinblick auf eine ästhetische Theorie der Performanz sind alle poetischen Effekte von Interesse, die bloße Repräsentation überschreiten, z. B. der Gebrauch der Metrik bei Klopstock, die vom Leser rhythmische Aktion verlangt und eine nahezu tänzerische mentale Aufführung erzeugen soll. Pfeiffer hat hier neuere Forschungen zum 18. Jahrhundert und zur griechischen Tragödie aufgenommen und ein Kapitel über die „Expansion des performativen Diskurses" (Pfeiffer 1999, 194–239) vorgelegt, das solche Themen erstmals kulturwissenschaftlich im Hinblick auf eine vergleichende Mediengeschichte beleuchtet.

Referenz
und Performanz

Der Nachweis des Rituellen in der Literatur führt zwangsläufig zu den Performanzen und die kontextuell orientierte kulturwissenschaftliche Literaturtheorie wird von den Koordinaten Darstellung, Medium und Performanz ausgehen müssen. Sie können teleologische Modelle leicht ersetzen, denn die historisch nachweisbare Koexistenz der Medien garantiert permanente Friktionen zwischen materialen Formen und performativen Vollzügen. Selbst das erzählende Schreiben versucht ständig, andere Medienwirkungen zu evozieren und partizipiert, wenn auch aus der Distanz, am nicht auszu-

Darstellung,
Medium
und Performanz

treibenden Prinzip des performativen Handelns. Die Rekonstruktion der Einfühlungsästhetik (G. Braungart 1995) liefert nur einen möglichen theoriegeschichtlichen Hintergrund für eine Ästhetik der Performanz.

Literatur und Fest   Kunst im Medienverbund – und da steht die Literatur durchaus neben den rein performativen Künsten – geht von einem Handlungsbegriff aus, der die Performanz an erster Stelle platziert. Die Kreativität des Handelns geht von der Performanz zur Referenz, nicht umgekehrt (Kulturen des Performativen 1998, 23). Nur auf den ersten Blick führt das von den Texten weg. Tatsächlich steht Literatur aber im Kontext von Festen, Zeremonien, Ritualen, politischen Veranstaltungen oder selbst von Monumenten, man denke nur an die Grabinschriften der Antike, die Epigramme. Erst in der neueren Forschung eröffnen sich unter diesem Kriterium Fragen nach dem Verhältnis von Textualität und Performanz. Immer wichtiger werden dabei die Umstellungen in den Strukturen der Wahrnehmung, die teilweise mit technischen Erfindungen korrespondieren. Selbstverständlich verändern oder erweitern die Telegraphie, das Telephon oder die elektronischen Medien unsere Vorstellungen von Performanz.

Die Mediävistik und die Kultur der Aufführung   Wie eine solche kulturwissenschaftliche Perspektive ein ganzes Fachgebiet verändern kann, hat die Mediävistik bewiesen. Seit mehr als einem Jahrzehnt haben die Einflüsse der angelsächsischen und französischen Performanztheorien einen völlig neuen Blick auf das Mittelalter eröffnet, der diese Epoche zu einem mediengeschichtlichen Modellfall werden ließ. Dass literarische Texte damals noch weit häufiger in Gebrauchssituationen verwendet wurden oder entstanden, war der Ausgangspunkt für eine Analyse des Zusammenhangs von Textualität und Performanz. Die europäische Dichtung des Mittelalters war nicht vorrangig im Buchstaben verwurzelt, sondern zunächst einmal in der Macht der menschlichen Stimme. Der Dichter ist Trobador, Sänger, und zieht von Hof zu Hof, wo er mit oder ohne Begleitung eines joglars, des Musikers, Texte vorträgt. Die volkssprachliche Literatur, also nichtlateinische Dichtung, ist in eine Kultur der Aufführung eingebunden, ohne sie überhaupt nicht vorstellbar. Noch die aufgezeichneten Texte tragen die Spuren dieser Performanzkultur. Formelhafte und daher leicht zu memorierende Anspielungen auf den Gebrauch der Stimme und textinterne Hinweise auf die Aufführungssituation – „hört", „vernehmt" – verweisen auf den Körper als Träger und Medium des Raumbezugs.

Poetik der Stimme im Mittelalter   In diesem Sinne konturiert der französische Mediävist Paul Zumthor (*1915) in seinen Büchern den Begriff Performance zu einem Schlüsselwort für die Poetik der Stimme, mit der die Sprechkultur erschlossen werden soll. Das dritte Kapitel seiner *Einführung in die mündliche Dichtung* (1990, *Introduction à la poésie orale* 1983) und der kleine Band über *Die Stimme und die Poesie in der mittelalterlichen Gesellschaft* (1994, *La poésie et la voix dans la civilisation médiéval* 1984) sind dem Terminus Performance in seiner angelsächsischen Bedeutung gewidmet und Zumthor erklärt den Vorrang des Körpers selbst bei einem festgelegten Text, der aufgeführt wird:

> Worauf der gesprochene oder gesungene Text mit sprachlichen Mitteln auch immer anspielen mag, die Aufführung zwingt ihm einen allgemeinen Referenten auf, der zum Bereich des Körpers gehört. Durch den Körper sind wir Zeit und Ort: die Stimme, Ausströmung unserer selbst, tut dies kund. (Zumthor 1990, 134)

Mit der vokalen Aktion, mit der Übermittlung von Mund zu Ohr verwirklicht das Mittelalter einen ganz anderen Begriff von Dichtung. Sie ist weniger Literatur, weil nicht vorrangig schriftlich, sondern Poesie, die eben auch rein mündlich tradiert werden kann (Zumthor 1994, 35). Dadurch verschiebt sich die Vorstellung von Dichtung vom Machen, der Poesis, zum Prozess, denn erst die Performanz macht aus der mündlichen Kommunikation den poetischen Gegenstand und verleiht ihm seine soziale Identität. Die Aufführung ist letzte Instanz der Symbolisierung. Ein ganzer Katalog von Elementen führt diese These aus. Die Modulationsmöglichkeiten der Stimme, wie Tonhöhe, Tempo, Lautstärke, aber auch die Ausdruckswerte der begleitenden Körpersprache, der Gestik, Mimik, der Bewegung des Leibes im Raum und ihr Zusammenwirken mit Signalen im Text – all das gehört zu einer Poetik der Körperstrukturierung, die Zumthor andeutet (1990, 173). Einerseits sucht er nach den vielfältigen Präsenzen des Körpers, andererseits nach den performationellen Dispositionen von Texten.

Aufführung als letzte Instanz des Textes

Natürlich kann sich die mittelalterliche Performanzforschung nur auf Texte stützen. Aber der Ansatz bei der Oralität, den Zumthor auf alle Literaturen bezieht, die im Raum der Kopräsenz agieren, auf Muster verweisen, die außerhalb ihrer selbst liegen, erlaubt eine Vorstellung von einer Kultur, die durch ihre Überlieferung gerade verdeckt bleibt. Oder anders gesagt: die Mediävistik hat genau diese Spannung zwischen der schriftlichen Fixierung von Texten und ihrer Aufführung als eigentliches Forschungsfeld entdeckt. Wenn demnach im Mittelalter die Dichtung nur als ein körperlich verlebendigtes, in Stimme und Gesten erlebtes Ereignis rezipiert wurde, dann ist die uns alleine überlieferte Textform lediglich eine Schwundstufe. Außerdem besitzen wir vor dem 14. Jahrhundert sowieso kein Autograph eines poetischen Manuskripts, sondern nur Abschriften von Schreibern, die nicht im modernen Sinne die Urheber des Textes waren. Der tradierte Text, eine Reproduktion, ist nicht das Werk, sondern eine Partitur für das Werk der Aufführung. Schrift und Aufführung sind zwei verschiedene Aspekte der spezifisch mittelalterlichen Kommunikation. Daraus resultieren nachhaltige Folgen für die Philologie. Nimmt sie sich kulturwissenschaftlich ernst, muss sie von der Unfestigkeit und Beweglichkeit der Texte („mouvance" bei Zumthor) ausgehen. Die Fülle der Varianten, der Lang- und Kurzfassungen, der Fortsetzungen und immer wieder neu realisierten Abschriften ist das Ergebnis der Aufführungssituationen. Ein fixierter Text ist eine veränderliche Größe, er steht nie ganz fest, sondern wird schon in der nächsten Performance anders konkretisiert und deshalb auch – im Doppelsinne – neu geschrieben.

Aufführung ist das Werk, die Unfestigkeit der Texte

Aus der Aufwertung der Mehrfachfassungen geht ein ganz neuer Textbegriff hervor, der die Entwicklungen in der modernen Mediävistik so gravierend macht. In der stärkeren Zuwendung zur Materialität der Handschriften sucht man heute die Grundlage für die Erforschung der Performanzkultur und einer anderen Wahrnehmungsform. Von unseren Vorstellungen abweichende Lesetechniken gehören ebenso zum Programm wie die Erwartungen an die Repräsentation von Visuellem. Mediengeschichtlich wird das Mittelalter wieder wichtig als semi-orale Kultur. Handschrift, Buch und der menschliche Körper sollen als Medien verstanden werden in

Literatur und Leben

einem primär audiovisuell geprägten Zeitalter (Wenzel 1995). Der Einsatz der Schrift bedeutet also keinen abrupten Übergang von der mündlichen zur technischen Kultur, sondern bietet Kombinationsmöglichkeiten, bei denen das schriftlich fixierte Wissen wieder in einen oralen, körperlichen Kreis der Kommunikation überführt wird. Das ist ein herausragendes Beispiel für das Oszillieren der Grenze zwischen Literatur und Leben (Wenzel 1995) und eröffnet Einblicke in Kommunikationsstrukturen, die gerade auch aus moderner Sicht interessant sind.

Schriftlichkeit und Mündlichkeit   Solche Beispiele lehren die Komplexität der Beziehungen zwischen Schriftlichkeit und Mündlichkeit. Sie bestimmt auch moderne Kulturen, in denen keinesfalls nur ein Medium vorherrscht. Auch in stark technisierten Kulturen besteht ein Wechselverhältnis von Oralität und Literalität, von primärer Oralität, wie im Mittelalter, und sekundärer, also indirekt durch neue Medien vermittelter Mündlichkeit (Kloock/Spahr 2000, 237–265). Diese Polarität muss immer nur neu bestimmt werden und prägt daher die Diskussionen um die Medientheorien. Jede technische Innovation fordert hier eine Verlagerung der Schwerpunkte und eine Reflexion über die Prozesse der Koppelung beider Formen der Performance (Kursbuch Medienkultur 2000). Wenn wir von oral und literal disponierten mentalen Wahrnehmungsstrukturen ausgehen können, ist auch die jeweilige Definition der cultural performance davon betroffen. Die Möglichkeiten der Präsenz haben sich vervielfacht. Von einer anthropologischen Warte aus betrachtet, kommen Medien als Erweiterung von Körperfunktionen in Betracht, die ihrerseits wieder auf die Grenzbestimmung der menschlichen Handlungen und Wahrnehmungen zurückwirken (Kloock/Spahr 2000, 11). Das einfache Beispiel der kulturellen Abhängigkeit von Vorstellungen über das Authentische genügt, um zu zeigen, wie selbst angeblich unveränderliche Wahrnehmungen elementarer Ordnungen von solchen Prägungen abhängen. Die Geschichte der Mentalitäten und Denkweisen ist wesentlich bestimmt durch die Evolution der Medien. Das lehrreiche Beispiel aus der Mediävistik zeigt, dass die Geschichte der Stimme eine andere Geschichte der Poesie erzwingt, die selbst noch die Epoche des Buchdrucks für lange Zeit in einem anderen Licht erscheinen lässt.

Verkörperte Sprache   Derartige Überlegungen haben dazu geführt, in der Performanz ein möglicherweise wissenschaftsgeschichtlich unterschlagenes Denkmodell sehen zu können, das einen Ausweg aus dem alten theologisch fundierten Widerspruch zwischen Verkörperung und Repräsentation bieten soll. Sybille Krämer erschließt (in ihrem Aufsatz *Sprache – Stimme – Schrift. Sieben Thesen über Performativität als Medialität*. In: Kulturen des Performativen 1998, 33–57) aus dem Begriff Performanz eine neue Sprachbetrachtung, die aktuelle Forschungen zur Oralität – Literalität und der cultural performance berücksichtigt. Mit dem Terminus „verkörperte Sprache" (39) schlägt sie eine Erforschung der Sprache bzw. der Stimme als eines Mediums vor, die ohne magisches Identifikationsmodell auskommt. Ihr Konzept zielt auf eine Umformung der linguistischen Sprechakttheorie, die das Medium der Stimme gänzlich vernachlässigte. Stattdessen sollen nun die Oberflächen des menschlichen Sprachverhaltens am Anfang stehen und der Aufführungscharakter im Sprachgebrauch, die Stimmlichkeit, die Fluidität des Wortes leitende Kriterien für die Sprachtheorie werden. Das gesprochene Wort als Prinzip einer am Vollzug orientierten Linguistik erfordere eine Reformulierung unserer kulturellen Vorstellungen von Wahrheit, Wissen und Wahrhaftigkeit.

Sinnhafte Ereignisse, wie Sprechen, Schreiben, Interpretieren sind in den Termini intentionalen Handelns nicht hinreichend zu beschreiben, sondern nur an der „Nahtstelle der Entstehung von Sinn aus nicht-sinnhaften Phänomenen" (Krämer, in: Kulturen des Performativen, 48). Das Performative liegt so gesehen tatsächlich im Rücken unserer Kommunikation, welchem Modus der Vermittlung sie auch immer angehören mag. Unübersehbar ist aber die Medienabhängigkeit aller Kulturphänomene und eine nicht mediale Performanz schwer vorstellbar. Vielleicht ist hier tatsächlich ein Weg eingeschlagen, der wichtige Ergänzungen für die Literaturtheorie im Sinne einer Auflösung der Leitdifferenz Mittelbarkeit – Unmittelbarkeit ermöglicht. Sie könnte sich als wenig hilfreich erweisen, wenn die intermediäre Zone, das gesamte Spektrum der Performanzen untersucht wird (Pfeiffer 1999). Mindestens lässt sich so eine Synopse von modernen Medientheorien und literarhistorischen Gegenständen denken (Theorien des Performativen 2001).

Performanz und Kommunikation

4. Kulturelle Narrative

Eine andere, üblicherweise für selbstverständlich gehaltene kulturelle Praxis ist das Erzählen. Es spielt eine wichtige Rolle im Sinne von unausgesprochenen Vorannahmen und ordnenden Geschehensreihen, die bestimmte Formen von Aussagen als völlig überzeugende erscheinen lassen. Erzählweisen, Beschreibungs- und Darstellungsformen sind nie nur literarische Stilmittel, sondern – gewollt oder nicht – Ausdruck kultureller Repräsentationen. Solche kulturell eingeschliffenen Weisen der Verarbeitung von Erfahrung oder, allgemeiner gesagt, kulturelle Verständigungsmuster nennt man Narrative. Im Gegensatz zu den Großbegriffen wie Diskurs oder Text impliziert das Narrativ die zeitlich-lineare Ordnung und ihm ist ein Handlungsvollzug eingeschrieben, der von selbst die Frage nach dem Verhältnis von literarischen und außerliterarischen Handlungen nahe legt. Narrative finden sich auch außerhalb und vor der Fiktion. Die Fiktion als explizites Narrativ kann nur funktionieren, weil sie diese Folie schon voraussetzt. Die Theorie der Narrative oder der Narrativität ergänzt also die eingangs genannten Theorien des symbolischen und rituellen Handelns, indem sie das Soziale von einer anderen Seite her aufschließt. Mittlerweile sind verschiedene Disziplinen zu fundamentalen Narrativen vorgestoßen und haben gezeigt, wie sie kollektive und identitätsstiftende Kräfte entfalten. Sie beweisen auch eindrucksvoll, dass eine moderne Erzähltheorie nicht ohne strikte Kontextualisierung zu haben ist und Texte in ihren Gebrauchszusammenhängen situieren sollte.

Weisen der Verarbeitung von Erfahrung

Aus der Kritik der neuzeitlichen Subjektphilosophien und ihrer Ergänzungen durch psychologische Erkenntnisse entstand eine neue Konzeption des Selbst, das als eine besondere Weise der Sinn- und Bedeutungsstruktu-

Neue Konzeption des Selbst

rierung des Menschen erkannt wurde. Nun interessierten die philosophischen Paradoxien der Selbstbegründung des Subjekts nicht mehr. Gegen das Konzept der Selbstbestimmung und das rein konstruktivistische der Selbsterfindung suchten Sozialphilosophen und Phänomenologen in einer neuen Theorie das Selbst in Handlungen, insofern Handlungen als Deutungen oder Interpretationen aufzufassen waren. Alasdair MacIntyre und Wilhelm Schapp bereiteten die Erforschung der narrativen Selbstfindung vor und erklärten, dass der Mensch sich im wesentlichen im Ausleben von Geschichten erfülle, dass er in Geschichten verstrickt und eine Kenntnis über sein Selbst eben nur durch seine Geschichten zu bekommen sei (Thomä 1998).

Eine weitere Grundlage für die notwendige Relativierung der Phantasmen von der Autonomie des Subjekts stellte die Wissenssoziologie bereit. In ihrer mittlerweile klassischen Studie *Die gesellschaftliche Konstruktion der Wirklichkeit* (1969, englisch 1966) untersuchen die Soziologen Peter L. Berger (*1929) und Thomas Luckmann (*1927) die gesellschaftlichen Mechanismen, die in der Alltagswelt die Wahrnehmungsweisen der Individuen prägen. Sie zeigen die vielfältigen Weisen der Vorstrukturierung unserer Alltagswelt und erklären, welche komplexen Voraussetzungen auch unsere Routinen bedingen. Das Rezeptwissen, das wir bei den scheinbar einfachsten Handlungen aktivieren, geht auf einen gesellschaftlichen Wissensvorrat zurück, den wir nicht selber verantworten. In allem sind wir gesellschaftliche Produkte. Wenn wir uns aber die Welt erklären wollen, im Sinne von legitimieren, dann benötigen wir „symbolische Sinnwelten" (Berger/Luckmann 102), weil wir die gelebte Existenz anders gar nicht durchdringen könnten. Derartige Konstruktionen bringen Halt in unser Leben, gerade auch wenn die subjektive Einstellung stabilisiert werden soll. Die Zuordnung der Selbstbeschreibung zu gesellschaftlich akzeptierten Sinnbildungen oder Erzählungen schafft Ordnung (107 ff.).

In der sogenannten kognitiven Wende der Psychologie seit den sechziger Jahren zogen dann wichtige Fachvertreter die Konsequenzen aus den genannten Vorarbeiten und entwarfen eine interpretative Handlungs- und Kulturpsychologie, die erst in den achtziger Jahren in voll entwickelter Form vorlag (Straub, in: Appelsmeyer 2001). Diese neue Richtung, befördert von Jerome S. Bruner, Kenneth J. Gergen, Theodore R. Sarbin und Donald E. Polkinghorne (Texte in: Straub 1998), wurde nach einem ihrer zentralen Begriffe als narrative Psychologie bezeichnet; ein wichtiger Sammelband führte ihn als Terminus ein (Sarbin 1986).

Ausgangspunkt war die Annahme, dass Überlegungen zum Identitätsbegriff sich nicht nur auf hoher Abstraktionsebene bewegen müssen, sondern bei den konkreten Situationen ansetzen sollten. Auch in einfacheren Situationen thematisieren wir gelegentlich unsere Identität. Gerade bei diesen Gelegenheiten zeigt sich, dass sie ein Faktor des sozialen Alltags ist und das Selbst der sozialen Mitwelt nicht völlig entzogen sein kann. Es hat vielmehr in seiner inneren Struktur auch eine soziale Dimension. Die Entwicklung und Reproduktion der Ich-Identität ist in soziale Prozesse eingelassen und kann sich nur in Auseinandersetzung mit ihnen entfalten. Sie ist also keine statische Eigenschaft, keine Substanz und vor allem nicht unver-

Marginalien:

Gesellschaftliche Konstruktion der Wirklichkeit

Kognitive Wende der Psychologie

Narrative Psychologie

änderlich. Schon alleine die Rollenabhängigkeit des Einzelnen fordert ein regelmäßiges Auswechseln partikularer Identitäten.

Geht man von den Handlungen in solchen Situationen aus, in denen dem Einzelnen Beschreibungen seines Selbst abverlangt werden, muss man auch schlichtere Formen der Selbstevaluation einkalkulieren. Also nicht die Grenzsituationen, Lebenskrisen und dramatischen Wendepunkte einer Biographie sind hier entscheidend, sondern die durchaus häufiger fälligen, oft mündlich gegebenen Darstellungen des „biographischen Bewusstseins" (Bahrdt 1996, 204). Ganz verschiedene Gründe erfordern das Rekapitulieren von Ereignissen des Lebens. Sie lassen sich aber nur in Form einer Geschichte artikulieren. Man erzählt etwas aus seinem Leben. Zwischen den Weisen des Ablegens von Rechenschaft vor sich oder anderen und dem Erzählen besteht nun aber eine unauflösliche Wechselbeziehung. Die Kommunikationsform Erzählen wirkt zurück auf die Art und Weise, in der die Erlebnisse in einen sinnvollen Zusammenhang gebracht werden. Denn die Erzählbarkeit leitet die Recherche von ihrer Gestaltwerdung in der Erinnerung bis zur Selektion des Erinnerten. Eine Person vervollständigt sich, indem sie über ihr Leben erzählt, für denjenigen, der zuhört und auch für sich selbst.

> Alltägliches Rekapitulieren von Ereignissen

Die eigentümliche Rückkoppelung vom Erzählvorgang auf die Art, wie man sich an seine eigene Geschichte erinnert, wie man Gegenwärtiges erlebt und Zukunft antizipiert, ist das zentrale Thema der narrativen Psychologie. In seiner zusammenfassenden und mit vielen Beispielen klar argumentierenden Studie *Acts of Meaning* von 1990 (dt. 1997) nennt der Psychologe Jerome S. Bruner (*1915) dies die „Organisation von Erfahrung" (72). Sie ist abhängig von der Rahmenbildung („framing"). All das, was nicht narrativ strukturiert ist, geht dem Gedächtnis verloren; die typische Form der Rahmung von Erfahrung ist daher die Form der Erzählung. Durch eine Reihe von experimentellen Untersuchungen fanden die Psychologen heraus, dass die Prozesse des Machens und Behaltens von Erfahrungen von Schemata gestaltet werden, die zutiefst in den alltagspsychologischen Vorstellungen verankert sind. Die temporalen Konfigurationen und die Handlungsstrukturen von Erzählungen transportieren Überzeugungen, wie sie für die Organisation unserer Erfahrung konstitutiv sind. Und dabei sind nicht nur literarisch fixierte Schemata gemeint, sondern alle Erzählungen, also sozial konstruierte Narrative.

> Jerome S. Bruner: die Organisation von Erfahrung durch Erzählen

Angeregt von der Gedächtnisforschung und ihren begründeten Zweifeln an der Stabilität von Erinnerungen betonen die Psychologen heute die rekonstruktive Leistung des Gedächtnisses. Ursprüngliche Wahrnehmungen und spätere Beschreibungen verschmelzen und transformieren sich in Erinnerungen, wobei sich das Gehirn in einem permanenten Umbau von Erinnerungen befindet, es rekonstruiert ständig. Dieser Prozess versorgt das Selbst mit Sinn, aber er wirkt auch direkt auf seine Definition ein. Das merkwürdige Phänomen der falschen Erinnerung, die für eine echte gehalten wird und der Erinnerung, die trotz falscher Details in ihrer Wahrheit nicht geschmälert wird, verweisen auf den Bezug der Tätigkeit zur Gegenwart (Welzer 2001).

> Sozial konstruierte Narrative

Dass diese Ergebnisse Veränderungen der analytischen Praxis verlangten,

> Das Ich als Produkt der Situationen

ist leicht verständlich. Entscheidend war nicht mehr die historische Wahrheit, sondern die narrative Wahrheit, die ein Patient erzeugte. Zahlreiche Beobachtungen ergaben, dass sich sowohl die Selbstachtung als auch der Ich-Begriff eines Menschen allein durch die Reaktion auf andere, mit denen sie zusammenkamen, veränderten, vor allem nach Maßgabe der positiven oder negativen Bemerkungen. Je nach Zuhörer wechselten die Selbstbeschreibungen der Probanden (Bruner, 117 f.). Das wichtigste Ergebnis war eine neue Theorie des Ich, das nun nicht mehr in der Festung des privaten Bewusstseins geortet, sondern in seiner kulturhistorischen Situation gesucht werden musste. Interessant sind dann die Akte des Aushandelns einer Identität, wenn das „Ich als Produkt der Situationen" gesehen wird, in denen es operiert (Bruner, 118). Identität wird nicht entdeckt, weil sie keinen Besitz darstellt, sondern konfiguriert. Ihre Kohärenz wird über Geschichten konstruiert und sie ist das Ergebnis der Narrationsarbeit.

Biographie-
Forschung

Ein unmittelbares Arbeitsfeld, das auch Überschneidungen mit literaturwissenschaftlichen Themen aufweist, ist natürlich die Biographie-Forschung. Mit der Methode konnte man die eigenartige Doppelstruktur einer Biographie aus der Verschränkung von Einmaligkeit und Allgemeinheit besser erklären oder genau solche Schnittstellen überhaupt erst thematisieren. Zahlreiche neue Begriffe versuchen, die Komplexität dieser Doppelstruktur einzufangen. Heinz Bude spricht von der „Lebenskonstruktion", Hans-Georg Soeffner von einer „Interaktionskonfiguration", während Gerd Jüttemann den Terminus „Autogenese" vorzieht, um die hohe Bedeutung der Selbstverantwortung zu würdigen; andere sprechen vom „Lebenslaufregime" oder, wie Heiner Keupp, vom „Identitätsgefühl" und der „biographischen Kern-Narration" (Texte in: Jüttemann/Thomae 1998). In der Kritik dieser Ansätze ist nach wie vor die Reichweite der Thesen umstritten. Die Annahme einer prinzipiellen Affinität zwischen Leben und Erzählung wird von Dieter Thomä eingeschränkt mit dem Hinweis auf ihre Abhängigkeit von Bedingungen (Thomä 1998, 30). Gleichwohl bestreitet auch die Kritik nicht, dass unter einem Rechtfertigungsdruck stehende Personen eben nur auf Erzählungen zurückgreifen können. Gerade interkulturelle Lebensläufe, also Biographien, bei denen, gezwungen oder nicht, Lebenssplitter neu geordnet werden müssen, weisen zumindest deutliche Spuren von Narrationen auf, die nicht immer der Kontrolle des Subjekts unterstehen (Thum/Keller 1998). Solche Grenzverwischungen erfordern eine Abkehr vom Gegensatz zwischen Fiktion und Biographie/Autobiographie. Das bringen neue Arbeiten auf diesem Sektor mit dem Begriff „Autofiktion" zum Ausdruck (Bibliographie bei Thum/Keller 1998).

Ganzes Leben als
Narration gestaltet

Das Konzept einer über die Sprache und ihre Erzählstrukturen vermittelten Identität tendiert zu einer fundamentalen Annahme. Narrationen sind nicht nur in soziales Handeln eingebettet und es handelt sich bei ihnen auch nicht nur um erzählte Lebensläufe. Die Theorie will zeigen, dass wir unser ganzes Leben und die Beziehungen zur Welt als Narrationen gestalten. Denn die Vorgänge der Sinnstiftung überschreiten immer die bloßen Fakten, gerade was die Selbsteinschätzung angeht. So gesehen stellen die Narrationen einen grundlegenden Modus der sozialen Konstruktion von Wirklichkeit dar. Vergangenes wird durch sie überhaupt erst erfahrbar,

Zukünftiges kann so erst begründet werden. Ereignisse bekommen die Realität von geordneten, chronologisch strukturierten Vorgängen. Mit den Thesen der narrativen Psychologie ist eine Wahrnehmungs- und Handlungstheorie verbunden, die auf den „cultural turn" in den Humanwissenschaften reagiert und sich auf literaturtheoretische Erkenntnisse stützt.

Dabei ergeben sich Überschneidungen zwischen der Psychologie, Wissenssoziologie und Sprachwissenschaft. Denn die alltägliche Narration formiert über die Sprachstrukturen auch kommunikative Gattungen, deren Erforschung erst am Anfang steht. Aus dem Rohmaterial, den Beschreibungen von Erfahrungen oder Handlungen bilden sich kleine Geschichten mit relativ fester Form, verbindliche sprachliche Typisierungen von Erfahrungs- und Handlungsschemata. Für die kulturelle Vermittlung von Handlungswissen sind die diversen Formen dieser narrativen Kultur unersetzlich. Klatsch, Beschwerdeerzählungen, Gespräche in allen Lebenslagen, aber auch die sogenannten „einfachen Formen" wie Sprichwort, Parabel, Märchen, Witz, Legende, Memorabile (Bergmann/Luckmann 1999) funktionieren nach Mustern, die bestimmte Bestandteile solcher Kommunikationen festlegen. Vorgeprägte Inhalte, gemeinsames Hintergrundwissen und vorgeprägte Register sowie Redestrategien begründen erwartbare kommunikative Handlungen, in denen sich der Handelnde schon im Entwurf am Gesamtmuster orientiert.

Kommunikative Gattungen sind also Lösungen für Routinen und reagieren auf Situationen der Rekursivität. Exemplarische Lösungen haben sich durch Habitualisierung eingeschliffen oder frühere kommunikative Handlungen in der Sprache abgelagert, so dass sie als kulturelle Objektivationen zu fassen sind. Zwar sind sie vorrangig Genres der Face-to-face-Kommunikation und insofern zunächst Teil der linguistischen Konversationsanalyse unter performativen Aspekten, aber eine breit angelegte Ethnographie der Kommunikation muss alle Rahmenbedingungen berücksichtigen; Anleihen bei der Stilistik, der Rhetorik, der Psychologie stellen sich bald ein.

Die Beschäftigung mit kulturellen Narrativen, mit den in einer Kultur kursierenden Geschichten kommt immer wieder auf Vorgänge der Sedimentierung zurück (Welzer 2001). Kommunikative Gattungen haben einen quasi-normativen Status bei der Regelung von immer wieder auf gleiche Weise auftretenden Problemen. Als Objekte der Kulturforschung taugen sie deshalb ganz besonders, weil sie reale Elemente sind und einen relativ authentischen Zugriff auf die gültigen Maßstäbe einer Kultur zulassen (Appelsmeyer 2001, 87–91).

Ein weiterer methodischer Vorteil der Erforschung von kulturellen Narrativen liegt darin, dass hier nur solche Prozesse interessieren können, die im Alltag nachweisbar sind. Die transdisziplinäre Vereinigung von Literaturwissenschaft und Psychologie mit ihrer These von der sozialen Grundlage der Textualität kann sich auf Experimente stützen, die zeigen, dass etwa bei der Einschätzung einer Zeugenaussage die Probanden nicht in der Lage waren, die authentischen von den fiktiven Darstellungen zu trennen. Für authentisch gehaltene Geschichten waren die kausal stringent und teleologisch relevant erzählten Geschichten, also wohlgeformte Erzählungen (Gergen, in: Straub 1998, 184 ff.). Folglich war die Strukturierung der Er-

Kommunikative Gattungen

Lösungen für Routinen

Alltagstheorie

zählungen entscheidend für die Form der Beziehungen, die in der Kommunikation aufgebaut wurde.

Das ganze Ausmaß, in dem Narrative gleichermaßen kulturelle Werte zum Ausdruck bringen wie auch erst erschaffen, ist noch gar nicht genau bekannt. Von der einfachen Beobachtung ausgehend, wonach Geschichten vom Ende her erzählt werden, erst im Rückblick Sinn geben können, führen die wichtigen phänomenologischen Studien des französischen Philosophen Paul Ricœur (1913–2005) zu einer neuen Sicht auf das Erzählen. Mit seiner Einschätzung des narrativen Wissens begründete Ricœur auch Anschlussmöglichkeiten für den Diskurs der Psychologen.

Paul Ricœur

Unsere unreflektierte, gelebte Erfahrung erscheint nicht als etwas Bedeutungsloses ohne Zusammenhang, sondern sie weist bereits Züge gerichteter Handlungen auf. Schon in der ursprünglichen Erfahrung kennen wir eine pränarrative Qualität, einen Zugang zu etwas Vorgeformtem, das ein Bedürfnis nach Erzählung nach sich zieht. Beim Erzählen buchstabieren wir die Geschichte der Erfahrung aus, wir können und müssen aber dabei das Ergebnis immer wieder korrigieren. So kommen wir nie zu feststehenden Lebensepisoden, sondern zu Interpretationen aus der jeweils gegenwärtigen Perspektive. Vergangene Ereignisse, so folgert Ricœur, sind wegen ihres Beitrags zum Ausgang einer Geschichte interessant und werden deshalb bedeutungsvoll. Erzählen geschieht vom Ende her und von dort aus wird die Vergangenheit geordnet. In seinem Ansatz, einer anthropologischen Handlungstheorie, erscheint die Zeitlichkeit als ein Existential, als eine Struktur, der allein die narrative Sprache zu entsprechen vermag. Erzählung und Zeiterfahrung bedingen einander wechselseitig.

Erzählung und Zeiterfahrung

Was Ricœur in seinem dreibändigen Werk *Temps et récit (Paris 1983–1985, dt.: Zeit und Erzählung 1988–1991)* verbunden mit Romananalysen begonnen hatte, führte er mit dem wichtigen Band *Soi-même comme un autre (Paris 1990, dt.: Das Selbst als ein Anderer 1996)* weiter und ergänzte seine narratologischen Studien um eine Theorie der Identität. Erzählungen geben der Kontingenz, die unser Leben auszeichnet, eine neues Gesicht. Das, was geschieht, das Ereignis, der Vorfall, verliert seine unpersönliche Neutralität in dem Moment, in dem es in die Bewegung der Erzählung eingeht (1996, 175). Sie verleibt der wilden Kontingenz einen Effekt von Notwendigkeit oder Wahrscheinlichkeit ein. Rückwirkend sieht die Sache anders aus. Diese narrative Färbung, die durch das Vorher, Nachher, die Intrige entsteht, ist Ausfluss der „narrativen Vernunft" oder „Intelligibilität der Erzählung" (177). Nun geht Ricœur so weit, zu behaupten, dass die Figur der Erzählung keine von den Erfahrungen der Person verschiedene Entität sei. Vielmehr habe sie Teil an dem für das Erzählen typischen dynamischen Regelsystem:

Intelligibilität der Erzählung

> Die Erzählung konstruiert die Identität der Figur, die man ihre narrative Identität nennen darf, indem sie die Identität der erzählten Geschichte konstruiert. Es ist die Identität der Geschichte, die die Identität der Figur bewirkt (182).

Eben weil die Erzählung zum Leben gehört, bevor sie sich ins Exil der Schrift begibt, haben beide Sphären ganz elementar miteinander zu tun. Die Literatur ist lediglich ein großes Labor für Gedankenexperimente, in dem die Varianten narrativer Identität geprüft werden und in dem ein größerer Spielraum zur Verfügung steht. Literatur, so könnte man sagen, ergänzt oder intensiviert die vorgängig symbolisch vermittelte Realität durch bildhafte Überhöhung.

Das Selbst ist impliziert in Operationen, es ist revisionsbedürftig und erweist sich als provisorisch (199). Ricœur lehnt alle Erklärungsmodelle ab, die von einer feststehenden Identität des Menschen ausgehen und eine „Selbigkeit" im Sinne des Sich-Selber-Gleichbleibens behaupten. Stattdessen will er in die Philosophie des Selbst gerade diejenigen Elemente integrieren, die sich dem nicht fügen. Sein schlagendes Beispiel ist der Angeklagte vor Gericht, der glaubhaft versichern kann, dass er nicht mehr derselbe sei, der die Tat begangen habe (145). Es gibt andere Modelle von Beständigkeit, die man berücksichtigen muss. Der Begriff der narrativen Identität steht nun genau in der Mitte zwischen den unvereinbaren Weisen des Selbst (154) und gewinnt so seine Attraktivität für Ricœurs Philosophie. Er erlaubt, die personale Identität so zu denken, dass man nicht hinter der Vielfalt ihrer Zustände noch ein selbstidentisches „Etwas" annehmen muss, das im Grunde unveränderlich bleibt. Personale Identität ruht auf der Zeitlichkeit, welche die Vielfalt in eine Dynamik integriert, wie sie der poetischen Komposition eines Narrativs entspringt. Die narrative Operation entwickelt einen Begriff dynamischer Identität, der den anscheinend unversöhnlichen Gegensatz von Identität und Verschiedenheit integriert und konsequent in der Zeit situiert.

Narrative Identität

Erzählungen leisten noch mehr. Ricœur spricht von den „ethischen Implikationen der Erzählung" (200). Trotz oder wegen ihres Kontrastes zum Alltagsleben, den er nicht leugnet, transportiert die Erzählung implizit Vorstellungen vom gelingenden Leben. Auch ohne Bezug auf den Code der Moral kommt Ethik ins Spiel. Eine Erzählung ohne Moral ist denkbar, aber nicht ohne Ethik. Den Nullpunkt der Bewertung kann sie nicht erreichen. Das Urteil ist lediglich den der Fiktion eigenen imaginativen Verfahren unterstellt. Diesen höchst wichtigen Gedanken führt Ricœur nicht näher aus, er weist aber auf die Notwendigkeit einer Ethik des Erzählens hin, in der die angedeutete Identitätsproblematik mit der literarischen Erzählforschung fruchtbar verbunden werden könnte. Zu untersuchen wären die ethischen Implikationen der narrativen Funktionen (202), die im Zusammenhang mit einer neuen Art von Rezeptionsästhetik stehen müssten. Die konkreten Übergänge von Beschreiben und Vorschreiben kommen dabei ebenso in den Blick wie Grenzübergänge zwischen der Handlungs- und Moraltheorie. Und vor allem könnte damit eine Korrektur all jener Modelle gelingen, die eine Referenz der Sprache auf Außersprachliches leugnen. Schon die meisten Praktiken der Lektüre widerlegen sie.

Keine Erzählung ohne Ethik

An dieser Stelle erweist sich das Konzept der kulturellen Narrative vielleicht als hilfreich. Denn die sozialen und repräsentationalen Bezugsebenen sind Bestandteil der „cultural modes of expression", nach denen die Narratologie suchen muss. Erzählungen eröffnen aus diesem Grunde einen privilegierten Blick auf eine Kultur, weil sie deren Verständigungsmuster thematisieren. Sie beziehen sich auf alle Praktiken der kommunikativen Konstruktion von Realität, auch der ethischen (Bergmann/Luckmann 1999;

Rückkehr zu ethischen Fragen

M. Neumann 2000) und bieten gleichsam nebenbei Einblicke in die Vorstellungen vom richtigen Leben, wie sie sich in der Interaktion von Text und Leser formen. Diese Rückkehr zu ethischen Fragen wird in der Regel kritisch gegen die Postmoderne vorgetragen; die Dezentrierung des Subjekts und die Unlesbarkeit des Textes haben eine neuerliche Zentrierung auf die Ethik provoziert, die nicht selten direkt aus den Texten der Dekonstruktivisten herauswächst. Gesucht wird nach einer prä-normativen Ethik.

Ethical Criticism   Gleichwohl baut die Debatte um mögliche Arten eines „Ethical Criticism" auf den Ergebnissen der Narratologie wie auch der Interkulturalität oder der postkolonialen Literaturtheorie auf. Gerade im Zeichen der Globalisierung drängen sich die Unterschiede der Rezeption von Literatur auf. Die Einflüsse der gegenwärtigen Kulturtheorie auf die ethischen Kategorien bleiben abzuwarten. Aber die heterogenen Praktiken und Kontexte der Rezeption können die Verortungen der Texte auflösen. In jedem Falle wird der Begriff „Ethik" für Verwirrung sorgen, solange er sich auf rein formale Strukturen bezieht (Hoffmann/Hornung 1996; Thomä 1998, 257 ff.).

5. Bildwissenschaft und Bildanthropologie

In jüngster Zeit vereinigen sich die Entwicklungen der Handlungstheorie auf einem Felde, das im Fach Kunstgeschichte für Aufbruchstimmung sorgt. Aus der Wahrnehmungstheorie ist bekannt, dass der Sensualismus, also die Anknüpfung bei der Aufnahme äußerer Sinnesdaten, bestenfalls eine Hälfte des kognitiven Geschehens erschließt. Weit wichtiger ist die Situiertheit der Kognition, das Ineinander von psychischen Prozessen und reflexiven Aktivitäten, die in ihrer Komplexität einfache Ursache-Wirkung-Modelle überschreiten. Schon die Wahrnehmungstheorie muss also soziale Phänomene, auch Körperlichkeit und Leiblichkeit, allgemein kommunikatives Handeln einbeziehen und einen reflektierten Zugang zur mentalen Repräsentation eröffnen.

Bildbegriffe, mentale Bilder   Natürlich hat der Bildbegriff eine lange philosophische Vorgeschichte. Doch erst die Phänomenologie bei Sartre (1905–1980) oder Merleau-Ponty (1908–1961) und die Anfänge der Kognitionswissenschaft in den sechziger Jahren brachten eine Änderung der meist negativ bewerteten mentalen Bilder. Man beschäftigte sich mit der Frage, ob die mentalen Bilder wie Photos funktionieren oder nur quasibildlich seien. Unbestreitbar scheint allerdings, dass Bilder eine fundamentale Schicht der Kognition ausmachen und Geist oder Bewusstsein auch aufgrund von Bildstrukturen beschreibbar sein müssten.

Der imagic turn   Der imagic turn entwickelte sich in Analogie zu semiotischen und neurobiologischen Theorien zu einem neuen Forschungsfeld der Wahrnehmungstheorie. Bis heute ist aber nicht geklärt, wie die Bildhaftigkeit des Kognitiven als eigene Zuständlichkeit von äußeren Bildern zu unterscheiden ist. Hinzu kommt das Problem der doppelten Kodierung innerer Bilder, die vom Gehirn fast automatisch zugleich sprachlich und imaginal aufgefasst werden. Sie sind zudem oft mit Wertungen und Einstellungen verbunden, gekoppelt an Erlebnisaspekte. Als einfacher Nenner ergab sich die

Annahme, dass die Bilder im Geiste vorwiegend nicht-diskursiv sind. Von der Psychologie, Neurophysiologie, der Informatik und der Semiotik gehen wesentliche Anstöße aus zur Formulierung einer allgemeinen Bildwissenschaft, die sich den Vorgängen der Bildwahrnehmung, ihrer Verarbeitung, den Sehgesetzen und ihren Gewohnheiten widmen soll.

An diesem Punkt gewinnt die vernachlässigte, im späten 19. Jahrhundert entstandene formale Ästhetik wieder an Bedeutung. Ihr Thema ist die „Sichtbarkeit des Bildes" in der Kunst (Wiesing 1997). Eine Beschreibung der Oberfläche kann Anhaltspunkte bieten für Erkenntnisse über die Strukturen der Anschauung. Die Kunst eröffnet Wege der Erforschung von Strukturen der Wahrnehmung und führt vor, wie physische und psychische Komponenten an der Wahrnehmung gleichermaßen beteiligt sind. Nur das äußere Bild kann zeigen, was es heißt, mit den Sinnen eine Erfahrung zu machen. Solche Theorien weisen auf die Unersetzbarkeit des Bildbegriffs für die Bewusstseinstheorien hin und betonen den Vorrang der Sichtbarkeit vor der Lesbarkeit. Die Objekte der Bilder sind nur für das Auge da, obwohl sie am Ort ihres Erscheinens nicht existieren. Nach wie vor ist dieses Paradox von Präsenz bei gleichzeitiger Absenz nicht erklärt (Wiesing 117 ff., 154).

Oberflächen als Ausgangspunkte

Im Rahmen einer nicht an Konstanten interessierten Anthropologie kann die Geschichte der Kunst einzigartige Einblicke gewähren in eine sehr wechselhafte Geschichte der Wahrnehmungen, des Sehens und der Verarbeitung von solchen mentalen Strukturen. Es lag daher nahe, eine rein von sprachlichen Strukturen dominierte Wahrnehmungstheorie an Repräsentationsweisen zu erinnern, die mit dem Instrumentarium der Linguistik allein nicht zu erklären sind. Teilweise hatte die Kognitionswissenschaft auch hier vorgearbeitet, aber erst in den achtziger Jahren wurde von Kunsthistorikern und Philosophen der pictorial turn gefordert. In mehreren Studien profilierte der Kunsthistoriker William J. Thomas Mitchell (*1942) eine *Picture Theory*, die dem Bild und dem Visuellen einen neuen Status zuschrieb. Er stützte sich auf den älteren Terminus der Ikonologie, den er aber in viel umfassenderem Sinne definierte. Nicht der Rückbezug von Kunstwerken auf ihnen zugrundeliegende Texte, sondern die Frage, wie sich Bilder von Texten unterscheiden interessierte Mitchell. Die Wiederentdeckun des Bildes als eines komplexen Wechselspiels von Visualität, Diskurs, Körper und Institutionen beschreibt das Umfeld, in dem nun visuelle Erfahrung überhaupt als Thema erscheint.

Mitchell und der pictorial turn

Gefordert war eine neue Theorie der Lesbarkeit von Bildern, die sich signifikant von der herrschenden kunsthistorischen Praxis unterscheiden und sich ausschließlich der spezifisch visuellen Sprache der Bilder widmen sollte. Die Art und Weise, wie sich Bilder selbst repräsentieren stand im Mittelpunkt, wobei zu beachten war, dass sich das menschliche Subjekt prinzipiell sowohl durch Sprache als auch durch bildliche Darstellung konstituiere. Mit der Suche nach einer „Ikonik", also der besonderen Vergegenwärtigungskraft von Bildlichkeit oder den bildgestifteten Anschauungseinheiten (Max Imdahl, in: Boehm 1995), erhob sich die Frage nach der Abgrenzbarkeit von Bildern, wie sie im Englischen der Unterschied zwischen „picture" als Objekt, das an der Wand hängt, und „image" nahe

Was ist ein Bild?

legt. Unter der Fragestellung *Was ist ein Bild?* (Boehm 1995) begann die historische Rückversicherung in den verschiedenen Disziplinen.

Die repräsentationale Leistung des Bildes im Sinne eines Herstellens von anders nicht Herstellbarem, die das eigentliche Thema der modernen Kunst geworden war, steht nun als Aufgabe den Kunstwissenschaften bevor. Nach wie vor ist die Beschreibung dieser „ikonischen Differenz" (Boehm 1995, 30) noch nicht in einer eigenen Theorie eingelöst. Es geht um das Paradox des Bildkunstwerks, das der materiellen Kultur unmittelbar zugehört und eben darin einen Sinn aufscheinen lässt, der alles bloß Faktische überbietet. Die Debatte reagiert auf die immens gesteigerte Bilderflut der Gegenwart und findet doch gerade in der Abgrenzung des Kunstwerks vom nichtkünstlerischen Bildergebrauch ihr eigentliches Problem. Darüber hinaus scheint auch die Vielfalt der überkommenen Bildbegriffe (theologische, philosophische, ästhetische, ethnologische) Schwierigkeiten zu bereiten.

In ihrem Band zur Terminologie des Bildes unterscheiden die Herausgeber (Steinbrenner/Winko 1997) mindestens fünf philosophische Bildbegriffe. Neben dem metaphysischen, Platons Urbild-Abbild-Modell, und dem materiellen, der nach den Gegenstandsbezügen sucht, führen sie noch den aus dem metaphysischen entstandenen mentalen Bildbegriff an. Er ist heute stark umstritten, weil sich an ihm sämtliche Fragen der Repräsentation und des Gedächtnisses bewähren müssen. Außerdem ist der mentale Bildbegriff mit dem vierten, dem sprachlichen verbunden. Eine Explikation mentaler Bilder verläuft über die Analyse der Sprache und den kognitiven Gehalt von Metaphern. Zuletzt nennen sie noch den ethischen Bildbegriff, also Vor- und Leitbilder im Sinne der praktischen Philosophie betreffend, ein Begriff, der sich ebenfalls wieder mit anderen überschneidet. Alle diese Aspekte, die materiellen Bilder wie auch die Weltbilder, Sprachbilder und mentalen Bilder, die Vorstellungen und Erinnerungen, selbst die Leitbilder haben repräsentationalen Charakter. Ihr Zusammenhang liege genau darin. Sie steuern jeweils eigene Weisen der Objektbildung. Über die Repräsentation, die sie von Nelson Goodman (*1906) übernehmen, entsteht der Schnittpunkt für die einzelnen Bildbegriffe.

Das Beispiel aus der Philosophie verweist auf das enorme Potential, das mit der oft unterschätzten visuellen Repräsentation gegeben ist. Die mittlerweile breit geführte Auseinandersetzung kreist bei den Kunsthistorikern um den Vorwurf der Auflösung des Kunstbegriffs. Wenn der Terminus Bild so erweitert wird, dass er zu einem transdisziplinären aufrückt, dann müssten in der Tat alle Erscheinungen des Visuellen einer bestimmten Zeit berücksichtigt werden. Die malerischen, graphischen oder plastischen Erzeugnisse der Kunst könnten darin nur noch als wenig wahrscheinliche Spezialfälle vorkommen. Die ins Gebiet der Kunstgeschichte fallenden Bilder, die Artefakte, die man bisher ganz selbstverständlich als Bilder bezeichnete, wären so bloße Randerscheinungen. Und der „ikonische Kontrast"(Boehm), aus dem sie ihren Status im Verhältnis zum Bild herleiten, ist jeweils erst zu begründen. Die Rede vom Bild verlangt eine Revision, wenn die neuen Speichermedien bedacht werden. Bilder sind heute nicht einmal mehr im materiellen Sinne Objekte. In digitaler Form

Margin notes:
Ikonische Differenz

Philosophische Bildbegriffe

Begriff Bild heute transdisziplinär

sind sie gar nicht mehr als Bilder vorhanden. Somit ist der Status der Bilder tatsächlich umstritten.

Neben der Untersuchung der digitalen Bildwelten bleibt aber die Frage nach der allgemeinen anthropologischen Funktion von Bildern aktuell. Man kann sie auch an die Geschichte der Kunst stellen. Wenn der Begriff Bild der übergeordnete ist, dann muss die Wissenschaft ihre Objekte umgruppieren und nach der Funktion der Kunstwerke im Zusammenhang einer Geschichte des Bildes fragen. In provokativer Absicht hat der Kunsthistoriker Hans Belting (*1935) schon vor zwei Jahrzehnten das „Ende der Kunstgeschichte" ausgerufen und selber eine exemplarische Studie vorgelegt. In *Bild und Kult* (1990) untersuchte er die lange Tradition der religiösen Bilder in ihren jeweils kulturell verschiedenen Gebrauchsweisen. Die Kunstwerke waren in ihren sozialen Verwendungen kultische Gegenstände, Bilder und nicht Kunstwerke. Seine umfangreiche Fallstudie mit Materialien aus der Antike und dem Mittelalter mündet aber in eine wissenschaftsgeschichtliche These ein. Erst seit der Renaissance, dort beginnt nach Belting die Kunstgeschichte, werden den Bildern die Kriterien zugeschrieben, die sie aus der Distanz als Kunstwerke erscheinen lassen. Und in einem sich verstärkenden Prozess der Neuzeit sei diese Distanz immer mehr gewachsen, so dass der Zugang zum Bild schließlich ganz verstellt worden sei – durch die Kunstgeschichte!

Freilich könnte man Gegenbeispiele anführen. Dennoch hat Belting eine wichtige These vorgetragen. Immerhin existiert keine Geschichte des Bildes oder auch nur eine des Bildbegriffs aus kunsthistorischer Sicht und der Wandel der Bildtheorien ist nicht annähernd untersucht. Konsequent lautet daher die Forderung nach einer Verwandlung der Kunstgeschichte in eine historische Bildwissenschaft, die ihre Objekte, die Kunstwerke, in ihrem jeweiligen Umfeld verortet, also archäologische Züge annimmt und daneben noch die Funktion einer integrativen Disziplin übernimmt, die sich um die Koordination der Diskurse über Bilder kümmert.

Trotz aller Divergenzen in der Kunstwissenschaft scheint der Gewinn einer solchen Methode doch unumstritten zu sein. Sie erlaubt nämlich eine Abkehr von teleologischen Modellen und einen unvoreingenommenen Blick auf die modernen Massenmedien. Nach wie vor existiert ein großer Bildbedarf, den die Medien ganz selbstverständlich bedienen und der doch in der Gegenwart erst zu einer universalen Entfaltung gekommen ist. Die Massenmedien sind also die Erben älterer Formen der Bildgebrauchs und setzen Wirkungsmechanismen fort, die aus der Kunstgeschichte längst bekannt sind, aber viel älteren Epochen zugeschrieben werden. In der Werbung, im Design, in den neuen visuellen Medien praktiziert man Techniken, die in der wissenschaftlichen Beschäftigung mit der Vormoderne eine wichtige Rolle spielen. Die aktuellen Bildkulturen in ihrer ganzen Breite, die visuelle Bildkultur im öffentlichen Raum, können ein ganz anderes Bild der Moderne erschließen als die moderne Kunst selber, insofern sie sich als ein autonomes System Kunst versteht. Von der massenhaften Verbreitung des Bildes ausgehend müssten dann zuerst Fragen der Wahrnehmung und der Veränderung der Wahrnehmungsbedingungen interessieren.

Die historische Bildwissenschaft greift weit über das hinaus, was bisher

Hans Belting:
Die Geschichte
des Bildes

Historische
Bildwissenschaft

Massenmedien als
Erben älterer Formen
des Bildgebrauchs

als Gegenstand der Kunstgeschichte gesehen wurde. Sie wendet sich in weiten Teilen der Medientheorie und der Diskursanalyse zu oder nimmt deren Anregungen auf. Dadurch kann sie sich mit Gegenständen beschäftigen, die häufig übersehen wurden. Von diesen Themen her fällt dann wieder neues Licht auf die traditionellen Kunstbezirke. Wie die Gattung der Wachsbilder zur Grundlage eines solchen erneuerten Bildverständnisses werden kann, zeigen Beltings Studien zur *Bild-Anthropologie* (2001), mit denen er eine für atavistisch gehaltene Praxis des Bildgebrauchs nun theoretisch aufwertet.

Bild-Anthropologie

In einem weiten Bogen von der Bestattungskunst des Neolithikums, ihren bemalten Totenschädeln und Schädelstatuen, über die Hochkulturen des Altertums, den komplizierten ägyptischen Totenriten und den griechisch-römischen Stelen und Grabmälern bis zu den stellvertretenden „effigies", den Wachsfiguren, Toten- und Lebendmasken, Mumien des Barock, aber auch den Wappen und Porträts der frühen Neuzeit reichen die Beispiele für einen spezifischen Medienbegriff. Belting betrachtet die Objekte als „Trägermedien", zu denen auch der menschliche Körper, etwa der bemalte Körper, selber zählen kann. Trägermedien sind symbolische oder virtuelle Körper der Bilder (Belting 2001, 13). Die Bilder, das ist wichtig, können nicht ohne ihre Medien existieren, damals wie heute. Indem man die Geschichte dieser Trägermedien schreibt, komme man jedoch der Geschichte der symbolischen Techniken auf die Spur, in denen Bilder erzeugt werden (Belting 2001,50). Und dabei zeigt sich, dass die Animation als ein Umgang mit Bildern, den wir als primitives Relikt verdächtigen, durchaus moderne Pendants aufzuweisen hat. Es ist Aufgabe der Bildanthropologie, nicht nach technischen Zusammenhängen zu fragen, sondern die symbolischen Handlungen zu verstehen, in denen Bilder ihre Rollen spielen (143).

Photographie

Die Photographie und der manchmal magische Umgang mit dem Photo, oder besser: dem photographischen Bild, ist das überzeugende moderne Beispiel für die These, dass wir die Medien animieren, dass wir sie erst durch unseren symbolischen Gebrauch in Bilder verwandeln (226). Photos können durchaus die Stelle der früheren Kultbilder einnehmen und entsprechende rituelle Handlungen provozieren. Immer noch wollen wir die Welt im Bild besitzen. Die Mediengeschichte ist deshalb um eine Geschichte des Blicks zu ergänzen, freilich in seinen kulturellen Bedingungen. Für die Bild-Anthropologie ist die Trennung von Medium und Bild zentral. Die Bilder sind genuin intermedial, d.h. „sie wandern zwischen den historischen Bildmedien weiter" (214) und sind keineswegs mit letzteren zu verwechseln. Aber sie stehen eben auch in einer Interaktion mit den Medien, die unsere Wahrnehmung beeinflusst. Daher bemüht sich die Bild-Anthropologie um diesen Doppelsinn, der aus der Verschränkung von individueller Wahrnehmung und ihrer Prägung durch die Mediengeschichte der Bilder entsteht (21).

Geschichte des Sehens

In einem größeren Rahmen stehen die Bilder oder das Visuelle überhaupt in einer erst noch zu rekonstruierenden Geschichte des Sehens, die freilich eng mit ihrer kulturkritischen Beschreibung verbunden ist (Kritik des Sehens, hrsg. Konersmann 1997, 14). Sie ist nur zu erkunden über eine Archäologie der Wissensordnungen, wobei die wachsende Auszeichnung des Visuellen nicht zu der Annahme verleiten darf, das Sehen eröffne den gleichsam natürlichen und primären Zugang zur Welt. Wie alle Sinne ist auch das Sehen kulturell disponiert – ein Produkt kultureller Sinnstiftungen. Eine Geschichte des Sehens kann gerade deshalb als Alternative zu den schrift- und zeichenfixierten Epistemologien aufsteigen, weil das Sehen als ein offener Prozess beschreibbar ist, an dem Wissen, Willen und Phantasie gleichermaßen beteiligt sind.

Hier zeichnet sich eine besondere Form der Erkenntnis ab, eine Leistung des Gehirns, die auch die Kunst in eine neue Funktion rückt. Neuerdings versuchen einige Kunsthistoriker den Brückenschlag zu den Naturwissenschaften, insbesondere der Neurobiologie und der Neurophysiologie. Bei diesem Projekt einer „neuronalen Ästhetik" bemüht man sich um den Nachweis von kognitiven Strukturen in der Kunst. Artefakte würden, so die These, wesentliche Strukturen der zerebralen Organisation ihrer Erzeuger wiedergeben und somit im wörtlichen Sinne vorführen, wie das menschliche Bewusstsein funktioniert. Man empfiehlt geradezu den Naturwissenschaften die Analyse von Kunstwerken, um Erfahrungen im Umgang mit dem Netzwerk des menschlichen Gehirns zu erlangen (Stafford 1999). Allerdings arbeiten solche Ansätze mit stark metaphorischen Termini und schlagen Kapital aus einem Begriff der Repräsentation, in dem Darstellung, Vorstellung und Stellvertretung ineinander fließen. Die historischen Beispiele stammen nicht von ungefähr aus der Tradition des Neuplatonismus und der jesuitischen Kunst der frühen Neuzeit. Sie werden nahezu unkritisch mit den modernen naturwissenschaftlichen Theorien verknüpft und könnten zu einer physiologischen Reduktion komplexer Sachverhalte der bildenden Kunst beitragen.

Gelingt ein Brückenschlag zu den Naturwissenschaften?

Generell scheinen Theorien und ästhetische Entwürfe ohne strikte historische Rückversicherung fragwürdig zu sein und eine Koppelung mit ganz anderen Diskursen kann nicht aus einem unreflektierten Analogiedenken hervorgehen. Nicht nur der Anteil des Ästhetischen im überlieferten Kunstwerk, auch die Tatsache, dass es zu wesentlichen Teilen immer verbildlichte Vorstellungen darstellt, muss den Interpreten auf die Geschichte der Imaginationen hinführen. Jenseits des vereinfachenden Zugriffs auf die Naturwissenschaften bleibt ein breites Spektrum für die Bildwissenschaft, die auch wahrnehmungspsychologische oder neuronale Forschungen einbeziehen kann. Auf Formanalysen kann man dabei nicht verzichten, beide Sphären ergänzen einander.

Die Kunstgeschichte, so lautet die Forderung, soll sich in eine Bildwissenschaft oder in eine Wissenschaft von Auge und Bild verwandeln. Sie soll sich ihrer kulturwissenschaftlichen Aufgabe stellen und sich um eine Geschichte der Wahrnehmung kümmern. Sie muss dann zuerst klären, was Anschauungen von Bildern eigentlich sind, wie sich ikonische Anschauungen von anderen unterscheiden und welche Wissensordnungen die jeweils vorherrschenden Begriffe vom Visuellen dominieren. Gerade für die Moderne sind hier Aufschlüsse zu erwarten (Crary). Aller Voraussicht nach wird sich die Kunstgeschichte der Diskursanalyse und den cultural studies gegenüber öffnen, die ebenfalls schon Fragen nach dem Bildhaften gestellt haben.

Folgen für die Kunstgeschichte

V. Gender Studies

Amerikanische
Herkunft

Eine der neuesten und mit großem Erfolg propagierten Theorien über die Entstehung und Schaffung von Kontexten wird mit dem amerikanischen Begriff Gender Studies bezeichnet. Ähnlich wie die oben beschriebenen Cultural Studies, in deren Gebiet sie in den USA auch integriert sind (Anthologie: Gender 1997), analysieren die Gender-Studien (Braun/Stephan 2000), wie ein Übersetzungsvorschlag lautet, die Machtverhältnisse in den Geschlechterbeziehungen, die durch kulturelle Strukturen entstehen sowie die Bedingungen für die Schaffung solcher Milieus überhaupt. Als ein notwendiges Element der Erkenntnis von Mentalitäten erschließen sie den oft übersehenen dynamischen Zusammenhang zwischen Texten und materiellen Bedingungen des Sozialen. Sie haben ein Sensorium entwickelt für die darin waltenden Austauschprozesse.

Kritik
des Feminismus

Im Sinne eines solchen erweiterten „cultural materialism", der die hierarchischen Verhältnisse zwischen den Geschlechtern in Geschichte und Gegenwart reflektiert, haben die Gender Studies die Fragen nach dem Zusammenhang von „class", „race" und Geschlecht aufgegriffen (Gender 1997). Anders aber als in der feministischen Literaturwissenschaft mit ihrer politisch-kritischen Absicht, vermeiden die Gender Studies eine neuerliche Polarisierung. Mit genaueren und historisch breiter angelegten Studien können sie zeigen, warum eine reine Frauengeschichte oder eine Geschichte des unterdrückten Geschlechts schief bleiben muss. Zu allen Zeiten prägen Stände, Schichten oder Klassenzugehörigkeiten die Geschlechter derart, dass eine Reduktion auf ihre biologischen Merkmale immer zu wenig sagt (Daniel 2001, 321). Gerade der historische Wandel von Geschlechterverhältnissen belegt, wie notwendig die Abkehr von Polarisierungen ist, zu deren Abschaffung der Feminismus ursprünglich angetreten war.

Diese Aufhebung gelingt den Gender Studies, indem sie die Polarisierung selber ebenfalls untersuchen und indem sie die Erforschung von Polaritäten in größere Zusammenhänge einordnen. Für die Gender Studies ist die Reflexion von Denkstilen, eben auch den eigenen wissenschaftlichen, ganz besonders wichtig. Eine dieser Kategorisierungen, die sich als organisierendes Zentrum herausstellte, ist der Gegensatz von Natur und Kultur. Er spielt in allen Debatten um die neue Forschungsrichtung eine zunehmend bedeutende Rolle.

1. Körper, Geschlecht und Repräsentation

Terminus
nicht übersetzbar

Wenn sich auch kein Gründungsdatum angeben lässt, so hat die Formierung des Gegenstandes doch in den siebziger und achtziger Jahren begonnen und sie spielte sich zunächst nur im angloamerikanischen Raum ab.

Darauf verweist die letztlich unübersetzbare Terminologie. Die Sozialwissenschaftlerin Ann Oakley setzt den Begriff in einem Buch mit dem Titel *Sex, Gender and Society* von 1972 polemisch zur Abwehr biologistischer Verkürzungen in der Soziologie ein. Gender als grammatischer Begriff des Englischen für das Genus wurde ausgedehnt auf Geschlechtlichkeit oder Geschlechterverhältnisse generell. Seit Mitte der achtziger Jahre begegnet diese Neudefinition in wissenschaftlichen Publikationen. Im Unterschied zum Deutschen und Französischen kann das Englische zwischen „sex" und „gender" unterscheiden, also den Begriff „Geschlecht" noch differenzieren. Mit „sex" ist dann nur der biologisch-körperliche Unterschied gemeint, während „gender" den gesamten und fragwürdigen Bereich der sozialen Zuweisung von Geschlechtlichkeit umfasst. „Gender" bezeichnet also die psychischen, sozialen und kulturellen Aneignungen oder Überformungen der Geschlechtlichkeit. Die Unterscheidung diente zunächst dazu, die als unhaltbar erkannten Zuschreibungen, die angeblich naturwüchsig vorhandenen weiblichen Eigenschaften als gesellschaftliche Konstrukte zu entlarven.

In seiner frühesten Fassung reproduzierte dieses „sex-gender-system" wiederum die schon im Feminismus bekannte Polarisierung, weil es mit seiner Trennung der Biologie von der Rollenzuweisung oder den antrainierten Verhaltensformen eine unveränderliche „Natur" voraussetzte. Das Modell, das die Anthropologin Gayle Rubin schon 1975 verwendete (Bußmann/Hof 1995, 13), sollte unreflektierte Annahmen über Männlichkeit und Weiblichkeit problematisieren und erklären, wie soziale Strukturen auf biologischen Differenzen aufbauen. In dieser Phase dominierten ideologiekritische Studien über Geschlechterrollen und Frauenbilder in der Literatur. Sex-gender-system

Im selben Maße, in dem die kulturelle Konstruktion und Zuweisung von geschlechtlichen Identitäten sichtbar wurde, geriet auch das „sex-gendersystem" unter Verdacht. Der Rekurs auf eine biologisch gegebene Differenz der Geschlechter schien auch nur dem Nachweis von gleichsam naturgebenen Rollen zu dienen. Deshalb musste man in einem zweiten Schritt der Debatte von den biologischen Vorgaben abstrahieren. Gerade weil die Semantik von Männlichkeit oder Weiblichkeit historisch wandelbar ist, kommen nun solche Kategorien in den Blick, die soziale Vorstellungen von Weiblichkeit oder Männlichkeit steuern. Bedenkt man also das hinter der Unterscheidung stehende Kategorienpaar von Natur und Kultur, dann verflüchtigt sich der Zwang, ständig von der biologischen Polarität ausgehen zu müssen. Das zweite Modell, mit dem die Gender Studies im eigentlichen Sinne beginnen, verwirft alle Annahmen einer naturgegebenen Ordnung. Geschlechterbeziehungen sind demnach Repräsentationen. Soziale
Vorstellungen
vom Geschlecht

In ihrem Buch *Technologies of Gender* (1987) weist Teresa de Lauretis darauf hin, dass Gender nicht einfach Differenz bedeutet, sondern einen bestimmten, aber grundlegenden Teil von kulturellen Zeichensystemen beschreibt (zum Umfeld der sozialkritischen Ansätze die Anthologie: Gender 1997). Der wissenschaftliche Zugriff erfolgt jetzt auf diejenigen Beziehungen und Konzepte, die Repräsentationen aufbauen. Mit diesem Überstieg auf die Meta-Ebene entgehen die Gender Studies dem berechtigten Vorwurf der Verlängerung von Differenzen. Jetzt interessiert „gender" als ein Gender als Repräsentationssystem komplexes Repräsentationssystem, das sich aus zahllosen Differenzen zusammensetzt. Die kulturelle Konstruktion von Sexualität ist nur ein Element unter anderen im Gesamt der Klassifikationen, die quer zu den bekannten Einordnungen nach Weiblichkeit und Männlichkeit verlaufen können. Eigentliches Thema sind die Werte und Wertvorstellungen, mit denen Unterscheidungen in Geschlechterfragen getroffen werden (Bußmann/Hof 1995, 16, 20) und die jeweilige Beschaffenheit von Bedeutungszusammenhängen (Osinski 1998, 107), die Geschlechterbeziehungen zugrunde liegen.

Nach diesem Verständnis realisieren die Gender Studies einen kulturwissenschaftlichen Ansatz, der von den symbolischen Bezügen ausgeht, die in den jeweiligen Gesellschaften die Verhältnisse regieren. Und sie reflektieren ein möglichst breites Spektrum der Wissensproduktion, zu dem auch die wissenschaftlichen Analysekategorien gehören. Sie kontextualisieren Repräsentationen und versuchen von dort aus ihre Wertigkeit zu bestimmen. Wie schon der Titel des Buches von de Lauretis andeutet, profitiert die Theoriebildung in den achtziger Jahren von der Foucault-Rezeption.

Foucault – Rezeption maßgebend

Der disziplinierte Körper, die moderne Körperdressur als Schattenseite der Aufklärung steht bei Foucault im Zentrum der Schriften zur Sexualität (Foucault 1977). Körper und Macht stehen in einem Zusammenhang, der im Prozess der Moderne weit über offene Herrschaftsstrukturen hinausweist. Am Umgang mit dem Körper entwickelt Foucault eine Machttheorie, die subtile Techniken der Einflussnahme durchleuchtet. Gefügige Körper für die Armeen, die Organisation des Gesellschaftskörpers durch Ausschluss der Kranken und Irren, bis hin zur Verankerung der Macht in den Körpern mittels des Dispositivs Sexualität – das sind die Felder, auf denen Macht sich nachweislich einzeichnete. Unter Macht verstand Foucault dabei ein flexibles, nicht an Personen gebundenes, seine Konturen ständig veränderndes Kräftefeld, das die Gesellschaften durchdringt. Die Macht, gerade auch in der Form, in der sie sich den Körpern mitteilt, kann man nicht verorten, nur ablesen an den zur Einschreibefläche gewordenen Körpern.

Macht und Sexualität

Foucault zeigt das enge Verhältnis von Sexualität, Macht und Individualität. Das jeweilige Verhalten definieren die Diskurse über Sexualität und die Individuen lernen, sich den Vorgaben der Diskurse entsprechend zu bestimmen. So ist beispielsweise die Psychoanalyse wesentlich für die moderne Überzeugung verantwortlich, dass die Sexualität den Urgrund der individuellen Existenz ausmache. Aber auch nichtwissenschaftliche Praktiken erzeugen Techniken der Selbsteinwirkung mit körperlichen Folgen. So formt die Ausrichtung des weiblichen Körpers an Moden und Schönheitsidealen dessen Erscheinungsbild und die erforderliche strikte Kontrolle bewirkt dann eine bestimmte Individualität (Osinski 1998, 110).

Das sind alles Aspekte des Machtbegriffs, wie ihn Foucault einführte. Eine derart weite Terminologie vernichtet auch die Vorstellung von der offenen Unterdrückung eines Geschlechts durch das andere und löst die Opposition von Herrschaft versus Unterdrückung in der Frage nach den Repräsentationssystemen auf. Denn nach Foucault sind ja für die jeweiligen Zustände immer bestimmte Mechanismen verantwortlich, die sich in der

Lebenspraxis niederschlagen. Zwar bildet der Körper bei Foucault eines der wichtigsten Probleme, aber er kommt unter dem Aspekt der Geschlechtlichkeit gar nicht in den Blick. Der Diskursanalyse zufolge wird der Körper auf vielfältige Weise zum Objekt gemacht, er wird mit Diskursen überzogen und überformt, aber seine Beschaffenheit selbst kommt nicht zur Sprache. Was interessiert, sind die Technologien im Umgang mit ihm.

Aus der Übernahme der Diskursanalyse resultierte die Kritik des „sex-gender-systems". Betrachtet man den Körper als ein rein soziales Phänomen, dann benötigt man die biologische Differenz nicht mehr. Zugleich hinterlässt aber der latente Konstruktivismus bei Foucault ein Problem, das als Realitätseinwand in den Debatten erhalten blieb: die Suche nach dem theoretischen Ort des Körpers. Es ging also darum, auch den „sex", das biologische Geschlecht, als eine Erscheinung zu beschreiben, die nicht Ursache ist, sondern vielleicht sogar selber, wenigstens partiell, ein Effekt der Kämpfe um Bedeutungen und Zuschreibungen in den Sexualitäts- und Körperdiskursen. Ein grundlegendes Buch des Historikers Thomas Laqueur trägt daher den Titel *Making Sex. Body and Gender from the Greeks to Freud* (1990, dt. 1992).

Biologisches Geschlecht in Körperdiskursen

Scheinbar selbstverständlich definiert die Biologie die anatomischen Unterschiede. Schon ein historischer Rückgriff macht aber klar, dass die Verhältnisse so einfach nicht sind. Nicht zu allen Zeiten galt das heute bekannte Modell der zwei Geschlechter. In den medizinischen Diskursen von der Antike bis zum 17. Jahrhundert, so Laqueur, herrschte eine ganz andere Auffassung. Nach diesem „Ein-Geschlecht-Modell", dem „one-sex-body", hatte der Mensch zwar verschiedene sexuelle Rollen, er war aber anatomisch nicht fundamental verschieden. Frauen galten als defiziente Männer. Erst im späten 18. Jahrhundert sei der nie geleugnete Unterschied dann auch zum biologisch nachweisbaren erklärt und an anatomisch belegbaren Unterschieden gezeigt worden. Das Modell der graduellen Verschiedenheit wich einem Modell differenter Grundtypen. An die Stelle einer „Metaphysik der Hierarchie" trat „eine Anatomie und Physiologie der Unvergleichlichkeit" (Laqueur 1992, 18). Dies wirkte wieder auf die „gender"-Konzeption zurück. Jetzt war die Biologie, der gleichbleibende, markierte Körper die Erkenntnisgrundlage für Unterschiede des Verhaltens, der Rollen und aller sozialen Unterschiede.

Das alte Ein-Geschlecht-Modell: Thomas Laqueur

Und umgekehrt behauptet Laqueur, dass vor dem epistemologischen Wechsel die Frage der anatomischen Zugehörigkeit unbedeutend und vielmehr die jeweilige soziale Klassifizierung vorrangig gewesen sei. Nicht die existenten Ausprägungen des Sexus seien interessant gewesen, sondern der mit „gender" bezeichnete Platz in der Gesellschaft. Demnach wäre „der Sexus noch eine soziologische und keine ontologische Kategorie" gewesen (21). Das Buch von Laqueur ist in der Debatte wichtig, weil es einen bis zu diesem Zeitpunkt fehlenden Nachweis führen möchte. Sein Anliegen ist die These von der Unmöglichkeit rein faktischer Aussagen über den Körper: Man mag über das Geschlecht sagen, was man will, immer sind davon Aussagen über „gender" mitgeliefert (25).

Allerdings muss man diese Thesen mit Vorsicht aufnehmen. Weder ist

Laqueurs Problem

der Wechsel in der Episteme um 1800 bewiesen, er könnte sogar viel früher datieren, noch ist das Problem der Textualität der Quellen bei Laqueur endgültig geklärt. Laqueur hat nur einen Diskurs untersucht, den medizinischen, und es ist denkbar, dass andere Diskurse der frühen Neuzeit „gender" vom „sex" her beschreiben und nicht umgekehrt. Auch der Sexus, von dem das Buch spricht, ist eine Konstruktion aus den Quellen, der Autor lässt dem Diskursprodukt seiner Quellen gelegentlich aber auch den Status eines anatomischen Befundes zukommen (130). Das hat mit den Bildern zu tun, den anatomischen Darstellungen, die Laqueur ausgiebig heranzieht. Dabei ist ihm bewusst, dass diese künstlerischen medizinischen Illustrationen unabhängig vom medizinischen Wissen der Zeit entstehen können (106) oder ganz anderen Anforderungen an Wahrnehmung folgen. In anderen Fällen waren Künstler mittels der von ihnen geschaffenen Bilder an der Formung des Wissens beteiligt. Natur erscheint auf solchen Bildern nicht in einem naturalistischen Sinne, sondern im Rückbezug auf ältere verbürgte Darstellungen von Natur. Die gesamte „Rhetorik der Differenz" (127) ist vor allem ein wichtiges Kapitel der Körperbilder und der Ikonographie im Wechsel zwischen Kunst und Medizin.

Unterschiede in den Wissenschaften beachten

Komplizierter wird das Thema bei den modernen Techniken der Medizin und Gentechnologie, auf die der neueste Artikel aus naturwissenschaftlicher Feder hinweist (E. Scheich, in: Braun/Stephan 2000, 197ff.). In diesem Zusammenhang eines wirklichen Kreuzungspunktes der Geistes- und Naturwissenschaften dürfen die Probleme nicht verkürzt dargestellt werden. Zu erinnern ist dabei an unterschiedliche Anforderungen bezüglich der Kategorisierungen in den Wissenschaften. Die Paradigmen der Natur- und Geisteswissenschaften sind nicht derselben universalen Dekonstruktion zugänglich und die biotechnologischen Veränderungen der Gegenwart könnten völlig andere Kriterien fordern; in jedem Falle aber spielen historische Differenzierungen hier eine geringe Rolle, während sich Fragen der Wissenschaftskultur umso dringlicher stellen. Gerade die Außenwahrnehmung durch die Naturwissenschaften könnte ungeahnte Korrekturen zeitigen und die Bedeutung der Kategorie „gender" wieder zurückdrängen.

Für die Gender Studies haben solche Diskussionen dennoch Fortschritte erbracht. Unleugbar haben sekundäre Geschlechtereigenschaften als kulturelle Konstrukte des Wirklichen Konsequenzen für die Körperformung, sie sind „auf den Leib geschrieben". Mit der Sicherheit der unveränderlichen „Natur" war auch die klare Trennung der Verhältnisse geschwunden. Eine der frühen selbstkritischen Studien über den Begriff unter dem Titel *Gender: A Useful Category of Historical Analysis* (1986, dt. in: Texte zur Literaturtheorie 1996, 416ff.) von Joan Wallach Scott (*1941) plädiert deshalb für eine Zusammenschau von Biologie und Gesellschaft sowie die Ablehnung des binären Gegensatzes.

Joan Wallach Scott und ihr grundlegender Aufsatz

In diesem Aufsatz über das soziale Geschlecht kritisiert Scott auch untaugliche sozialgeschichtliche Theorien und fordert eine Historisierung, die den binären Gegensatz von Mann und Frau als einzig möglichen Aspekt des Menschseins suspendiert. Vier Ebenen lassen sich feststellen, auf denen „gender" wirksam ist: erstens die Symbole, die mythischen und metaphorischen Repräsentationen, zweitens die Normen, die sich in den Diskursen finden, drittens die Institutionen und Organisationen und viertens die Identität der Individuen. Nach diesen Vorgaben von Scott ist „gender" ein Raster der Diskursanalyse. Weil die Sache, die der Begriff bezeichnet aber selber starken historischen Schwankungen unterworfen ist, kann ihm nicht der Status einer universalen wissenschaftlichen Kategorie zukommen, wie das viele neuere Konzepte wünschen. Stattdessen verlangt Scott die ständige Selbstreflexion der Wissenschaft und ihrer Methoden.

Scott hat die historische Diskursanalyse radikalisiert zu kultursemiotischen Studien und den dekonstruktiven Gender Studies den Weg geebnet. Die Beiträge aus dieser Richtung intensivieren die Diskussion um die Repräsentation des Körpers, die Foucault eingeleitet hatte und bilden einen theoretisch anspruchsvollen Standard aus, der gelegentlich zur abstrakten Verselbständigung tendiert. Die mögliche Auflösung der kategorialen Unterscheidung zwischen „sex" und „gender" legte Foucault nahe. In Anlehnung an ihre Vorgängerinnen Teresa de Lauretis und Joan Scott formulierte dann die Philosophin Judith Butler (*1956) eine konstruktivistische Position, die unter dem zugkräftigen Schlagwort *Gender Trouble* (1990, dt.: *Das Unbehagen der Geschlechter* 1991) für einiges Aufsehen sorgte.

Dekonstruktion und Gender

Butler kritisiert und überwindet den politischen Feminismus, indem sie seine Voraussetzungen offen legt. Das feministische „Wir" sei ein Phantasma, weil es ein Subjekt namens „Frau" setze, das so nicht existiere. Schließlich gebe es auch Frauen, die gegen diese Vereinnahmung protestierten. Und der Protest gegen den Ausschluss der Frauen aus Gesellschaft und Politik sei selber nicht zu formulieren ohne Bezug auf die Differenz der Geschlechter, die doch gerade überwunden werden soll. Das ist für Butler ein Beispiel für das Funktionieren von Repräsentationen und deren Fragwürdigkeit (Butler 1991, 16). Denn das im Universalsubjekt „Frau" eingeschlossene Prinzip der anatomischen Bestimmung diktiert die Handlungsweisen, die ein so zugerüstetes Subjekt nur zulässt. Die sprachliche Repräsentation legt nämlich vorab die Kriterien fest, nach denen die Subjekte eigentlich erst gebildet werden sollten. Ziel der Studie ist also die kritische Zersetzung von diskursiven Vorgaben. Es geht um die „Grenzen einer diskursiv bedingten Erfahrung" und um den „Vorstellungshorizont", den die Sprache bildet (27).

Judith Butler

Das hat Konsequenzen für die Geschlechtsidentität. Butler greift in den Stand der Diskussion um die kulturelle Konstruktion der „gender"-Identität ein, indem sie einen Schritt weiter geht. Nicht nur die „gender"-Zuschreibungen, sondern schon der biologische Körper ist ohne diese Zuschreibungen nicht denkbar. Es gibt also keine „vordiskursive Gegebenheit" namens Mann oder Frau, sondern einen „kulturellen Konstruktionsapparat", der uns erlaubt, zwei Geschlechter zu kennen (24). Diese Logik der Einteilung, die Matrix des binären Sortierens von Geschlechtern ist das eigentliche Thema des Buches. Und Butler will die „Plausibilität dieser binären Beziehung", wie sie diskursiv ständig hervorgebracht wird, zerstören (60). Sie sei verantwortlich dafür, dass „bestimmte kulturelle Konfigurationen der Geschlechtsidentität die Stelle des 'Wirklichen' eingenommen" hätten (60).

Wenn daher unser eingeschliffenes Denken der Zweigeschlechtlichkeit eigentlich bloß eine „geglückte Selbst-Naturalisierung" dieses Diskurses ist

These von der performativen Geschlechtsidentität

und wir nur deshalb glauben, dass es nur zwei Geschlechter gebe (60), dann muss die gewünschte Verwirrung von der „Denaturalisierung und Mobilisierung" dieser Kategorien ausgehen (58). Butler stellt deshalb die These von der performativen Geschlechtsidentität auf (60):

> Wenn die Geschlechtsidentität etwas ist, was man wird – aber nie sein kann –, ist die Geschlechtsidentität selbst eine Art Werden oder Tätigkeit, die nicht als Substanz oder als substantielles Ding oder als statische kulturelle Markierung aufgefasst werden darf, sondern eher als eine Art unablässig wiederholte Handlung. (167)

Eben weil die Differenz von „sex" und „gender" nicht mehr existiert und außer dem wahrgenommenen Körper kein physikalischer besteht, kann Butler sagen, die sexuelle Identität eines Menschen sei in keinem Falle eine Substanz.

Subversive Körperakte Das in Butlers Verständnis „politische" Ziel ihres Vorgehens liegt im Nachweis der Möglichkeiten, durch individuelle Handlungen die vorgegebenen Zuschreibungen aufzulösen. Entsprechend ihrer Performanztheorie plädiert Butler für eine fröhliche Kultur der „gender acts", der Verschiebungen von sexuellen Identitäten. Sie sollen die Kategorien des Körpers stören. Eine ganze Reihe solcher spielerischen Grenzverwischungen benennt die Studie als „subversive Körperakte" (165–218). Parodie und Travestie wiederholen am eigenen Körper bewusst die Zuschreibungen, die aber derart verändert sind, dass sich ihre Zwangspraxis dadurch offenbare. Am Beispiel des Transvestiten erklärt Butler, wie hier nicht nur das „making" der „gender"-Identität demonstriert, sondern auch noch die Unterscheidung zwischen seelischem Innen- und Außenraum subvertiert wird. Der Transvestit macht sich über die Vorstellung einer „wahren" geschlechtlichen Identität lustig (201).

Maskerade Allerdings wurde dieses Konzept der Maskerade nicht unwidersprochen hingenommen. Zwar bieten die Inszenierungen oder Re-Inszenierungen von Identitäten die Möglichkeit, sie als subversive Akte zu deuten, wenn sie die Künstlichkeit von Geschlechtszuschreibungen demonstrieren wollen. Umgekehrt liegt in der Parallelisierung von Travestie und Transsexualität aber auch ein Problem. Eine nicht zu vernachlässigende Richtung der Forschung betont das Gegenteil der Deutungen von Butler und weist auf die ernsthaften Funktionen der Mimesis des Transsexuellen und das Bedürfnis nach Anerkennung eines Wunsch-Ichs hin (Breger/Dornhof 1999). In ihrem zweiten Buch *Bodies that Matter* (1993, dt.: *Körper von Gewicht* 1995/1997) hat Butler solche Einwände in ihre Theorie zu integrieren versucht. Sie behält ihre konstruktivistische Position bei und nimmt lediglich die Materialität des Körpers in ihre Argumentation auf.

Butler wehrt sich gegen Kritik Im Vorwort zur deutschen Ausgabe distanziert sich Butler von Missverständnissen, die der deutschen Rezeption ihres ersten Buches folgten. Ihr Vorschlag zur Entnaturalisierung des Biologischen hatte nicht die Absicht, die Anatomie zu leugnen. Auch der Vorwurf der „Entkörperung" (Butler 1997, 10) entbehre jeder Grundlage. Vielmehr könne der konstruktivistische Weg gerade „eine Rückkehr zum Körper" sein, wenn dieser nämlich als der „Ort für eine Reihe sich kulturell erweiternder Möglichkeiten" gelesen werde (11). Nur scheinbar finde der Rückgriff auf Materie einen sicheren Boden, denn Materie sei schließlich selbst „durch eine Reihe von Verletzungen begründet" worden, die in der Berufung auf die angeblich vorgängige Materie unwissentlich wiederholt würden (55). Dem Einwand, die Wirklichkeit des Körpers zu missachten, entgegnet Butler, dass auch gerade dieser Diskurs selbst formierend für das Phänomen ist, das er einräumt (33). Denn die Geschichte der Materie kann eben auch durch das Aushandeln der sexuellen Differenz bestimmt sein. Es geht um den Stellenwert der Referentialität solcher Aussagen: „Die feststellende Aussage ist (…) immer performativ"(34).

Die Performativität, schon im ersten Buch als These entwickelt, wird jetzt anders gedeutet. Im Anklang an psychoanalytische Theorien versteht Butler sie jetzt als „zitatförmige Praxis" (37), die unmarkiert bleibt. Das Subjekt unterwerfe sich den Normen des Geschlechts, den Normen, die ihre Macht aus den Zitierungen erhalten. Ihr Thema sind also die „Kriterien" und identifikatorische Praktiken der Geschlechterrollen, „die Körper produzieren" (37). Denn die Performativität ist die Macht des Diskurses, der Wirkungen durch ständige Wiederholung hervorbringt. Diesen „symbolischen Horizont", vor dem Körper überhaupt erst „Gewicht" erhalten, möchte Butler verändern, um dann neue Körperwahrnehmungen zu ermöglichen.

Die Performativität bei Butler

Butlers neuer Versuch, diskursive und nichtdiskursive Ebenen zu verschränken, also Macht, Materie, Materialisierung und symbolische Ordnung so zur Deckung zu bringen, dass der Körper nicht als lediglich vorgegebene Entität verstanden werden muss, hat noch keine Nachfolge erfahren. Noch fehlen vermittelnde Konzepte, die auch die mit großer Verve vorgetragenen Einwände einbinden und zu einem nach allen Seiten abgesicherten Theorieentwurf führen könnten. Aus den spannenden Debatten (Osinski 1998, 114 ff.; Breger/Dornhof 1999, 78 ff.; Braun/Stephan 2000, 63–73) seien drei bedenkenswerte Problemkreise hervorgehoben.

Zum einen kreisen die von mehreren Kritikerinnen vorgetragenen Bedenken um die bei Butler nicht sichtbare Unterscheidung zwischen Körper und Leib. Sie hat den Vorteil, die radikale These zu ergänzen um einen Zugang, der eine Sphäre auszeichnet, die nicht gänzlich von Diskursen geformt, nicht ausschließlich das Resultat kultureller Formungen ist. Im Gegensatz zur Relation zwischen Subjekt und Diskurs ist noch der gesamte Bereich der Wahrnehmung des Leibes auszuzeichnen. Die Gender Studies müssen sich daher um eine Anschließbarkeit an den Forschungsstand in der philosophischen Anthropologie bemühen (Anthropologie, hrsg. Gebauer 1998) und mögliche Verbindungen zur literarischen Anthropologie aufgreifen.

Bedenken gegen Butler

Eine breitere anthropologische Einbettung führt dann auch zweitens zum Einbezug der Institutionen. Die meisten Einwände betrafen das Fehlen der sozialen Praxis. Ohne die Rolle und Funktion der überindividuellen Verankerung von Zuschreibungen werden die Handlungsmöglichkeiten nicht sichtbar oder verschwinden in einem universalisierten Machtbegriff. Einerseits fehlt also die deutliche Benennung der individuellen Abweichung von der Norm, die immer gegeben ist und zu einer unvollkommenen Ausprägung der Geschlechtsidentität führt. Diesem „doing gender", dem interakti-

Fehlen der sozialen Praxis

ven Prozess der Herstellung von Identität durch Selbst- und Fremdbestimmung, tritt dann aber das „gender system" zur Seite. Denn das „soziale Geschlecht" (Dietzen 1993) geht auch auf Strukturen zurück, die bestimmte Anforderungen an die Geschlechter bereithalten. Nach diesem Modell eines auf mehreren Ebenen hergestellten sozialen Geschlechts hätte Butler die dritte Ebene, die symbolische Abgrenzung von Handlungsbereichen auf Kosten der anderen zu stark betont (Dietzen 1993, 15).

Kritik des Terminus gender

Drittens aber bietet der Aspekt der historischen Diversität genügend Platz für Studien, die zu einer Reformulierung der Theorie beitragen können. Wie bei der Mentalitätsgeschichte müssen auch Wahrnehmungen und Veränderungen von Wahrnehmungsstrukturen rekonstruiert werden. Das kann zu Einsprüchen gegen die Foucault radikalisierende Dekonstruktion und zur Ablehnung des Begriffs „gender" führen (Fraisse 1995, 40–51). Historisch strenge und an der geschichtlichen Alterität ausgerichtete Arbeiten tendieren dazu, die Position eines Subjekts der Geschichte beizubehalten. Im Sinn einer historischen Diskursanalyse sind die Einschreibungen der Geschlechterdifferenz an ganz verschiedenen Orten aufzusuchen und innerhalb von variablen Denkfiguren zu situieren. Ausgehend vom historischen Handeln werden die Figurationen sichtbar, auf die solche Diskussionen bezogen waren. Und beim Aushandeln oder den historischen Situationen des Bedeutungskampfes erkennt man schnell, dass „gender" nur eine mögliche Kategorie sein kann, die ins Umfeld anderer Differenzen, wie Rasse, Religion, Klasse eingelagert war.

Körpergeschichte als Korrektiv

Die gerade von Historikerinnen ausgesprochene Mahnung, den Terminus „gender" nicht zum anthropologischen Fundament zu erheben (Fraisse 1995, 19; Daniel 2001, 315) verweist aber auch auf Widersprüche zwischen nationalen Ausprägungen oder Wissenschaftssystemen. In jedem Falle ist eine Erinnerung an die beiden Komponenten hilfreich, die variable Zugänge erfordern. Zu unterscheiden sind nämlich die Codierungen des Körpers von den Erfahrungen, die Menschen mit ihren Körpern machen. Der Blick von der Körpergeschichte her lässt einige Fragen vielleicht auch weniger dramatisch erscheinen, als die Debatte um die Dekonstruktion suggeriert.

2. Figurationen und Differenzen

Körper und Text

In der Phase nach den Auseinandersetzungen mit dem Konstruktivismus seit Mitte der neunziger Jahre bleibt der Gegensatz zwischen fundamentalen Theorien und Konzepten der Ergänzung von Diskursanalysen bestehen. Nicht selten werden die Gender Studies in eine umfassende Körpergeschichte eingeordnet, die dem Körper einen Ort zwischen Diskursen, Politik und Erfahrung zuweist, um den Anschluss an andere Theorien zu Körper und Leib zu ermöglichen. Wenn sich das Reale nicht umstandslos in Diskurse auflösen lässt, dann interessieren die Übergänge und Schnittpunkte von Körper und Sprache oder Körper und Text. Das Physische fehlt nicht einfach in den Diskursen, sondern weist eher eigene Formen der Präsenz auf, nämlich in den Leerstellen des Symbolischen. Ein integriertes

Herangehen berücksichtigt Materielles und Symbolisches zu gleichen Teilen und benötigt einen angemessenen Umgang mit den Ergebnissen der Dekonstruktion und ihren Operationen. Demnach wären die Gender Studies eine wichtige Ergänzung für die historische Anthropologie.

Ein weiteres Ergebnis, auf dem neuere Arbeiten aufbauen, ist der Austausch der Kategorie Differenz durch die Differenzen. Die alte, strikte Abgrenzung zwischen Frauen und Männern hat erheblich an Überzeugungskraft eingebüßt, im selben Maße, in dem klar wurde, dass sich Differenzen der Weiblichkeit und Männlichkeit quer durch die Geschlechter hindurchziehen und jeweils neu angeordnet sein können. Daraus ergeben sich Lockerungen des Konstruktivismus.

Differenzen statt Differenz

Vom Standpunkt der Wissenssysteme aus sind biologisches und soziales Geschlecht ohnehin miteinander verflochtene Ordnungen. Aber die Integration von Forschungszweigen, die nicht in direkter Verbindung zu den Gender Studies stehen, können kompliziertere Betrachtungen provozieren. So wäre ein Konzept menschlicher Entwicklung hilfreich, anhand dessen sich Triebe und Wünsche nicht nur als diskursive Zwänge, sondern auch als Produkte individueller Lebensgeschichten verstehen lassen. Die Biographieforschung oder die Erkenntnis von der zu allen Zeiten jeweils neu codierten kollektiven Identität eröffnen hier Möglichkeiten der Korrektur. Entscheidend ist vielleicht doch die wechselseitige Verstärkung von biologischer Prägung, Identifikationen und Selbstsozialisierung, für deren Zusammenwirken noch keine adäquaten Analysen vorliegen. Das sind Beispiele für eine notwendige Untersuchung der Grenzen des „gender"-Begriffs, die seiner präziseren Fassung zugute kämen.

Zunächst ist aber die andere Seite zu bedenken, die noch immer nicht genügend beachtet wird. Ohne eine Kritik der Männlichkeit würde der Geschlechterforschung ein integraler Bestandteil fehlen. Wieder waren die angloamerikanischen Forschungen mit ihren Men's Studies vorangegangen, während in Deutschland populäre Thematisierungen vor allem in den Medien das Feld bestellten und die Geschlechtergeschichte sich ausschließlich als Frauengeschichte konstituierte. Auch für die amerikanischen Men's Studies waren die Frauenstudien Vorbild und zwar einerseits die soziologische Rollentheorie (Meuser 1998, 76 ff.), andrerseits dann die Studien zu den literarisch erzeugten Bildern von Männlichkeit (Braun/Stephan 2000, 97 ff.).

Männlichkeit und Men's Studies

Sie beweisen einerseits, dass bestimmte Männlichkeitsformen ebenfalls durch patriarchale Machtstrukturen unterdrückt wurden und übernehmen daher die Argumentationsmuster des Feminismus. Als wichtige Beiträge zur Symmetrie der Geschlechterforschung zeigen sie, dass hier mit Relationen und relationalen Begriffen gearbeitet wird. Vor allem historische Analysen belegen den raschen Wandel von Männlichkeitsidealen (Kühne 1996). Und sie weisen auf die enge Verflechtung von sozialen Schichten, Gruppen, Hierarchien und Ethnien hin, die alle bei der Erforschung spezifischer Konstellationen von Bildern der Männlichkeit zu berücksichtigen sind.

Die dabei konstatierten Krisen der Männlichkeit gaben einen lange vorherrschenden Rahmen für kulturpolitische Studien; sie haben ein bekanntes deutsches Pendant in dem zweibändigen Werk *Männerphantasien*

Krisen der Männlichkeit

(1977/1978) von Klaus Theweleit gefunden. Er untersuchte die überspitzten Virilitätsvorstellungen und Gewaltphantasien der Freikorps, die er als extreme und fehlgelenkte allgemeine Ängste und Sexualphantasien von Männern einstufte. Ihre Ich-Schwäche und deren Kompensationen verweisen auf die untergründige Angst-Geschichte, die Männer in Unterdrückungsphantasien verpacken. Das Muster solcher Arbeiten überzeugt heute allerdings nicht mehr und wurde durch andere Erklärungen ersetzt (Erhart/Herrmann 1997, 9). Auch die Geschichte der Männlichkeit, die Theweleit noch als eine Art Verfallsgeschichte präsentierte, sieht anders aus, wenn kulturell variierende Modelle der Männlichkeit beachtet werden. Selbstverständlichkeiten wie die Vaterrolle, das Bild vom Familienoberhaupt oder der Kriegskamerad bekommen ganz andere Gesichter, wenn sie nicht mehr einfach als Erscheinungsweisen ein und desselben Patriarchats ideologisiert, sondern in ihrer Brüchigkeit zur Kenntnis genommen werden.

Männlichkeitsbilder   Vielmehr sind die in bestimmten Krisenzeiten besonders häufig entworfenen Bilder nichts anderes als Reaktionen auf Geschlechterverhältnisse (Erhart/Herrmann 1997, 11). Das ist ein Feld der Literaturwissenschaft: zu zeigen, wie solche Vorstellungen geschaffen werden und welche Zeichen oder Mittel der Inszenierung dabei vorwalten. In jedem Falle herrscht hier auch keine Konstanz, sondern ein ständiger Wandel und Wechsel der Anforderungen. Ob man das Massenmedium Befreiungslyrik von 1813/1815 heranzieht oder die Kriegserinnerungen von Soldaten aus dem zweiten Weltkrieg, die in Autobiographien ihre Kameradschaftserlebnisse feiern – die Bilder sind jeweils ganz andere. Gerade das Kameradschaftsbild nach dem Muster eines familienähnlichen Systems, das Geborgenheit vermittelte, war nach neueren Forschungen auch notwendig, um das heroisch-martialische Männlichkeitsideal zu verabschieden (Kühne 1996, 20). Und man braucht nur an die heute geschriebene Männerliteratur zu denken, die ihre Geschlechtsphantasien im Reflex auf den Feminismus kreiert, so ist deutlich, dass hier kaum Zusammenhänge existieren.

Literatur und der geschlechtliche Habitus   Die Literatur wäre demnach ein Medium, das den „geschlechtlichen Habitus" (Meuser 1998, 113) im Sinne einer einverleibten, zur Natur gewordenen und als solche vergessenen Geschichte darstellt oder reflektiert. Indem sie Maskulinität thematisiert, behandelt sie, ausgesprochen oder nicht, die Naturalisierung von Zuschreibungspraktiken sowie deren körperliche Erscheinungsweisen. Unter solchen Vorzeichen können auch vernachlässigte Genres wie das Geschichtsdrama oder die historische Lyrik neue Aktualität beanspruchen, denn sie sind nicht selten privilegierte Orte für das Aushandeln von Maskulinität und können viel mitteilen über die zu einer Zeit herrschenden kulturellen Narrative. Die gesamte Diskussion der modernen Literatur um den Anti-Helden und die vielfachen Auflösungen traditioneller Heldentypen bieten sich als Arbeitsfeld der Men's Studies genauso an wie die Gegenbewegungen in Film, Fernsehen und neuen Medien, die bestätigende oder nach ganz anderen Mustern entworfene Modelle präsentieren.

Queer Studies   Schließlich dehnen neuere Forschungen die Bipolarität „Männlichkeit" und „Weiblichkeit" auf alle Formen des Tausches der Positionen aus und begreifen unter dem Titel Queer Studies, wörtlich: verkehrte sexuelle

Orientierung, alle performativen „gender acts", die zu einer Verwischung der Grenzen beitragen. Sie sollen die prinzipielle Instabilität der Geschlechterverhältnisse thematisieren, so dass unter dem Terminus Männlichkeit auch Frauen erforscht werden können und über Männlichkeit diskutiert werden kann ohne von Männern zu sprechen (Erhart/Herrmann 1997, 25). Dieser Zweig der Gender Studies spielt eine wichtige Rolle bei der Problematisierung der Thesen von Butler und der genaueren Bestimmung der Körperrepräsentation und von Verständigungsmustern wie etwa Normalität (Breger/Dornhof 1999, 85–93).

Forschungspraktisch haben die dekonstruktiven Gender-Studies weniger Nachfolge gefunden als die diskursanalytischen Arbeiten. Und dabei geht die Differenz der Geschlechter immer mehr in anderen diskursiven Überschneidungen auf. Kreuzungen von Diskursen können wichtiger sein als der Nachweis der einen Differenz und ihrer Probleme. Und die Verschränkung der Ebenen ist in Texten meist derart stark ausgeprägt, dass nur eine Kombination aus diversen Zugängen der Sachlage gerecht werden und die jeweiligen Kommunikationsverhältnisse beschreiben kann. Eine Folge davon wäre die Verabschiedung von universalistischen Ansprüchen zugunsten einer Darstellung von historischen Figurationen und Sphären, in denen Differenzen eine Rolle spielten (Osinski 1998, 122). Insbesondere die Erkenntnis von der Historizität der geschlechtsspezifischen Sphären und Räume (Dietzen 1993, 48), wenn sie überdies kulturvergleichend erschlossen wird, trägt, in wissenschaftskritischer Sicht auch zur Selbstreflexion eigener Ansätze bei. Das heißt, das Bewusstsein vom Wandel der Bedeutsamkeit dieser Perspektive muss die Forschung ständig begleiten.

Abschied von universalistischen Ansprüchen

Solche Überlegungen bilden heute den Grundstock für die institutionelle Verankerung der „Gender-Studien" (Braun/Stephan 2000). Schon der in die Ferne schweifende Rundblick entdeckt in allen Kulturen und Religionen, in Gesetzesnormen und der Schriftlichkeit, in Wissenschaften und Künsten, in Netzwerken der Kommunikation und der Medien ein grenzenloses Gebiet, das der Bearbeitung harrt und neue Einsichten in alte Themen verspricht. Aus diesem Grund rufen die Herausgeberinnen des Bandes „Gender-Studien" den sogenannten „genetic turn" aus (50 ff.). Er ist in Anlehnung an die beiden anderen und bereits bekannten, den „linguistic turn" sowie den „pictorial turn" konzipiert. Dieser neuerliche „turn" basiert nun aber auf einer problematischen Behauptung. Ihm gehe nämlich die „Trennung von Geschlecht und Gender" voraus, wie sie durch den Erkenntniszuwachs der Medizin und der Sexualwissenschaften um 1900 möglich geworden sei:

Institutionelle Verankerung der Gender Studies?

Mit der Abkoppelung des Sexualtriebs von der Biologie waren die Voraussetzungen dafür geschaffen, dass aus den *biologischen* Kategorien „Sexualität" und „Geschlecht" *kulturelle* oder geistige, psychische Kategorien werden konnten. Genau das geschah um die Jahrhundertwende. (36)

Aus der unbestrittenen Tatsache der wissenschaftlichen Trennung von Reproduktion und Sexualtrieb in der Psychoanalyse und den modernen Sexualwissenschaften leitet Christina von Braun (*1944) die viel weitergehende Unterscheidung her, die das voraussetzt, was sie erst beweisen will. Zwar können Magnus Hirschfeld und Otto Weininger als Vorläufer

Metaphorische Konstrukte

gelten, die das Modell der zwei Geschlechter ins Wanken brachten (181), aber eine Verabschiedung der Biologie hatte doch erst die Dekonstruktion nahe gelegt. Der „genetic turn" ist letzten Endes ein metaphorisches Konstrukt. Weil in der Gegenwart die Reproduktion immer stärker von den Geschlechterverhältnissen getrennt werde, könne „gender" auch die Generationenkette bezeichnen. Letztere sei gleichfalls immer seltener eine Form der Fortpflanzung (53). Hier wirkt sich die Parallelisierung der „turns" erkenntnishemmend aus; ein Rekurs auf das Potential des „linguistic turn" oder des „pictorial turn" könnte vorschnelle Naturalisierungen verhindern. Deshalb bleibt auch offen, ob ein „genetic turn" tatsächlich „einen Schlüssel zur Entzifferung der Bedrängnis der Wissenschaft" bietet (53), solange er die Probleme der Repräsentation nicht reflektiert oder gegen eine neue Ontologisierung eintauscht.

Gender als Meta-Kategorie   Wenn mit „gender" sowohl „Geschlechterbilder" als auch „Geschlechterverhältnisse" und „die Generationenkette" (53) gemeint sein können, wird eine Ordnung der Materien schwierig. Im wesentlichen scheint der propagierte Studiengang sich mit dem „Studium der Geschlechterbilder" (54) zu befassen und wäre somit eine Ausdifferenzierung der historischen Wissenschaften. Einen anderen Vorschlag unterbreitet Inge Stephan (*1944). Ihr Forschungsbericht zur Theoriedebatte gipfelt in der These vom Terminus „gender" als einer „Meta-Kategorie" (69). Auch hier legitimiert der Hinweis auf die rasant fortschreitende Gentechnologie und die mediale Vernetzung die Suche nach einem Zugang, der aus den obsolet gewordenen Unterscheidungen, wie der zwischen 'Natur und Kultur', Konsequenzen zieht. So verständlich dieser Wunsch ist, so fragwürdig muss die Gleichung zwischen Philosophie, Wissenschaft und „gender" bleiben, die hier beabsichtigt ist.

Gemeint ist aber Wissenschaftskritik   Weitere Schwierigkeiten ergeben sich aus der institutionellen Kontur des Gebiets. Gegenstand ist nämlich nicht ein eigenständig ausgewiesenes Spektrum, sondern es sind die „Querverbindungen zwischen den einzelnen Disziplinen" (12), aus denen sich das „Fach" rekrutiert. Damit sind die Gender Studies in den Rang einer philosophischen Teildisziplin erhoben, die sich mit der Qualität von wissenschaftlichen Diskursen in anderen Disziplinen beschäftigt. Nach diesem Konzept, das sich teilweise mit dem des „genetic turn" überschneidet, läge hier eine andere Form von Wissenschaftsgeschichte vor. Mit „Meta-Kategorie" ist also Wissenschaftskritik gemeint:

Ein so gefasster Begriff von „Gender" fragt nach dem Wert, der Funktion und den Konsequenzen von Differenzierungen, Polarisierungen und Hierarchisierungen in historischen, sozialen, politischen und kulturellen Kontexten. Er zielt damit ins Zentrum der Argumentations- und Begründungszusammenhänge von Wissenschaft und Forschung überhaupt. (68)

Überforderung des Begriffs   Auch dieser Vorschlag nimmt die Anregung der Dekonstruktion auf. Indem er sie zu einem allgemeinen Forschungsprogramm aufwertet, begrenzt er zugleich aber dessen Reichweite. Die völlig zutreffende These, auf keinem anderen Sektor könne man den Einfluss von kulturellen Denkmustern auf die Entstehung von Wirklichkeit derart genau ablesen (13), enthält schon eine Verkürzung. Mit demselben Schritt, mit dem sich die

„Gender-Studien" zur Meta-Wissenschaft ernennen, haben sie sich auch wieder depotenziert, indem sie sich nur für die eine Polarität „gender" zuständig erklären. Sämtliche Differenzen sollen in einer einzigen abgebildet werden. Anders gesagt: eine Wissenschaft, die Hierarchisierungen generell untersucht, muss auch alle anderen, in sämtlichen Diskursen waltenden Differenzierungen heranziehen, was dann in dem Moment zu einer Marginalisierung des 'ursprünglichen' Gegenstandes führen könnte, in dem sich herausstellte, dass die Hierarchien auch konkurrierenden Prinzipien folgen können.

In gewisser Weise wiederholen solche Definitionen das Problem einer transdisziplinären Ausrichtung der Kulturwissenschaft. Und sie überholen die dort schon erhobenen Einwände durch die Universalisierung einer zweifellos wichtigen Kategorie. Zusätzlich ergeben sich Kontroversen bei der Abgrenzung, wenn sich neben der Kulturwissenschaft auch die Gender-Studies oberhalb der Disziplinen als Institutionen für die Analyse von kulturellen Denkmustern etablieren. Zuvor warten aber noch einige interne Widersprüche auf ihre Klärung. Sie sind den Forschungsberichten aus den Fächern zu entnehmen, die der Band selber in seinem zweiten Teil bietet.

Interne Widersprüche

Stephan nennt selber die höchst unterschiedlichen Erwartungen an den Politik-Begriff, der zwischen dem von Butler eingeführten rein identitätslogischen Subversionsdenken und den in den Sozialwissenschaften benötigten praktischen Begriff schwankt (91). Ein Politikverständnis, das dem Wunsch nach gesellschaftlichen Veränderungen ebenso nachkommt wie es den kulturwissenschaftlichen Disziplinen ein konsensfähiges Modell anbieten könnte (92) ist nicht in Sicht, solange sich die einfache Rückkehr zum feministischen Kampf verbietet. Andere Disziplinen, wie die Sexualwissenschaften (190), warnen vor den Hoffnungen auf einen bruchlosen Übergang zu radikal veränderten Lebensverhältnissen und erinnern an die zu erwartenden Ungleichzeitigkeiten oder an Regressionen, die solche Umbrüche provozieren.

Schließlich muss sich die epistemologische Kritik, wie sie der Studiengang in fundamentaler Absicht betreiben will, auch mit der Metakritik auseinandersetzen. Mit einigem Recht darf man an die Herkunft der Gender Studies und ihren ursprünglichen Kontext erinnern. Sie konnten die amerikanische Wissenschaftskultur wirkungsvoll kritisieren, während andere Verhältnisse nicht in derselben Weise getroffen waren. Die von den Biotechnologien erzeugten Umstrukturierungen der 'Natur' und die Verteilungskämpfe um Marktanteile sind, obwohl alles Themen, für die der Studiengang seine Zuständigkeit reklamiert, mit seinen Ansatzpunkten überhaupt nicht zu fassen (202).

Wissenschafts-kulturen beachten

Ihre Stärke zeigen die Studien jedoch auf einigen gewinnbringenden Arbeitsfeldern. Sie führen wieder aufs Gebiet der Literatur. Stephan nennt Themen wie 'Identität', 'Körper', 'Sinne', 'Wissen', 'Natur', 'Mythos', 'Gewalt' oder 'Erinnern', die jedoch nicht alle auf derselben Ebene angesiedelt sind und sich gegenseitig einschließen können. Manche waren Paradethemen des Feminismus wie 'Sinne' oder 'Mythos'. Selbst ganz traditionelle Fragen bekommen unter dem neuen Blick ein anderes Gesicht und ein Rückgriff auf Klassiker wie *Die imaginierte Weiblichkeit* von Silvia Boven-

Arbeitsfelder

schen (1979) soll die Anbindung an vorbildliche Studien gewährleisten (295). Nach wie vor ist die Arbeit an der „Macht der Geschlechterbilder" unerlässlich. Die Ergebnisse dürfen aber heute nicht mehr nur Vergessenes ans Licht bringen und die Korrektur des Kanons beabsichtigen, sondern sie müssen zu neuen Theoriebildungen anregen. Und in dieser Zielstellung, in der Suche nach der Bedeutung von kulturellen Praktiken, Diskursen, der Alterität und Ethnizität (296) erweist sich diese Arbeit als Teil der Kulturwissenschaften.

Inszenierungsformen des Geschlechts als Thema

Gegenwärtig zeichnen sich als besonders fruchtbare Themen die Inszenierungsformen des Geschlechts ab. Ausgehend von Butlers Maskerade-Begriff rekonstruieren neuere Arbeiten das Verhältnis von Maskerade und Geschlechterdifferenzen in historischer Sicht. Die dabei hervortretenden Überschneidungen mit der Ritualforschung, insbesondere den Thesen von Turner, und der Anschluss an Forschungen zu den literarischen Imaginationen versprechen wichtige Erkenntnisse. Kontextbezüge, die Übergänglichkeit von realen und imaginären Bildern, narrative Muster und Habitualisierungen – solche Fragen erweitern den Zugriff auf Repräsentationen erheblich (Breger/Dornhof 1999, 82 ff.).

Mythen

In enger Verzahnung von Literatur und Kunstgeschichte entstehen weiterhin Studien zu Mythen, Bildern und Texten, die in Zukunft von der Bildanthropologie profitieren werden. Die schon von den Cultural Studies begonnene Erforschung der Populärkultur findet ihre Fortsetzung in der Funktionalisierung von Geschlechterproblemen, die sich in die Literatur einzeichnet oder an der sie partizipiert. Spannend sind nach wie vor die Mythen, ohne die selbst in der Gegenwartsliteratur solche Themen schlechter zu behandeln wären. Exemplarisch zeigen sie die Rolle von Metaphern und Bildern für die Wahrnehmung von Geschlechterverhältnissen und sind in dieser Funktion als kulturelle Narrative unersetzlich. Solche Prägungen der Wahrnehmung erfordern auch den interkulturellen Blick. Mythische Gründungsfiguren sind für die Geschichtsschreibung wie die Reiseliteratur und ihre Landvermessungen von symbolischen Räumen konstitutiv. In ihnen lagern sich Erfahrungsstrukturen ab, die wiederum von der Kreuzung verschiedener Diskurse Zeugnis ablegen. Sogenannte Entdeckungen fremder Länder und Landnahmen oder andere Formen von Kolonialisierungen sind kaum denkbar ohne den Rekurs auf Differenzen der Geschlechter oder sie produzieren neue Mythen eben an solchen Epochenschwellen.

Geschlechtermythen in historischem Material

Paradigmatische Konstellationen und topographische Darstellungen, Sprachregelungen und Verhaltensmuster sind lohnende Gegenstände für die *Topographien der Geschlechter* (1990), wie Sigrid Weigel (*1950) einen literaturhistorischen Band überschreibt. Sie erklärt die Entstehung und Wirkung von Geschlechtermythen an verstreutem kulturhistorischem Material. Die Kolonisierung der weiblichen Natur durch den Mann geht im 18. Jahrhundert mit der Gleichsetzung von zivilisierungsbedürftigen Wilden und Weiblichkeit einher, so dass sich auf dieser Projektionsfläche die Wünsche von Eroberern mit sozialen Stereotypen koppeln, die zu äußerst wirkungsmächtigen und nachhaltigen Sozialfiguren wurden (Weigel 1990). Solche Semiotisierungen reichen bis in die Allegorien hinein. Weibliche

Allegorien tragen Bedeutungen und Inhalte, die den Frauen selber nicht zugestanden wurden. Im „Diskurs der Stadt", in dem sich Spuren der Darstellung und Wahrnehmungen exemplarisch überschneiden, brachte die Moderne eine auffällige Kodierung hervor. In der als weiblich imaginierten Stadt erkennt sie den Kreuzungspunkt der „Sexualisierung von Stadt, Frau und Schrift" (Weigel 1990, 203). Die Geschichte der Vorstellungen von der Stadt ist ein Archiv, in dem die Geschlechterverhältnisse topographischen Niederschlag gefunden haben (Weigel 1990, 116).

In der Literaturgeschichtsschreibung liegt erst ein Versuch vor. Die Anglistin Ina Schabert (*1940) hat 1997 eine *Englische Literaturgeschichte* geschrieben, *aus der Sicht der Geschlechterforschung*, wie der Untertitel verspricht. Allerdings löst der Band das nicht ganz ein, sondern bietet eine Kulturgeschichte der Veränderungen in den Vorstellungen von den Geschlechterrollen. Eine Ideen- oder Sozialgeschichte also, die allerdings einen ausgezeichneten soziologischen Einblick in die jeweils herrschenden Frauen- und Männerbilder eröffnet, wie sie aus einem Teil der Literatur von 1560 bis 1900 gewonnen werden. Die in der Perspektive der Autorin erzeugten Umstellungen des literarischen Kanons – wichtige Texte fallen heraus, während andere höher rangieren – ermöglichen die Darstellung ungewohnter Akzente, wie das Phänomen der „schreibenden Paare", der Ehepaare oder Geschwister, die in der englischen Literatur zwischen 1760 und 1830 häufiger anzutreffen sind. Das ist auch der Zeitraum, in dem sich die rein männlich konnotierte Auffassung von 'Autorschaft' gebildet hat, die zur Ausgrenzung von Frauen führte und ihnen komplizierte Rollenwechsel abverlangte. Erst dieser automatische Ausschluss produzierte die Vorstellung einer Frauenliteratur, die vorher nie existierte. Für derartige Themen entwirft Schabert ein Raster, das die einzelnen Texte in diskursive Zusammenhänge einbettet. Innerhalb der Epochen wiederholt sich der Zugang zur explizit dargestellten Differenz der Geschlechter, zu den soziologischen Konstellationen, den Imaginationen des Begehrens und dem männlichen „self-fashioning" sowie den weiblichen Domänen in der Literatur.

Vielleicht ist zum gegenwärtigen Zeitpunkt eine Literaturgeschichte nach dem „gender"-Konzept noch nicht möglich, der erste Versuch zeigt aber, wie wichtig die „Geschichtlichkeit von Genus" sein kann, von der nicht nur die Einleitung ein Beispiel gibt.

Literaturgeschichte nach dem Gender-Konzept?

VI. Gedächtnistheorien

Gedächtniswissen-
schaften um 1900

Das einigende Band, das die kulturwissenschaftlichen Debatten nach 1900 umschlang und das aus heutiger Sicht die Berufung auf die ersten symbolischen Kulturanalysen rechtfertigt, ist ohne Zweifel die genaue Bestimmung ihrer Funktion als Gedächtniswissenschaften. Alle Anstrengungen zur theoretischen Grundlegung der wissenschaftlichen Deutungsmuster und semiotischen Operationen von Max Weber bis Ernst Cassirer galten dem Nachweis der spezifischen Leistung der Kulturwissenschaften für die moderne Gesellschaft. Wenn ihre Aufgabe darin bestand, eine Rückversicherung in Zeiten der fortschreitenden Zersplitterung des Wissens zu gewährleisten, dann war vorab zu klären, wie und unter welchen Voraussetzungen das geschehen konnte.

Historische
Konditionen
des Wissens

Auf den Prüfstand kamen daher sämtliche Begriffe der Überlieferung, der Tradition, der Sicherung, Speicherung und Sichtung vergangenen Wissens und Handelns, was zu einer Umformung der Ordnungen des Historischen führte. Auch die Aufwertung der historischen Anthropologie und die Erfindung der Mentalitätsgeschichte kreisen um die zentrale Rolle des Gedächtnisses, das die Kulturwissenschaften nunmehr als einen fundamentalen Antrieb für geschichtliches Handeln ausmachen und deshalb zum Kern ihrer Bestrebungen erklären (Raulff 1999). Sie erlauben damit eine Modifikation der historischen Analyse. Die Kondition des Wissens und der Rahmen der Überlieferung sowie das gemeinschaftliche Herstellen der Tradition geben den sozialen Faktoren des Politischen ihre Gestalt.

Erst in den letzten zwei Dezennien gewannen solche Themen wieder Aktualität, im selben Maße, in dem auch die Explosion des Wissenszuwachses und die Grenzen der modernen Speichertechniken zur Suche nach neuen Ordnungssystemen zwangen. Das regte die neuerliche Beschäftigung mit dem kulturwissenschaftlichen Projekt nach 1900 an, das Theorien der Überlieferung und des methodisch gelenkten Umgangs mit Wissensbildern erforschen sollte und zugleich an den kritischen Umgang mit der dabei unhintergehbaren Metaphorik gemahnte (Smith/Emrich 1996; Raulff 1999).

1. Vergessen, Erinnern, Gedächtnis

Individuelles und
kollektives
Gedächtnis

Die Trias von Vergessen, Erinnern und Gedächtnis ist Gegenstand vieler Disziplinen. Im Umfeld kulturwissenschaftlicher Bemühungen tritt sie aber als ein bevorzugtes Feld der Psychologie (C. G. Jung 1875–1961) und der Soziologie in Erscheinung, die den seit der Antike geläufigen philosophischen und theologischen Überlegungen neue Aspekte hinzufügen. In der Moderne interessiert zunächst der Zusammenhang von individuellem Gedächtnis, also eines Bewusstseinsvorgangs, mit dem kollektiven Gedächtnis, das Erinnerung als einen kommunikativen Vorgang beschreibt, eben als eine Leistung sozialer Systeme und ihrer Rolle für die Auswahl von Bedeutendem. In Frage stehen dabei die Inszenierungen oder der Grad an Verfügbarkeit, den der Einzelne beim Zugriff auf seine Gedächtnisvorräte tatsächlich beanspruchen kann.

Ähnlich wie bei den Wahrnehmungstheorien stellen die physiologischen Voraussetzungen das anthropologische Apriori dar, aber schon die Auswahl dessen, was ein individuelles Gedächtnis speichert, untersteht nicht allein seiner Intention. Auch auf dieser ganz elementaren Ebene spielen bereits kulturelle Überformungen herein, die mit der Verwebung von Sprachlichkeit und Bildlichkeit unseres Denkens beginnen und alle sinnhaften Erlebnisse oder Wahrnehmungen mit sozialen Ordnungsstrukturen verbinden. Individuelle Erinnerungen haben eine konkrete Verankerung im sozialen Leben, sie vollziehen sich nie losgelöst von den Handlungen und Ansprüchen einer Gesellschaft. Konsequent entwickelte die frühe Soziologie daher die Auffassung von der sozialen Relevanz, die bei der Auswahl dessen, was ein Individuum als gedächtniswürdig betrachtet, das Bewusstsein steuert. Die erste große Ausarbeitung des Zusammenhangs von individuellem und kollektivem Gedächtnis verfasste der Soziologe und Sozialpsychologe Maurice Halbwachs (1877–1945).

Grenzen der Verfügung über das Gedächtnis

Sein Hauptwerk *Les cadres sociaux de la mémoire* (1925, dt.: *Das Gedächtnis und seine sozialen Bedingungen* 1966) geht der Frage nach, was eine soziale Gruppe eigentlich zusammenhält. Dabei stößt Halbwachs auf die konstitutive Rolle der gemeinsamen Erinnerungen, ohne die eine Gruppe kaum existieren könnte. Aber das Gruppengedächtnis ist nicht nur ein Teil unserer Existenz, sondern das Fundament, auf dem jedes Individuum seine individuelle Erinnerung baut. Das erfahren wir selber, wenn wir feststellen, dass die meisten unserer Erinnerungen dann kommen, wenn andere sie uns ins Gedächtnis rufen (Halbwachs 1966, 20). Andererseits sind unsere angeblichen Erinnerungen sehr oft Erzählungen entlehnt, die wir von anderen gehört haben. Und unsere Erinnerungen fügen sich auch in kollektive Erzählungen ein, den kulturellen Narrativen auf allen Ebenen vom Alltag bis zu den öffentlichen Handlungen. Es gibt also einen großen Bereich von gemeinsam geteiltem Bewusstsein und zwar sowohl was die Inhalte als auch die Strukturen betrifft, in denen sie sich mitteilen. Halbwachs interessiert die Beschreibung dieser „cadres sociaux", also der „sozialen Rahmen", wie man übersetzen könnte, in denen sich das Gedächtnis bewegt:

Halbwachs: was hält die soziale Gruppe zusammen?

Die Rahmen, von denen wir sprechen und die uns die Rekonstruktion unserer Erinnerungen nach ihrem Verschwinden erlauben, sind nicht rein individuell; sie sind, wie wir sagten, den Menschen der gleichen Gruppe gemeinsam. (182 f.)

Auf diesen Gedächtnisrahmen basiert das, was Halbwachs kollektives Gedächtnis nennt. Damit sind natürlich nicht die Vorstellungen eines Kollektivs gemeint, sondern Vorstellungen Einzelner, die einem bestimmten Kollektiv angehören und daher ähnliche Formen und Inhalte des Erinnerns aufweisen. In größeren Kapiteln sucht er nun nach solchen kollektiven Strukturen des Gedächtnisses bei Mitgliedern der gleichen Familie, bei den

Die Gedächtnisrahmen

Angehörigen von Religionsgemeinschaften, bei sozialen Klassen, Ständen und Schichten, Berufsgruppen.

Konstruktion gemeinsamer Erinnerung

Es sind die Kommunikationsgemeinschaften, die Erinnerungen garantieren. Fallen sie weg, entgleiten auch die Erinnerungen (50). Das individuelle Gedächtnis ist daher völlig abhängig von der Teilhabe an kommunikativen Prozessen und den „Bezugsrahmen, deren sich die in der Gesellschaft lebenden Menschen bedienen" (121). Der Einzelne kann seine Erinnerungen nur mit Hilfe der Bezugsrahmen aufrufen und sie gehören damit schon dem kollektiven Gedächtnis an. Halbwachs erkennt klar den Hauptzug des Gedächtnisses in der Konstruktion von Erinnerung. In die Erinnerung geht ihr Bezug auf die Gegenwart und die Zukunft ein, das Gedächtnis betreibt Erinnerungspolitik, weshalb Erinnerungen nie ganz rein in die Vergangenheit gerichtet sind. Aus der Zuordnung von Gedächtnis und Gruppe folgert Halbwachs die Orientierung der Erinnerungen an der „Haltung einer Gruppe" (209), ihren Wertmaßstäben und Eigenschaften.

Wiederholte Reorganisation von Vergangenheit

Die zweite wichtige Erkenntnis hat Folgen für das Geschichtsverständnis. In der Rekonstruktivität (125 ff.), der selektiven und immer wiederholten Reorganisation von Vergangenheit, dem ständigen Umschaffen und Neudefinieren des Vergangenen verfährt das Gedächtnis auf eine Weise, die es von der Geschichte trennt. Das hat Halbwachs in seinem nachgelassenen Werk *La Mémoire Collective* (1950, dt.: *Das kollektive Gedächtnis* 1967) in einer schematischen Gegenüberstellung erläutert. Solange eine Erinnerung fortbesteht, braucht sie keine Niederschrift. Das kennzeichnet das kollektive Gedächtnis. Die Geschichte oder besser: die Geschichtsschreibung dagegen ist der vollkommen uninteressierte Raum des Gleichwertigen, eben unabhängig von Gruppenurteilen Bestehenden. Die Formel von der Geschichte, die „an dem Punkt beginnt, an dem die Tradition aufhört" (Halbwachs 1967, 66) ordnet die beiden Kategorien in eine zeitliche Folge. Was aus dem Gedächtnis verschwindet, mithin keine aktuelle Bedeutung mehr hat, wird Geschichte. Es steht jedem zu Gebote und liegt jenseits des Kontinuitätsbruchs. Während die Geschichte nur noch das „Bild der Ereignisse" und des Wandels bietet, verbleibt der „Sitz der Traditionen" in den kollektiven Gedächtnissen (71).

Noch fehlende Differenzierung von Gedächtnisarten

Nur unter der Annahme einer unparteilichen Historiographie lässt sich die strikte Trennung von Halbwachs aufrechterhalten und seine These, die Geschichte sei kein Gedächtnis setzt voraus, dass Geschichtsschreibung auf Universalgeschichte abzielt, in der sie die einmal gelebten Geschichten wie tote Fakten versammelt. Seine leitende Opposition, die lebendiges Gedächtnis und tote, neutralisierte Geschichte spaltet, ist nicht haltbar. Wohl aber hat Halbwachs mit seiner konstruktivistischen und historistischen These wesentliche Einsichten in die Bewusstseinsstrukturen von Individuen und ihren Gruppen formuliert. Seine Theorie hinterlässt zwei ungelöste Probleme. Zum einen die in der Moderne zunehmende Auflösung oder Reduktion der gemeinsam geteilten Inhalte. Die Erosion einzelner Formen des kollektiven Gedächtnisses kann Halbwachs nicht in seine Theorie integrieren. Zum andern ist der Status des Gedächtnisses zwischen Individuum und Gruppe nicht eindeutig definiert. Die Annahme eines kollektiven Subjekts schließt nämlich ein, dass das Gedächtnis einer Gruppe dieselben

Funktionen des Bewahrens, der Organisation und der Vergegenwärtigung erfüllen kann, die auch dem individuellen Gedächtnis zukommen. Halbwachs überträgt eine Phänomenologie des subjektiven Bewusstseins auf soziale Verhältnisse, er lokalisiert aber das Gedächtnis von vornherein im öffentlichen Raum (Ricœur 1998, 79) und vermeidet eine Untersuchung der Speicher oder Speicherformen. Er unterlässt eine kritische Prüfung der impliziten Speichermetaphorik.

Analog zur sozialen Bedingtheit des Erinnerns versteht Halbwachs auch das Vergessen als ein soziales Phänomen. Es tritt ein, sobald die völlige Veränderung der Lebensbedingungen einen Wechsel der Rahmen bewirken. Dann fallen die permanenten Prozeduren weg, die das kollektive Gedächtnis am Leben halten und die Erinnerungen einschärfen. Die Verhältnisse sind komplizierter. Während das Erinnern durch Strategien unterstützt werden kann, wäre eine Vergessenskunst ein Paradox. Anders als das Erinnern scheint das Vergessen auch noch mit negativen Vorzeichen versehen zu sein und einen Verlust anzuzeigen. Im Gegensatz dazu sprechen mythische Texte, Essays und Traktate aber auch von einer Dialektik von Erinnern und Vergessen (Texte in: Die Erfindung des Gedächtnisses 1991). Insbesondere Friedrich Nietzsche hat das Vergessen als kreative Kraft rehabilitiert (Smith/Emrich 1996; Weinrich 1997). Er stellt fest, dass wir zwar ohne Erinnerung, nicht aber ohne Vergessen leben könnten. Ein totales Gedächtnis wäre eine Katastrophe, die das Denken verhindern würde. Erinnerung ist nur möglich auf der Grundlage des Vergessens. Nietzsche wendet sich gegen die Bestrebungen der Geschichtswissenschaft zu einer Totalisierung des Gedächtnisses. Dagegen helfe nur das Vergessen derjenigen Vergangenheit, die sich der Zukunftsgestaltung in den Weg stelle. Und die Reflexion über das brauchbare Wissen fehle der Historiographie. Sie wirke lähmend auf das Handeln.

Erinnern und Vergessen sind keine Gegenspieler, sondern komplementäre Funktionen des Gedächtnisses und der kulturellen Wissensübermittlung (Smith/Emrich 1996). Wichtig ist die Archäologie ihrer Beziehungen, der Umgang mit den jeweils verfügbaren Entlastungen (Inszenierungen des Erinnerns 2000). Sie sind über die Auslagerung oder Vergegenständlichung von Ereignissen zu erreichen. Denkmäler erfüllen die Anforderungen an die Komplementarität von Erinnern und Vergessen auf ideale Weise, weil sie beiden Vorgängen dienen. Durch die Lokalisierung der Erinnerung wird sie von der Permanenz entlastet, die der Fluidität und Spontaneität des mentalen Lebens im Wege stünde. Um so mehr benötigt die Gedächtniswissenschaft das Nachdenken über die Kristallisationen und Materialisationen, in denen sich das Gedächtnis veräußert. Es sind also wieder die Zeichen und Symbole, ohne die auch das Erinnern nicht zustande kommt. Die Wechselseitigkeit von Vergessen und Erinnern muss als die Ermöglichung des symbolischen Netzes, das die Kultur ausmacht, verstanden werden. Symbolisierung, Repräsentation und Gedächtnis bilden ihren unauflöslichen Grund, aus dem heraus sie sich immer wieder neu entfaltet.

Während Halbwachs jeden Bezug auf die kulturellen Objektivationen vermeidet, während er ganz im bewusstseinspsychologischen Rahmen bleibt und das kollektive Gedächtnis in der Affektivität, der Zugehörigkeit

Das Vergessen als soziales Phänomen

Erinnern und Vergessen, ihr Zusammenhang

Einzelner zu Gruppen verortet, hat der Hamburger Kunsthistoriker und Privatgelehrte Aby M. Warburg (1866–1929) eine ganz anders geartete Gedächtnistheorie vorbereitet (J. Assmann 2000, 114–117). Für ihn ist das Gedächtnis sichtbar und lesbar in den künstlerischen Erzeugnissen der Vergangenheit. Thema ist die Gedächtnisleistung des Kunstwerks. Aus dieser leitet er ein Programm für eine kunstgeschichtliche Kulturwissenschaft ab, das er selber nur in Ansätzen formulierte und in vielen kleineren Schriften niederlegte. Warburg, der in der Tradition der Kulturgeschichte von Jacob Burckhardt begann, war ein unsystematischer Denker, der in seinen gerade erst gesammelten Schriften zahllose praktische Umsetzungen vorlegte, über den Detailstudien den großen Theoriewurf vernachlässigte.

Aby Warburg und die Gedächtnisleistung des Kunstwerks

Am bekanntesten wurde sein letztes Projekt, *Der Bilderatlas Mnemosyne* (1924–1929). Auf großen, schwarz bespannten Holztafeln heftete Warburg Photographien von Kunstwerken unterschiedlichster Art, Herkunft und Stillage fest, vorzugsweise Bilder der Renaissance, samt ihrer Vor- und Nachgeschichte. Die meisten von ihnen kamen dadurch zum erstenmal miteinander in Berührung, entweder weil Warburg ihre Nachbarschaft oder die Gegenüberstellung erproben wollte. Aus dieser Energetik der Bildkombinationen, einer Art Collage zu einem Bild aus Bildern schuf Warburg einen einmaligen Raum für sein Denken in Bildern und für seine Erforschung des Gedächtnisses der Bilder. Seine Einleitung, aber auch einige andere vorangegangene Schriften erläutern die gesuchte umfassende Theorie des Bildes, heute von der Bildwissenschaft aufgegriffen, und darüber hinaus die Theorie des sozialen Gedächtnisses der Kunst, auf die Warburg hinführte (Texte in: Die Schatzkammern 1995).

Sein Bilderatlas

Warburg verfolgte die Wege der Göttin Mnemosyne, des Gedächtnisses, deren Kinder die Musen sind. Er fragte sich, wie es in der Renaissance zu einem energetisch aufgeladenen Wiederaufleben antiker Bildformeln kommen konnte. Anscheinend benutzte man sie, um den Bewegungsgehalt der Bilder zu steigern. Das zitierte antike Motiv heftig bewegter Gewänder und Körper deutete er als Spiegelung einer leidenschaftlichen Situation, als Ausdruck eines renaissancehaften Willens, die überkommenen Fesseln zu sprengen. Derartige Zustände nannte Warburg eine „Pathosformel". Die Codierungen der auf den Bildern dargestellten Körper oder Gebärden sind ihm geronnene Ausdrucksgestalten. So wurden die aus der Antike kommenden Erinnerungszeichen auch viele Jahrhunderte später emotional wieder neu aufgeladen.

Das soziale Gedächtnis der Kunst

Erklärtes Ziel des Bilderatlas ist, die „Einverseelung vorgeprägter Ausdruckswerte bei der Darstellung bewegten Lebens" zu erkennen und das „Inventar der nachweisbaren Vorprägungen" des modernen Künstlers zu erstellen (Die Schatzkammern 1995, 262 ff.). Indem man den Wanderstraßen des europäischen Bildgedächtnisses folgt, stößt man auf die jeweils von den Künstlern neu geleisteten „Einverseelungen" der an sie „herandrängenden Eindrucksmasse". Die Bilder werden zu Ausdruckssymbolen, die sich ein bestimmter Lebenskreis geschaffen hat. Das Vokabular, dessen sich Warburg befleißigt, ist eine Mischung aus medizinischen, biologischen, psychologischen und kunsthistorischen Diskursen seiner Zeit und nicht leicht zu entschlüsseln. So übernimmt er von der zeitgenössischen

Wanderstraßen des europäischen Bildgedächtnisses

experimentellen Gedächtnispsychologie den Begriff „Engramm", der bei Richard Semon die Spur bezeichnet, die ein Objekt von einer Krafteinwirkung zurückbehält (Die Schatzkammern 1995, 206–212). So wie der Stein die Spur des Hammers, der ihn getroffen hat, bewahrt, so scheinen auch die Kunstwerke von den Spuren des Realen Zeugnis abzulegen (A. Assmann 1999, 210). Eindeutig ist nur, dass er die Kunst für ein Archiv der „historischen Psychologie des menschlichen Ausdrucks" hält, dem lediglich die Psychohistorie beikommt.

Sie geht einher mit der kulturkritischen Voraussetzung. In der Tiefe der Zivilisation waltet nach Warburg, ähnlich wie bei Burckhardt, die Angst. Eine Urtatsache, die kulturschaffende Kraft entfaltet, denn die Bilder sind ausdruckgebende Formen, mit denen man Distanz schaffen konnte. Von diesem Prozess der Transformation, also dem zwischen triebhaft leidenschaftlicher Entladung und intellektuell mäßigender Bildung angesiedelten Schaffensprozess bewahrt das Kunstwerk die Spannung und gießt sie in den „Kreislauf der Formensprache". Das Bildgedächtnis ist die „Schatzkammer der seelischen Dokumente" (Die Schatzkammern 1995, 258). Bilder konservieren Energien, sie haben die Affektschübe transformiert und mitteilbar gemacht (Böhme 2000, 79 f.). In diesem Sinne ist die Kunst ein soziales Erinnerungsorgan, mentalitätsgeschichtliche Quelle ersten Ranges, indem sie Ausdrucksenergien speichert.

Bilder konservieren Energien

Wenn Warburg von „sozialer Mneme" spricht oder von „sozialer Erinnerung", dann bezeichnet er damit nicht eigentlich die Speicher selber, sondern die Psychisierung eines historischen Prozesses. Er spürt einem Kreislauf nach, der sich nur punktuell fassen lässt. Auf einem Notizzettel hat er das in einem Satz festgehalten: „Der Leidschatz der Menschheit wird humaner Besitz" (Die Schatzkammern 1995, 254). In den unzähligen Gebärden und Gesten der Kunstwerke hat sich das Gedächtnis einen Raum geschaffen, ein Gebäude, in dem es gefahrlos mit menschlichem Leiden umgehen kann. Das soziale Gedächtnis ist der Ort der Kommunikation, an dem die Menschheit ihr Wissen über ihre kulturellen Energien bereithält für spätere Erneuerungen. Oder anders gesagt: überhaupt nur in den Bildern haben wir einen Zugang zum sozialen Gedächtnis des Menschheit und die vornehmste Aufgabe des Historikers ist es, seismographisch die „mnemischen Wellen" dieser Vergangenheit zu empfangen.

Der Leidschatz der Menschheit

Warburg verbindet das Bild als Gedächtnismedium (A. Assmann 1999, 226, 373) mit seiner Theorie der Energie zu einem dynamischen Gedächtnisbegriff. Er weitet das Spektrum der Einschreibungen aus und liest auch die Bilder wie Texte. Unklar ist bei Warburg das genaue Verhältnis zwischen den Spuren oder Engrammen, die er von Zeit zu Zeit in bestimmten Bildern auftreten sieht und dem Speicherbegriff, der damit einhergeht. Er stützt sich natürlich auf die Überlieferung in Archiven und Bibliotheken, die er lediglich auf unkonventionelle und überraschende Weise neu arrangiert. Die Grundlage für solche Effekte schuf seine riesige private Bibliothek, die er in ein öffentliches Forschungsinstitut umwandelte. Die „Kulturwissenschaftliche Bibliothek Warburg" in Hamburg war in den zwanziger Jahren das Zentrum eines bemerkenswerten Gelehrtenkreises, aus dem überaus bedeutende Publikationen hervorgingen. In den „Studien" und

Dynamischer Gedächtnisbegriff

Die Bibliothek in Hamburg

„Vorträgen der Bibliothek Warburg" finden sich die Namen Ernst Cassirer, Erwin Panofsky, Fritz Saxl, Raymond Klibansky, Percy Ernst Schramm, Karl Vossler, Edgar Wind, eine Reihe, die sich leicht vermehren liesse. Im Jahr 1933 nach London exiliert, wurde das Warburg-Institut 1944 der University of London eingegliedert.

Ordnung der Bibliothek

Bemerkenswert ist der Zusammenhang der Aufstellung dieser Bibliothek mit ihrer Zielsetzung. Neben Werken über Wesen und Gestalt der Symbole und künstlerische Ausdrucksformen waren Sachgebiete wie Anthropologie und Religion, Naturwissenschaften, Recht und Volkskunde vorhanden. Sie waren aber nicht nach diesen Disziplinen geordnet, sondern thematische Nachbarschaften bestimmte die Ordnung der Bücher (Kany 1987, 134 ff.). Alleine schon diese ungewöhnliche Aufstellung sorgte für den kulturwissenschaftlichen Zugriff, bei dem Kombinationen von Disziplinen auf einen Blick möglich wurden, die der fachlich begrenzten Perspektive entgangen wären. Zieht man diese materielle Grundlage der Forschungen in der Bibliothek heran, dann ist ihre Bedeutung für die Ausbildung der Gedächtnistheorien deutlich.

Das soziale Gedächtnis

Die Bibliothek erlaubte das Studium des elementaren Zusammenhangs von Zeichengebung und Gedächtnisbildung wie auch das Nachdenken über den Kreislauf zwischen dem kollektiven und dem sozialen Gedächtnis (Welzer 2001). Denn die Grundlage der Rekonstruktion von wiederholten Ausdrucksformen war ja das Gedächtnis der Menschheit, das sich in seiner objektivierten, archivierten Form als Bücher- und Bildersammlung niederschlug. Während das kollektive Gedächtnis von Individuen getragen wird, kann ein Text oder ein Bild in einer Bibliothek Jahrhunderte bestehen, ohne auch nur einen Moment lang Teil eines Dialogs zu sein. Das soziale Gedächtnis gründet im externen Speicher. Aus ihm können spätere Zeiten Gedächtnisleistungen abrufen, wieder erwecken und einem kollektiven Gedächtnis einfügen. Es sind diese sozialen Speicher, in welcher Form auch immer, die Halbwachs nicht beachtet und die Warburg zur Grundlage seiner Theoreme gemacht hatte. Andrerseits „speichert" das soziale Gedächtnis auch alle Interaktionen, die nicht zum Zweck der Traditionsbildung verfertigt wurden (Welzer 2001, 16). Es gibt eben auch einen

Absichtsloses Vergegenwärtigen von Vergangenheit

sehr großen Bereich des absichtslosen Vergegenwärtigens von Vergangenheit, der Geschichte transportiert, sich aber nur schwer greifen lässt. Bilder scheinen, wie Warburg erkannte, ganz besonders geeignet zu sein, gleichsam en passant und wie absichtslos in ihrer bloßen Materialität Vergangenheit zu vermitteln. Dieser metaphorische Begriff des sozialen Gedächtnisses, der eine sozialpsychologische Erkundung von Vergangenheitsstrukturen anstrebt, ruht auf einem unsicheren Grund, eben weil seine Textur nicht ganz sicher zu greifen ist.

Strategien des Umgangs mit dem sozialen Gedächtnis

Die Geschichtsschreibung dagegen ist zuerst einmal eine Form des sozialen Gedächtnisses, weil sie sich gerade mit dem archivierten Material befasst und es in die lebendige Erinnerung zurückrufen will. Von dort bezieht sie ihre gesellschaftliche Legitimation, indem sie die Verfügbarkeit der sonst bloß verwalteten Vergangenheit garantiert. Im Angesicht ständig wachsender Speicher und einer stets ansteigenden Menge des virtuell Erinnerbaren stellt nicht so sehr das Vergessen die Herausforderung dar, sondern das nicht mehr zu überschauende Gedächtnis. Gerade heute beklagen Kulturkritiker das Paradox vom zunehmenden Erinnerungsverlust bei steigender Speicherkapazität (Böhme 2000, 163). Allerdings ist diese Erfahrung nicht neu, sondern schon lange bekannt. Seit der Antike bestehen verschiedene Strategien des Umgangs mit dem sozialen Gedächtnis. Sie haben früh zur Erfindung von Gedächtnistechniken geführt. Seit Aristoteles gehören Abhandlungen über das Gedächtnis und die Erinnerung, „de memoria et reminiscentia", zum Bestand der Rhetorik. In den Lehrbüchern der Rhetorik bilden sie als „ars memorativa", Mnemonik oder „memoria" den vierten Teil der Redekunst.

Aus der praktischen Anforderung an den antiken Redner, nur auswendig vorzutragen, entwickelten die Rhetoriklehrer Merksysteme, die bei Cicero und Quintilian niedergelegt sind. Mit deren Hilfe konnte sich der Redner auch längere Reden so exakt einprägen, dass er sie ohne Manuskript wirkungsvoll wiedergeben konnte. Man trainierte geradezu die Verbesserung der natürlichen Begabung, weshalb diese artifizielle Schulung auch künstliches Gedächtnis genannt werden darf. Die schwierige Aufgabe, sich lange Texte zu merken, lösten die Redner durch das Einprägen von Örtern, wie etwa den Räumen eines Hauses, denen sie dann einzelne Teile der Rede oder Gedanken zuordneten. Schritt man während des Sprechens in Gedanken die Räume ab, so stellten sich dem Gedächtnis die Gedanken wieder her. Sie machten sich also die Verbindung von sinnlicher Wahrnehmung, Imagination und Denkoperation zunutze und zogen aus der Erkenntnis, dass Denken mit mentalen Bildern zu tun hat, die Konsequenz (Yates 1990).

Merksystem der antiken Rhetorik, das künstliche Gedächtnis

Einschränkend ist zu sagen, dass es sich hier um ein rein reproduktives Verfahren handelt, bei dem vormals Gespeichertes wieder abgerufen wird. Die Trias von Aufnehmen, Speichern und Wiedergeben bestimmt das künstliche Gedächtnis der Mnemonik. Aus der sogenannten Topik, dem System der Orte, an denen die Gedanken zu finden waren, und der rhetorischen Mnemotechnik, wanderten solche räumlichen Modelle aber auch in die Wissenschafts- und Bildungssysteme aus. Von der Antike bis ins 17. und 18. Jahrhundert wirkte die Gedächtniskunst auf die Ordnung des Wissens. Die „Memoria"-Teile gliederte man schon in der frühen Neuzeit aus den Lehrbüchern der Rhetorik aus; sie waren so wichtig geworden, dass sie in eigenen Traktaten behandelt wurden (Das enzyklopädische Gedächtnis 1998). Im Zeitalter der Enzyklopädien versuchte man mit geeigneten Formen der Systematisierung einer gestiegenen Anhäufung von Wissen zu begegnen. Anders als heute waren die Enzyklopädien der frühen Neuzeit nicht alphabetisch nach Stichwörtern gegliedert, sondern thematisch nach Wissensgebieten. Man sah in ihnen die Tresore des Wissens, das den topischen Modellen entsprechend bereitgehalten wurde. Tatsächlich führte das zu einer endgültigen Trennung von Mnemonik und Wissen, aber diese Art der Ordnung war als diskursiver Hintergrund für die europäische Literatur bedeutsam. Die ungezählten Entwürfe barocker Wissenschaftler für immer neue Merkprogramme im Rückgriff auf bestehende Ordnungsraster haben ihr Pendant in den Künsten der Zeit.

Bildungssysteme, Ordnungen des Wissens

Mit nahezu uneingeschränktem Vertrauen sah man im künstlichen Ge-

Umbruch um 1800

dächtnis das Modell für den universalen Zugriff auf Wissensbestände und so muss man heute die Künste bis zum 18. Jahrhundert als Teil dieser Methode, neues Wissen zu schöpfen, betrachten (Yates 1990). Erst mit der Neubewertung der schöpferischen Potenz des Individuums wird in einem längeren Zeitraum die aktive Funktion des Gedächtnisses anerkannt. Der entscheidende Umbruch geschieht in der Aufklärung, die unter Gedächtnis dann vorwiegend die Autorität der Tradition, eine bloß normative und beschränkende Macht versteht. Weitgehend zurückgedrängt wurden auch die alten räumlichen Vorstellungen von den Gehirnkammern, in denen sich die einzelnen Funktionen abspielten.

Hirnforschung und die Abkehr von Speichermodellen

Doch erst in der modernen Hirnforschung hat sich die Abkehr von Speichermodellen für das Gedächtnis durchgesetzt. Damit ist auch der Vergleich mit dem Computer hinfällig. Es ist interessant, wie gerade die fortgeschrittene Neurophysiologie stattdessen auf Axiome der Geisteswissenschaften zurückgreift, um die Besonderheit des menschlichen Gehirns zu erläutern. Konstruktivistische Modelle (Schmidt 1991) stellen die Gedächtnistätigkeit nicht mehr als Aufbewahrungsvorgang dar, sondern betonen ihre kreative Rolle. Aus dem Zusammenhang zwischen neuronalen und mentalen Prozessen und der Architektur des Gehirns schließt man, dass Wahrnehmen ohne gleichzeitiges Erinnern und gefühlsmäßiges Bewerten nicht möglich ist. Begriffe wie 'Bewertung' oder 'Bedeutung' scheinen unumgänglich für die Erklärung der Aktivitäten des Gehirns. Eben weil die rein körperliche Beschreibung nicht ausreicht, betonen die Forscher Vorgänge von 'Wechselwirkungen' und 'momentane Verknüpfungen', mit denen das Gehirn gleichsam wie ein Sinnesorgan auf bestimmte Aufgaben reagiert. Anscheinend arbeitet das Organ selbstbezüglich und aktuell synthetisch, indem erprobte Strukturen zwar dauerhaft zur Verfügung stehen, aber bei weiteren Kognitionen verändert werden, die dann Rückwirkungen auf die 'Schaltkreise' haben. In seiner neuronalen Architektur selber repräsentiert das Gedächtnis den jeweiligen Stand seiner bisher geleisteten Wahrnehmungen, seiner Geschichte also (Schmidt 1991, 32).

Neurologie

Wenn daher, wie der Neurologe Gerhard Roth (in: Schmidt 1991, 369) erklärt, Bedeutungen für das Gehirn ebenso konstitutiv sind wie neuronale Erregungen, dann kann man das Erinnern auch nicht mehr als ein Abrufen festgehaltener Daten begreifen, sondern nur noch als eine Herstellung von Wahrnehmungsreihen, die früher schon einmal ausgebildet wurden. Anscheinend erkennen wir beim Erinnern nicht bestimmte Bilder wieder, sondern die Kategorien, die wir schon einmal ausgebildet haben und die nun gleichzeitig rezeptiv und kreativ wirken. In der konstruktivistischen Sicht der Neurologen bekommt die Erinnerung den Charakter einer kognitiven Konstruktion. Man betont die Relationen zwischen Bewusstsein und Erinnerung.

Erinnerungen verändern sich, die False Memory Debate

Sogleich sind die systematischen Grenzen solcher Konzepte zu bedenken. Neben den Hirnprozessen existieren noch die Welt des Bewusstseins, die Handlungswelt und die kulturelle Ausdruckswelt, die damit noch nicht erfasst sind (Schwemmer, Existenz 1997, 103). Eine Ausweitung auf die Gedächtnisbegriffe der Kulturwissenschaften ist nur teilweise nützlich, wenn anders der Verdacht einer totalen Konstruktion der Vergangenheit vermieden werden soll. Erinnerungen haben nicht nur unterschiedliches Gewicht, sondern sie verändern auch ihren Status je nach Kontext, in dem sie formuliert werden. Ein Lehrstück dafür bietet die sogenannte „False Memory Debate" (A. Assmann 1999, 265 ff.). Unter der Bezeichnung verbirgt sich ein Dissens zwischen Psychotherapeuten und kognitiven Psychologen über die Zuverlässigkeit von Erinnerungen. Während die Therapeuten an lebenslange Wirkungen traumatischer Erlebnisse glauben, lehnt die andere Seite das ab und verweist auf die prinzipielle Unzuverlässigkeit der Erinnerung. Erst vor wenigen Jahren bekam die Debatte neuen Zündstoff durch die mit großer Medienwirksamkeit angepriesenen Kindheitserlebnisse des Schweizer Autors Benjamin Wilkomirski. Unter diesem angenommenen jüdischen Namen gab er 1995 seine Autobiographie heraus, in der sein angeblicher KZ-Aufenthalt als Kind derart eindringlich geschildert wurde, dass der Erfolg des Buches unabwendbar war. Wenig später wurde von Journalisten bewiesen, dass Bruno Grosjean oder auch Dössekker nie Jude und nie im Lager war (Mächler 2000).

Unzuverlässigkeit der Erinnerung

Stattdessen hatte der Autor und kenntnisreiche Hobbyhistoriker aufgrund einer langwierigen Einbildungsgeschichte einen Identitätswandel durchlebt, hinter dem sich eine ganz andere Geschichte, ein Familientrauma, verbarg. Für dieses Leiden hatte der Autor dann eine andere, wirkungsvollere Metapher gefunden. Zusätzlich war sein Gedächtnis durch angelesene therapeutische Konzepte und zahlreiche durchgeführte Behandlungen disponiert. Bestärkt durch die analytische Arbeit mit dem Therapeuten lebt Dössekker in dem Glauben, seine frühe Kindheit in Lagern verbracht und das erst spät erkannt zu haben. Es liegt hier ein Fall vor, bei dem nicht der bewusste Wille zur Fälschung unterstellt werden darf, sondern eine allmählich erzeugte Identität mit fataler Konsequenz medial umgesetzt wurde (Mächler 2000 und A. Assmann, in: Inszenierungen des Erinnerns 2000). Schon die neue Identität war aus dem Zusammenfall von Erinnerung und medialer Konstruktion hervorgegangen, die dem Autor in einer Mischung aus Lektüre, Filmen und Lagerbesuchen zukam; ihre Authentizität bezog sie aber aus den Mechanismen der Beglaubigung durch mediale Inszenierungen. Umso deutlicher verweist gerade diese falsche Biographie auf die Bedeutung des kollektiven Gedächtnisses, ohne das sie nie beachtet worden wäre. Indem dieser Autor Informationen über andere als ununterscheidbare Teile in die eigene Erinnerung integrierte, zeigt er, welche Macht überindividuelle Erinnerungen ausüben können.

Falsche Biographie und Mechanismen der Beglaubigung

2. Kulturelles Gedächtnis, Kanon und Kultur

Gegen die Relativierungen der Erinnerung, gegen die These, Erinnerungen bestünden unabhängig von der Vergangenheit, wie sie die Neurowissenschaften favorisiert, sprechen allein schon die psychischen Verletzungen, die sich oft erst nach vielen Jahren Ausdruck verschaffen können. Selbst wenn eine tiefe Kluft besteht zwischen dem Ursprung einer Erfahrung und ihrer erinnerten Repräsentation, kommen Gemeinschaften nicht umhin, Fakten vorauszusetzen. Das schließt freilich die legitime Auseinanderset-

Das kulturelle Gedächtnis

zung über den Status der Erinnerungen und ihren Gegenwartsbezug nicht aus. Die Probleme, die sich aus der gemeinschaftlichen Arbeit an der Vergangenheit ergeben, sind Gegenstand verschiedener Bemühungen um das kulturelle Gedächtnis.

Jan Assmann

Mit diesem Begriff gab der Ägyptologe Jan Assmann (*1938) der Forschung zu den Gedächtnistheorien neuen Aufschwung und den Kulturwissenschaften ein richtungweisendes Leitmotiv, dem sich seither zahllose Studien verbunden wissen. Zugleich liegt mit seinen Büchern wieder ein gewichtiger Beitrag aus den Religionswissenschaften und den Altertumswissenschaften vor, der sich mit den zahlreichen Vorläufern einer Anthropologie der Antike (Schlesier 1994) messen kann. Zwei Bücher fassen die Theorie zusammen, *Das kulturelle Gedächtnis* (1992) vereint einen methodischen Teil mit Fallstudien, *Religion und kulturelles Gedächtnis* (2000) versammelt neuere Arbeiten, darunter eine Studie zu Thomas Mann, mit einer zusammenfassenden Einleitung.

Tradition und Gedächtnis

Assmann geht von einem doppelten Ansatz aus. Zum einen sucht er nach einem Ersatz für den Begriff Tradition, der bestimmte Formen des Umgangs mit Vergangenheit nicht gut erfassen kann. Dafür greift er auf den Konstruktivismus in der Gedächtnistheorie von Halbwachs sowie auf die Soziologie von Berger/Luckmann zurück und ersetzt den Traditionsbegriff durch „kulturelles Gedächtnis". Zum andern stellt er damit einen neuen Oberbegriff bereit für kulturwissenschaftliche Arbeit überhaupt, indem er medientheoretische Aspekte aufnimmt und sie in eine allgemeine Kulturtheorie einbindet, die den Strategien der Herstellung von gesellschaftlichem Zusammenhalt nachspürt. Das ihn bewegende Thema ist die Beschaffenheit der Bindungsmechanismen einer Kultur.

Verhältnis von Gedächtnis und Geschichte, das kommunikative Gedächtnis

Solche Strukturen des Zusammenhalts, von Assmann „konnektiv" genannt, erfordern eine Engführung des Verhältnisses von Gedächtnis und Geschichte. Hier hatte Halbwachs nur einen Teil des Problems behandelt, nämlich das, was die Gruppen an Erinnerungen in den Einzelnen hineintragen. Diesen Aspekt der Abhängigkeit von den Milieus bezeichnet Assmann jetzt als das kommunikative Gedächtnis (J. Assmann 1992, 50). Wie bei Halbwachs sind die regelmäßige Interaktion, gemeinsame Lebensformen, lebendige Vergangenheit und ein aktiver Erfahrungsschatz einer Generation gemeint. Lebende, verkörperte Erinnerung, wie sie die „oral history", die aus Zeugenaussagen hergestellte Geschichtsschreibung erkundet, umfasst nicht mehr als eine Periode von zwei bis drei Generationen, auf die sich diese Erinnerungen beziehen können. Selbst in Schriftkulturen haben die Menschen keine authentischen Erinnerungen, die weiter zurückreichen. Hinter ihren Wert- und Erfahrungshorizont kann keine Generation zurück. Er wandert mit dem fortschreitenden Blick der Gegenwart und verschwindet mit seiner Generation, mit der auch ihre alltagsnahen Erfahrungen schließlich untergehen.

Große Zeiträume

An dieser Stelle setzt das Konzept von Assmann neu ein. Während Halbwachs sich nur diesem gesellschaftlichen Kurzzeitgedächtnis widmete, interessieren jetzt gerade die größeren und unbegrenzten Zeiträume, mit denen sich unser Gedächtnis befassen kann. Wenn aber schon die erste Kategorie von Erinnerungen kollektive Ursprünge hat, dann müssen die

Steigerungsformen des Gedächtnisses, die viel weiter in die historische Tiefe hinabreichen, ganz auf Rekonstruktion gründen. Diesen „Bruch, der zum Entstehen von Vergangenheit führt" (J. Assmann 1992, 34) verschleiert der Traditionsbegriff, indem er eine Kontinuität suggeriert, wo nur künstliche Rückgriffe nachweisbar sind. Trotzdem besteht doch ein affektives Verhältnis zu Vergangenheiten, die nicht zur persönlichen Erinnerung gehören. Man kann sie immer instrumentalisieren, aber nur gemeinschaftlich. Deshalb heißt die Schaffung einer historisch verankerten Wir-Identität das kollektive Gedächtnis (J. Assmann 2000, 15 ff.). Auf dem Wege von Inszenierungen, von Erinnerungsformeln und Handlungen entfaltet es starke soziogene Kräfte, unhintergehbare Zwänge der politischen Solidarität, die besonders in Krisenzeiten mobilisiert werden.

Die zahllosen symbolischen Inszenierungen des Kollektivgedächtnisses dienen der stetig wiederholten Bekräftigung von Vereinbarungen und schaffen so eine Struktur der Bindung, die mittels vergangener und nicht authentischer Erfahrungen die Zusammengehörigkeit beschwört. Verlorene oder verloren geglaubte Beziehungen möchte man wiederherstellen. Was keine Gegenwart mehr hat, was nicht mehr weiterwirkt, wird entgegen dieser fehlenden Gegenwart verstärkt erinnert und dem Alltag auf symbolischem Wege wieder hinzugefügt. Dieser „kontrapräsentische" (J. Assmann 1992, 78 ff.) Zug verleiht den kollektiven Anstrengungen die orientierende Kraft. Allerdings wirkt hier eine Transformation: „Durch Erinnerung wird Geschichte zum Mythos." (J. Assmann 1992, 52).

Das kollektive Gedächtnis

In dieser Umwandlung, die eben keine Kontinuität signalisiert, sondern den Bruch voraussetzt, liegt die Bedingung für das Fortdauern der Geschichte. Nur als Mythos kann sie wieder normativ wirken. Das zeigt Assmann am Gründungsmythos Israels, der verstetigten Erinnerung an die Sklaverei in Ägypten und den Einzug ins Gelobte Land. Hier wird Gedächtnis gemacht, Tradition hergestellt, Erinnerung methodisch erzeugt. Und das geht mit einer grundlegenden Transformation der Religion einher, wie überhaupt der Wandel der Religionen Musterbeispiele für Gedächtnistheorien bietet. Die Juden, so Assmann, standen nach der vierzig Jahre langen Wanderung durch die Wüste vor einer entscheidenden Änderung des sozialen Rahmens. Die Generation der Zeitzeugen starb aus, der Übergang von der gelebten in die gelernte Tradition war zu bewerkstelligen. Von diesem beispiellosen Akt der Identitätsstiftung durch Auswanderung und Ausgrenzung legt das fünfte Buch Mose Zeugnis ab. Als Gedächtnistext schlechthin enthält das Deuteronomium (J. Assmann 1992, 196–228) alle Elemente einer kulturellen Mnemotechnik, die unabhängig von der Zeit praktiziert wird. Im Judentum ist zur höchsten Steigerung getrieben, was das Prinzip der kulturellen Erinnerung ausmacht: die gegen die Zeit durchgehaltene Bindung an das geistige Israel bestätigt die Funktion der kontrapräsentischen Erinnerung.

Transformation der Religion, aus der gelebten wird die gelernte Tradition

Hinzu kommt der epochemachende Schritt in die Schrift. Der Wandel der Religion in die Buchreligion, der die Juden zum Volk des Buches und der Schrift macht, verändert das beschriebene Bindungsgedächtnis in ein Bildungsgedächtnis (J. Assmann 2000, 33). Erst dieser Schritt erlaubt es, eine weitere Form des Gedächtnisses oberhalb der beiden anderen anzu-

Buchreligion, Bildungsgedächtnis

setzen, die den historisch weitesten Horizont erschließt. Das kulturelle Gedächtnis ist nämlich genau der Rahmen, den eine Religion wie das Judentum benötigt, um überdauern zu können. Man braucht ein Medium, das Erfahrung und Wissen speichert, transportiert und den wachsenden Bestand an komplexen symbolischen Formen zentral organisiert. Ohne diese Möglichkeit der Auslagerung von Wissen über die Erfahrungen und Erinnerungen hätte das Judentum, das sich im Dauerexil befand, nicht überleben können. Nur der Schrifttext erlaubt die Wiederherstellung des geistigen Israel unabhängig von den Stätten des einstigen Geschehens. Religion verwandelt sich von einer Praxis kultischer Reinheit in eine Praxis des geistigen Anhangens, die zeit- und raumenthoben ihre zentralen Bindungen im kulturellen Gedächtnis bewahrt. Erst die mediale Wandlung eröffnet den Raum der geistigen Heimat, in dem diese neue Art von Religion ihr Zentrum findet (J. Assmann 1992, 214).

Kulturelles Gedächtnis ist eine mediale Steigerung des kollektiven

Das kulturelle Gedächtnis ist eine mediale Steigerungsform des kollektiven Gedächtnisses. Aber auch diese Modifikation bewirkt eine Transformation. Sie geht nicht nur in einer temporalen Verlängerung auf, sondern schafft einen qualitativ anderen Bezug zur Vergangenheit. Indem sich das kulturelle Gedächtnis ganz auf eine mediale Überlieferung stützt, deren Weitergabe auf Bildungsinstitutionen angewiesen ist, führt es alleine aufgrund seiner materialen Beschaffenheit eine Art von Eigenleben. Zwar erlaubt es „eine freie Verfügung des Einzelnen über die Erinnerungsbestände" (J. Assmann 2000, 34) und scheint die Chance der selbstverantworteten Orientierung zu gewähren. Aber auf der anderen Seite entspricht das kulturelle Gedächtnis genau dem typisch modernen Verlust an Verbindlichkeit und befördert das Vergessen. Anders gesagt: gerade weil sich das kulturelle Gedächtnis auf die Archive stützt, ist das, was es produziert, nur noch eine Sache der Bildung:

> Das kulturelle Gedächtnis umfasst im Gegensatz zum kommunikativen Gedächtnis das Uralte, Abgelegene, Ausgelagerte und im Gegensatz zum kollektiven und Bindungsgedächtnis das Nichtinstrumentalisierbare, Häretische, Subversive, Abgespaltene. Mit dem Begriff des kulturellen Gedächtnisses ist die äußerste Entfernung von dem erreicht, was unseren Ausgangspunkt gebildet hat: das individuelle Gedächtnis in seinen neuronalen und sozialen Bedingungen. (J. Assmann 2000, 41)

Um überhaupt davon sprechen zu können, bedarf es einer erheblichen Basis von präsentierter Vergangenheit. Sie erlaubt erst den Mechanismus der Selbstkorrektur, den Assmann der Bildung zutraut, nämlich sich durch die Vielstimmigkeit des Archivierten belehren zu lassen, es zu aktivieren und in die eigene Identitätskonstitution einzufügen. Das kulturelle Gedächtnis existiert demnach nur im Konnex von Institutionen, Medien und Interpretationen. So gesehen wäre es nur ein anderes Wort für die Kulturwissenschaft.

Synonym mit Kulturwissenschaft

Dennoch hat der Begriff eine historische und eine systematische Stelle. Schon die Alte Welt kannte Erinnerungskulturen, die sich um die großen normativen Texte in den Bibliotheken bildeten. Die Tora, das ägyptische Totenbuch, das Gilgamesch-Epos, die homerischen Epen waren Dokumente wie auch Ausgangspunkt von Erinnerungsstrukturen. Sie waren nicht lediglich museal stillgestellte Objekte. Diesen Kreislauf, diese Dynamik des kulturellen Geschehens will der Begriff einfangen. Er ist Ausdruck der „Interaktion zwischen Psyche, Bewusstsein, Gesellschaft und Kultur." (J. Assmann 2000, 20). Mehr als er schon erklären kann, verweist der Terminus kulturelles Gedächtnis auf einen immer wieder gerne unterschätzten Einfluss von Erinnerungsgeschichten.

Auf dem zweifachen Traditionsbruch, einerseits dem Wandel von Geschichte in Mythos, andererseits der Transformation des Umgangs mit Vergangenheit durch die Medien und Speicher, gründet das methodische Konzept der Gedächtnisgeschichte. Sie geht strikt von den vielfältigen Rezeptionen der Geschichte aus und schreibt die Geschichte der Geschichtsverhältnisse, wobei sie besonders tiefgreifende Umformungen des Vergangenen als bevorzugte Gegenstände auszeichnet. Besonders wichtig ist ihr der dynamische Austausch zwischen Speicherformen und gelebter Kommunikation, also der Prozess der Wiedereinführung ausgeschiedenen Wissens ins kollektive Gedächtnis. Indem sie nun auch noch den modernen Interpreten in das Geschehen mit einbezieht, erreicht die Theorie die Ebene der Kulturbedeutung von Traditionen, womit sie sämtlichen symbolischen Formen des Rückbezugs ein methodisches Gerüst anbieten kann. Die Theorie betont den hohen Anteil des Imaginären an der Geschichte der Zivilisation und sie nimmt die Realität schaffenden Komponenten der mentalen Umdeutungen des Geschichtlichen ernst (Harth 1998, 105). Das ist vielleicht ihr größter Gewinn.

> *Geschichte der Geschichtsverhältnisse*

> *Kulturbedeutung von Traditionen*

Das Aufspüren von symbolischen Bezirken nebst ihren objektivierten Orten, an denen das Gedächtnis lagert, verbindet Assmanns Theorie mit dem Werk des französischen Historikers Pierre Nora (*1931). Mit seinem sieben Bände umfassenden, von zahlreichen Beiträgern verfassten Werk *Les lieux de mémoire* (1984–1992; dt. Auswahl einiger Essays *Zwischen Geschichte und Gedächtnis* 1990) ergänzte Nora die traditionelle Geschichtsschreibung um eine Geschichte der Denkmäler, der Gedächtnisorte, wie man den Titel des Werks übersetzen müsste. Er wollte die Erosion der Erinnerung, die gerade auch von der professionellen Historiographie betrieben worden war, beenden. Man konnte sie aber nur wieder ins Bewusstsein breiterer Schichten zurückholen, wenn nachvollziehbar gezeigt wurde, wo und wie die nationale Geschichte noch immer präsent war. Die Arbeit des Sammelwerks bestand darin, alle Orte zu beschreiben, die in irgendeiner Weise historisches Zeugnis ablegten, wobei Nora einen Ort „in allen Bedeutungen des Wortes" verstanden wissen sollte. Das konnten Gedenkstätten in Dörfern sein, Gebäude und Gebäudekomplexe, Feiern und Feste, Embleme und Zeichen aller Art wie die Trikolore, Rituale, Museen, aber auch traditionsbegründende Texte bis hin zu den Kinderbüchern für Geschichte. Entscheidend war, dass sie alle wie Vehikel wirkten, von denen eine symbolische Wirkung auf die Vorstellungswelt von Geschichte ausging (Nora 1990, 7ff.).

> *Gedächtnisorte bei Pierre Nora*

> *Symbolische Wirkung auf die Vorstellungswelt*

Diese symbolischen Orte nun sind selber Anzeichen für den untergegangenen Zusammenhang von Geschichte und Gedächtnis. Würden wir noch in unserem Gedächtnis leben, bedürften wir der Orte nicht, behauptet Nora. Das ist eine problematische Antithese, die sich auf eine bestimmte Tendenz der Strukturgeschichte in Frankreich bezieht. Aber sie hat Gewicht, wenn sie im Zusammenhang des Konzepts der Gedächtnisorte bleibt. Die Orte sind nämlich „zunächst einmal Überreste" (Nora 1990, 19). An oder in ihnen materialisiert sich eine abgebrochene Tradition. Sie übernehmen die Funktion eines Archivs. Mit einem Wortspiel fasst Nora diesen Gedanken zusammen: „Es gibt *lieux de mémoire,* weil es keine *milieux de mémoire* mehr gibt." (Nora 1990, 11). Spätere Betrachter müssen die Geschichte im Sinne einer Erzählung rekonstruieren, damit das verlorene Milieu wiederersteht. Die materiellen Relikte sind also die Marksteine, die das kulturelle Gedächtnis auffordern, wieder Bezugspunkte zu bilden. Damit kommt auch der Historiker wieder ins Spiel. Ihn betrachtet Nora selber als einen Gedächtnisort, weil er seiner Pflicht zur Erinnerung nachkommen müsse.

Orte als Zeichen für Erinnerung

Beiden Welten gehören die Orte an, der analytischen, kritischen Wissenschaft von der Geschichte, aber auch der gelebten, verkörperten Erinnerung:

In der Tat sind sie Gedächtnisorte in der dreifachen Bedeutung des Worts, im materiellen, symbolischen und funktionalen Sinn, dies jedoch in unterschiedlichem Maße. Auch ein offenbar rein materieller Ort wie ein Archivdepot ist erst dann ein Gedächtnisort, wenn er mit einer symbolischen Aura umgeben ist. Auch ein rein funktionaler Ort wie ein Schulbuch, ein Testament, ein Kriegsveteranenverein gehört nur dann zu dieser Kategorie, wenn er Gegenstand eines Rituals ist. (Nora 1990, 32)

Mentales und äußere Objekte

Aus der Interaktion von Erinnerung und Geschichte, aus dem kommunikativen Umgang mit dem Archivierten entsteht das kulturelle Gedächtnis, das Nora noch ohne den Begriff beschreibt. Noras Gedächtnisorte sind eigentlich ideale Kreuzungspunkte, an denen sich das geschichtliche Wirkungspotential des Mentalen im Kontakt mit seinen veräußerten Objekten studieren lässt. Auf sehr bezeichnende Weise schwanken auch die Verfasser des deutschen Pendants zu Noras Werk in der Terminologie. Etienne François (*1943) und Hagen Schulze (*1943) diskutieren im Vorwort ihres Sammelwerks *Deutsche Erinnerungsorte* (2001) Unterschiede zum französischen Vorbild. Aber sie berufen sich auf Assmanns Terminus kulturelles Gedächtnis, aus dem sie nun ihre Definition für die symbolischen Figuren der Erinnerung ableiten:

Deutsche Erinnerungsorte

Es handelt sich um langlebige, Generationen überdauernde Kristallisationspunkte kollektiver Erinnerung und Identität, die in gesellschaftliche, kulturelle und politische Üblichkeiten eingebunden sind und die sich in dem Maße verändern, in dem sich die Weise ihrer Wahrnehmung, Aneignung, Anwendung und Übertragung verändert. (François/Schulze 2001, 18)

Gewonnen hatte Nora seinen Terminus von den Gedächtnisorten aus einer Übertragung des rhetorischen Begriffs der antiken Mnemotechnik, die er bei Frances Yates nachlas. Mit dem „kulturellen Gedächtnis" haben die „Erinnerungsorte" gemeinsam, dass sie selber abstrakte, hoch metaphorische Begriffe sind, weil sie das medial geschaffene Imaginäre einer Gesellschaft erfassen wollen. Ihr Gegenstand sind die Geschichtsbilder der Öffentlichkeit. Und sie erlauben beide dem Historiker die Reflexion über das eigene Tun, sie gestehen den konstruktiven Charakter des eigenen Umgangs mit Geschichte durchaus ein. Das nähert sie literarischen Verfahren

Abstraktionen des Imaginären einer Gesellschaft

an. Zugleich können sie aber umgekehrt zeigen, welches Gewicht die Literatur bei solchen Prozessen beanspruchen darf. Als Medium des Gedenkens, das die Literatur schon von Anbeginn war, ist sie auch der ausgezeichnete Ort, an dem die Wandlungen des kulturellen Gedächtnisses ihre Spuren hinterlassen. Diesem Thema widmet die Anglistin Aleida Assmann (*1947) ihre unter dem Titel *Erinnerungsräume* (1999) zusammengefassten Studien.

Ihr methodischer Ausgangspunkt erinnert an Halbwachs und Nora, die ebenfalls den Vorrang bestimmter Arten des Gedächtnisses feststellten. Die Trennung von gelebtem und gelagertem, bewohntem und unbewohntem Gedächtnis kehrt wieder in Aleida Assmanns Unterscheidung zwischen dem Gedächtnis als „ars", also den künstlichen Speichern, und der „vis", der Praxis des Erinnerns (A. Assmann 1999, 29 f.). Die anthropologische Kraft des Erinnerns verleiht der Vergangenheit jeweils neuen Sinn. Weit mehr als den Arten der Speicherung gilt das Interesse den Konstruktionen und Imaginationen, die das „Funktionsgedächtnis" zeitigt (A. Assmann 1999, 130–142). Dem unendlichen Gestaltwandel der Erinnerung spüren die literarischen Analysen von der Antike bis zur Gegenwart nach und lassen das Vermögen der Literatur aufscheinen, ganze Erinnerungsräume zu eröffnen. Es ist gerade ihre symbolische Ordnung, mit der sich die Literatur als ein Refugium für das kulturelle Gedächtnis qualifiziert.

Shakespeares historische Dramen als Gründungstexte nationaler Mythen, die romantische Lyrik bei Wordsworth als Wende zum nostalgischen Gedächtnis, zur säkularisierten Form der Erinnerung, das sind ausführlicher dargestellte Beispiele für den geschichtlichen Wandel der memoria. Ihn liest Assmann auch an der äußerst reichhaltigen Metaphorik ab, die parallel zum kulturellen Wandel verläuft. Die Fragen, wie eigentlich materielle Zeichenträger und Bilder, Imaginationen die Funktionen des Gedächtnisses verändern, wie diese Metaphern auf die Standards der Speichertechniken reagieren, untersucht das Buch eingehend. Die nützliche Typologie der Gedächtnismetaphern reicht von den bekannteren wie Schrift, Tafel, Buch und Palimpsest bis zu Spur, Netz, Abfall und Müll, die alle unterschiedliche Hermeneutiken bedingen. Da die Gedächtnismedien nicht einfach einander ablösen, sondern nebeneinander bestehen können, variiert auch der Vergangenheitsbezug, wie ihn die Metapher anzeigt (216).

Ähnliches gilt auch für die Gedächtnisorte, zu denen Assmann eine Klassifikation je nach der sie umgebenden Aura vorschlägt. Die Grundtypen Heiliger Ort – der Präsenz verbürgt, – Gedächtnisort – der eine bedeutungsvolle Stelle markiert, – Gedenkort – der Platz einer rituellen Kommemoration, werden aufgefächert bis zu den Traumatischen Orten des faschistischen Terrors.

Als ebenso unverzichtbares wie nützliches Instrument der Gedächtnisbildung ermöglicht der Kanon die Verfügbarkeit über das Wissenswürdige. Jede Entscheidung über das Tradierte, das zu Bewahrende und zu Erinnernde ist eine kanonische. Und sie ist ebenso erforderlich wie die Verständigung einer Gesellschaft über die Normen, die sie privilegiert. Bei diesem wichtigen Thema muss man unterscheiden zwischen dem Kanonbegriff selber, als einem anthropologischen Begriff, und den Kanones, also den

Marginalien (rechte Spalte):

Aleida Assmann, Erinnerungsräume

Gedenkort, Gedächtnisort

Kanon

immer wieder neu aufgestellten Listen, Tabellen, Kataloge. Die Vorstellungen vom jeweils richtigen Hilfsmittel variieren. Das Wort, ursprünglich ein Instrument der Baukunst, das soviel wie Richtscheit oder Lineal bedeutete (J. Assmann 1992, 107), wurde übertragen auf die Schriftkultur. Schon das ist bezeichnend. Die Abstammung der Metapher aus der Baukunst postuliert die hohe Verbindlichkeit ihrer Prinzipien. Im Sinne einer Letztbegründung etabliert der Kanon die Prinzipien, nach denen die Kultur entworfen werden muss. Das Kanonisieren bezeichnet daher einen Vorgang zweiter Ordnung, der aus der Norm der Normen heraus arbeitet. Der Kanon in diesem Sinne ist der Entscheidung entzogen, weil er Werte letztgültig formiert (J. Assmann 1992, 116).

Wandelbarkeit und Rekursion — Schriftkulturen als Kulturen zweiter Ordnung haben nach diesem Modell die Möglichkeit, die Praktiken der Integration und des Ausschlusses immer wieder neuen Gegebenheiten anzupassen und bleiben nur in dieser Organisationsstruktur vergleichbar. Mit den Akten der Rezeption, des Zugriffs auf Vergangenheit geben sie zugleich Aufschluss über ihre Wertordnung. Der Kanon ist nicht nur prinzipiell wandelbar, sondern enthüllt gerade im Wandel die ihm zugrundegelegten Prinzipien. Jeder ästhetische Kanon erschließt die Geschichte und die Wertvorstellungen seiner Bezugsgruppe und bietet Informationen über ihre Erwartungen an die Zugehörigkeit von Mitgliedern und die Ausgrenzung des Fremden. Insofern etabliert der Kanon eine Art Text, der das zu einer Liste Geronnene mit einer symbolischen Aura umgibt, die auf dem Wege der Rekursion, also dem ständig wiederholten Rückgriff, seine Bedeutung bestätigt. Es sind diese Akte des Zugriffs, die Selbstreferenzen und die Anweisungen, die den Kanon konstituieren und als einen Handlungsbegriff (Moog-Grünewald 1997) ausformen.

Organisationsform der kulturellen Orientierung — Schwierig ist der genaue Nachweis der bei einem Kanon angewendeten Kriterien, weil sich in ihm das Widerspiel von Statik, Dauer, Geschlossenheit und Prozess, Dynamik, Konstruktion abbildet. Kanon und Gegenkanon wie auch der Negativkanon formieren die relationale Basis der kollektiven Selbstverständigung (Heydebrand 1998). An den Akten der Ausschließung entzünden sich dann die Auseinandersetzungen über den Bedarf an Kanonisierung, die meistens in Forderungen nach einem anderen Umgang mit den Elementen des traditionellen Kanons münden. Der Kanon als Organisationsform der kulturellen Orientierung und der Erinnerung ist ein Schauplatz der Konflikte und Kämpfe um das Selbstverständnis einer Kultur, ihres Aushandelns jener Ordnung, aus der Resultate und Bedingungen der Wertung stammen.

Kanon als offener Begriff — Damit kann man an den Kanones auch die fundamentalen Veränderungen der Geschichte ablesen. Gerade in der Moderne seit dem 18. Jahrhundert ist eine ständige Veränderung der Rahmenbedingungen zu beobachten, in denen ein Kanon situiert wurde (Heydebrand 1998). Mit einer gewissen Berechtigung kann man sogar den Wandel des geschichtlichen Denkens, der zu einer immensen Erweiterung der Überlieferung geführt hat, als einen Vorgang der Kanonisierung betrachten. Historisches erhielt einen Eigenwert. Was aber sofort wieder die Fragen nach dem Wissenswerten und den mit der Forschung einhergehenden Intentionen provozierte.

Wenn die Kanonbildung heute auch nicht mehr die einzige Form der Erinnerung darstellt, so ist doch unbestritten, dass der Kanon zu den offenen Begriffen ohne festen Kriterienkatalog gehört und diese Offenheit seine Unverzichtbarkeit gewährleistet. Ganz ohne ideologischen Verdacht und jenseits der unzutreffenden Annahme einer ungebührlichen Einflussnahme von professioneller Seite kann der Kanon als ein Instrument der kulturellen Sinnbildung und Sozialisation durch kritische Prüfung seine formativen Funktionen erneuern. Gerade die kulturwissenschaftliche Frage nach der Wirkung von Texten in Lesern, also nach den Interaktionen zwischen Literatur und Mensch in sozialen Zusammenhängen, kommt ohne einen flexiblen Kanonbegriff nicht aus.

3. Kollektive Identität, Erinnerungspolitik

Zwischen dem sozialen Gedächtnis, zu dem auch die Geschichtsschreibung gehört, und dem kollektiven Gedächtnis, die sich nur teilweise überschneiden, finden Auseinandersetzungen statt um die Inszenierung der Erinnerung, um die Deutungsmacht oder die Vorherrschaft über die Interpretation der Vergangenheit. Der Bruch der Historie mit dem Diskurs der Erinnerung, der Nora zu seinem Werk anregte, hat tiefgreifende Konsequenzen für die Legitimation von Gesellschaften, ihre Entwürfe zukünftigen Handelns. Eine bekannte Schwierigkeit betrifft den Begriff der historischen Tatsache (Daniel 2001, 157 ff., 381 ff.) in der postmodernen Diskussion um die Abgrenzung zwischen dem wissenschaftlichen und dem literarischen Diskurs. Eine kritische Konzeption der Geschichte hat längst davor gewarnt, Tatsachen einfach mit dem historischen Geschehen gleichzusetzen. Sie warten nicht einfach in den Dokumenten, aus denen sie nur herausgelöst werden müssten, sondern sind abhängig von der konstruktiven Arbeit des Historikers. Seine narrativen Verfahren etablieren die Tatsachen. Erst in einem zweiten Schritt kann und muss man fragen, ob das so Entworfene wahr oder falsch ist.

> Problem: historische Tatsache

Außerdem weichen mündliche Zeugnisse, die in Schrift übergehen, von der Rolle des Zeugnisses ab. Die archivierte Erinnerung ist in den Status einer dokumentarischen Spur übergegangen, die aber wieder der beglaubigenden Intervention durch andere Interpreten bedarf. Ihre Authentizität muss sozusagen immer wieder bestätigt werden. Hier waltet ein Paradox: wenn Tatsachen auch unauslöschlich sind, wenn sie auch nicht mehr rückgängig gemacht werden können, so steht doch der Sinn dessen, was geschehen ist, niemals fest. Retrospektiv bleiben Tatsachen, was sie sind, aber in ihrer Bedeutung für die Zukunft können sie ganz ungewohnte Ansichten zeigen. Dieser konfliktreiche Austausch bindet die Historie in die Dynamik des geschichtlichen Bewusstseins ein. Die kollektive Erinnerung oder das offizielle Gedächtnis, in dem auch Vorurteile ohne Rücksicht auf ihre wissenschaftliche Widerlegung wirksam bleiben, schafft an der gemeinsamen Identität, mit der sie breit akzeptierte Gründungsereignisse entwirft.

> Tatsache und Sinn dessen, was geschehen ist

Das kulturelle Gedächtnis ist demnach involviert in die Dynamik des kollektiven Gedächtnisses, das die geschichtlichen Möglichkeiten radikal verkürzt und dafür starke gesellschaftliche Bindungen erzeugt. Das nach wie vor umstrittene Feld der nationalen Identität ist als historisch-systematisches Beispiel besonders geeignet, das kollektive Gedächtnis als ein eminent politisches zu erfahren und die Mechanismen der politischen Mythen sowie seiner Erinnerungspolitik zu erkennen.

Nationalismus,
Erfinden
von Traditionen

Insbesondere amerikanische und englische Historiker, wie Anderson und Hobsbawm, haben der Nationalismusforschung neuen Anstoß gegeben, als sie der Frage nachgingen, warum auch nachweislich junge Nationen im Bewusstsein ihrer Anhänger als uralt erscheinen. Nationen, so stellte sich heraus, erwachen nicht von selber zu ihrer geeinten Form, sondern sie werden erfunden (Anderson 1988). Und dies nicht aus freien Stücken, sondern als eine Antwort auf bestimmte Herausforderungen. Das „Erfinden von Traditionen", so überschrieb der englische Historiker Eric Hobsbawm einen Sammelband und seine gewichtige Einleitung (Text in: Kultur & Geschichte 1998), begegnet als Konzept der Durchsetzung neuer Bewegungen zu allen Zeiten. Besonders virulent war das Bedürfnis nach historischer Projektion aber seit der Aufklärung, die mit ihrer Geschichtsarbeit dem von ihr festgestellten drohenden Verlust der Tradition entgegenwirken wollte.

Zentrale Rolle
von Vorstellungen
beim Erfinden
von Traditionen

Der dafür nötige Aufwand ist beträchtlich. Praktiken und Konventionen werden neu organisiert, Fiktionen oder Halbfiktionen historischer Kontinuität werden entworfen, um in der ständigen Wiederholung den Eindruck des Althergebrachten erfahrbar zu machen. Die Strategien der Erzeugung von Plausibilität tauchen die Gegenwart in ein entsprechendes Licht der Geschichte und lassen sie als die ideale Erfüllungszeit einer schon immer gewussten geschichtlichen Sendung erscheinen. In jedem Falle handelt es sich um Vorstellungen, um vorgestellte oder virtuelle Gemeinschaften, mit deren Hilfe real bestehende Gemeinschaften als geeinte und abgrenzbare gedacht werden, wobei nur die Art und Weise der Konstruktion interessiert, nicht die Wahrheit oder Unwahrheit des Konstrukts, die nur der distanzierte Blick untersucht (Anderson 1988, 16).

Symbolische
Praktiken der
Kommunikation

Einerseits beruhen solche nationalen Identitäten auf Fälschungen und Mythen, man denke nur an Gründerfiguren wie Hermann den Cherusker, Vercingetorix oder Ossian, andererseits benötigen sie überlieferte Materialien der Vergangenheit, die mit einem neuen Symbolgehalt umgeben für politische Zwecke eingesetzt werden können. Die Traditionsbildung greift weit aus in symbolische Praktiken und Formen der Kommunikation. Auch sie sind nicht alle frei erfunden, sondern zu einem Muster vereint, dessen Verfertigung selber als ein wichtiger Bestandteil der Nationalkultur ausgegeben wird.

Erfindung des Erbes

Die „Erfindung des nationalen Erbes" (Brewer 1997, 427 ff.) erfolgt durch das Entlehnen, Kopieren und Sammeln vorhandener Narrative oder Erzählformen, die zu speziell nationalen ernannt werden. Am Beispiel Englands erläutert John Brewer die Vermarktung von Kunst, Souvenirs, Bilderbögen und Buchillustrationen zu großen Texten der Vergangenheit, die ein wachsendes Verständnis für britische Identität schufen. Maßgeblich beteiligt waren an dieser Prozedur Kritiker und selbsternannte Historiker, Amateure, die ihre eigenen künstlerischen Erzeugnisse in einem breiten Strom nationaler Tradition sehen wollten und deshalb ältere Formen und Schreibweisen reaktivierten. Eine anfangs kleine Gruppe von Intellektuellen ernannte sich zu Konservatoren des Erbes und ließ keine Gelegenheit aus, diese Kompetenz zu bekräftigen. Shakespeare erhob man seit den 1720er Jahren zum Klassiker, erschloss nun aber sein literarisches Genie als Folge einer Tradition. Und die Literaturgeschichten beweisen dann die Überfülle an Genialität in lange vergangenen Zeiträumen. Der populären Verbildlichung durch Stiche und Karten tritt die Abgrenzung zu anderen Kulturen zur Seite, ergänzt um den Stadt-Land-Gegensatz. Die Trias von Kultur, Natur und Nation formt die Vorstellung von der „Englishness" als dem Nationalcharakter, wie er aus dem Repertorium der Imaginationen hervorgegangen ist (Brewer 1997, 615 ff.).

Die Rhetorik der Nation nimmt viele Gestalten an; Fahnen, Bilder, Zeremonien und Musik, aber auch literarische Texte werden Teil und Gründungsakte der großen Inszenierung von Kontinuität. Dabei arbeiten, Pierre Noras Werk hat es für Frankreich gezeigt, François und Schulze behandeln das deutsche Beispiel, die symbolischen Erinnerungsräume der Öffentlichkeit mit den fachwissenschaftlichen Diskursen Hand in Hand. Auf der einen Seite entsteht die Denkmals- und Feierkultur des 19. Jahrhunderts, die zur Schaffung der historischen Semantik im Alltag beiträgt und die Idee der Nation sinnlich erfahrbar macht, auf der anderen Seite benutzt die Historiographie narrative Muster, die ihren Gegenstand zielgerichtet auf den Nationenbegriff hin orientieren. In den Festspielen, den Museen, den Historiengemälden, Epen, Liedern und beliebten Bildern aus der Vergangenheit liegt das Material ausgebreitet, von dem die Geschichtsmythen zehren. Die Künste stiften das Arsenal für die symbolischen Formen und die Techniken, aus denen die Erinnerungspolitik ihre Argumente und Strategien bezieht. Und sie sind dann auch ein wichtiger Gegenstand der Geschichtspolitik, die Klassiker ernennt und aus kulturpolitischen Erwägungen heraus Kanonisierungen vornimmt. Schließlich ist das 19. Jahrhundert die Epoche der Klassiker-Editionen.

Auch die materiellen Objekte als plastische Versuche, auratische Orte der Erinnerung zu schaffen, die als zeitgemäße Kultstätten den Effekt der Kontinuität bestärken sollen, sind Medien, in denen sich Identität bilden, an denen sich die Identifikation ausrichten kann (François/Schulze 2001, 13). Kollektiv beglaubigte Vergangenheitsbilder verknüpfen die Gegenwartserfahrung mit den Zukunftsentwürfen. Sie materialisieren sich in verschiedenen Medien der Vergemeinschaftung. In der Studie *Politischer Mythos und symbolische Politik* (1996) untersucht der Politologe Andreas Dörner (*1960) die Mechanismen dieser wirksamen Symbolerzählungen, die den Gedächtnis- oder Erinnerungsorten zugrunde liegen. Die nationalen Großmythen um Barbarossa, Hermann oder die Nibelungen bündeln die Kämpfe um politische Vorherrschaft. Sie können integrative Funktionen nur wahrnehmen, wenn die „ästhetische Vermittlung politischer Sinnstrukturen" gleichzeitig auf mehreren Ebenen geschieht (Dörner 1996, 41). Dann etablieren sie sich auf Dauer, bleiben stabil im kollektiven Gedächtnis und es genügt, ein Element aufzurufen, um den ganzen Mythos zu reaktivieren.

Mit einem Politikbegriff, der die Relevanz des Ästhetischen als Mittel an-

Rhetorik der Nation, Kulte des 19. Jahrhunderts, Erinnerungspolitik

Effekt der Kontinuität

Politologie
der symbolischen
Formen

erkennt und den Bezug auf Zeichen in der politischen Auseinandersetzung einkalkuliert, verbindet Dörner in Anlehnung an Pierre Bourdieu die Forderung nach einer „Politologie der symbolischen Formen" (17). Er bezieht sein Modell auf die soziologische Unterscheidung von „Deutungs- und Sozialkultur" (31 ff.). Während die Sozialkultur die nicht hinterfragten Selbstverständlichkeiten und das Handeln im Alltag erfasst, beschreibt die Deutungskultur die Ebene darüber, eine Ebene, auf der Sinnangebote formuliert und bereitgestellt werden. Beide stehen im Austausch. Das erklärt die reale Macht von politischen Mythen, ihre enorme Bedeutung für die Handlungsorientierung und das planvolle Umsetzen von Fiktionen.

Politische Mythen
als Medien
der kollektiven
Identität

Politische Mythen fungieren als Medien der kollektiven Identität. Sie ermöglichen den Individuen, ihre Gesellschaftsform als eine sinnvoll strukturierte, handlungsfähige und historisch notwendige Einheit wahrzunehmen. Sie verkörpern die wichtigsten Werte einer Gemeinschaft, mit denen sie sich von anderen abgrenzt. Hier wiederholen sich dieselben Prozeduren, die schon für die literarische Anthropologie beschrieben wurden. Die Einzelnen unterstellen sich den Subjektpositionen, die mythische Diskurse vorgeben, und kopieren Identität. Das Zusammenspiel des Fiktiven und des Imaginären liefert die Muster für Identifikationen, die symbolisch vorgelebten Handlungsmuster beeinflussen die Entwürfe von Identität bei den empirischen Individuen (Gerhard 1994; Pott 1995). Man reproduziert die in den imaginären Modellen vorgegeben Verhaltensschemata. Neben den üblichen Funktionen von solchen erfundenen Traditionen, wie Sinnbildung, Kompensation von Kontingenz, haben die politischen Mythen vor allem eine hohe integrative Wirkung. Im Rollenangebot eröffnen sie die Teilhabe vieler am Geschehen.

Bernhard Giesen,
Kollektive Identität

Der Soziologe Bernhard Giesen (*1948) hat daher eine Typenlehre für die *Kollektive Identität* (1999) entwickelt, die historische Szenarien berücksichtigt, in denen Intellektuelle als Erfinder der deutschen Identität auftraten. Zwischen Aufklärung und Reichsgründung war ein Repertoire entstanden, das immer wieder neuen Lagen angepasst werden konnte. Drei Ebenen unterscheidet Giesen: Code, Prozess und Situation. Die fundamentale Differenz zwischen Theorie und Realität, zwischen Code und Situation benennt den Kampf zwischen der alltäglichen Umwelt des Handelnden und den symbolischen Deutungen, mit denen er den Ansprüchen der Welt zu Leibe rückt. Zusätzlich erschweren die Auseinandersetzungen mit Dritten diese Lage, so dass in den Kommunikationsprozessen die Entstehung der Identität ganz anders verlaufen kann als erwartet. Mit dem Modell gewinnt Giesen ein Instrument zur Unterscheidung verschiedener Idealtypen. Zentral bei seiner historischen Analyse ist die Verbindung der Differenz „Wir – Andere" und den „ursprünglichen" Unterscheidungen, die solche Codes der kollektiven Identität benötigen. Er untersucht also verschiedene Logiken, die bei der Schaffung der Identitäten vorwalten.

Codes
der kollektiven
Identität

Die Codes bestimmen die Spielregeln; Situation und Prozess definieren den Spielraum, in dem die Handelnden ihre Interessen austarieren. Drei Codes bestimmten den Weg, den die Konstruktionen kollektiver Identität nahmen, der universalistische, der traditionale und der primordiale (Giesen 1999, 134). Sie bewerteten jeweils Vergangenheit, Gegenwart und Zukunft anders. Während Universalismus in den Religionen anzutreffen ist, bei denen die Erlösungsidee das Hauptelement ist, samt ihren weltlichen Filiationen von der Aufklärung bis zum Sozialismus, entwerfen primordiale Codes die Unterscheidungen zwischen Menschen als unveränderliche, nicht überschreitbare und einander ausschließende, wie beim Rassismus. Traditionale Codes gründen ihren Entwurf von kollektiver Identität auf Kontinuität von sozialen Routinen, lokaler Gemeinschaften und Erinnerungen. Selbstverständlich sind die entworfenen Typen systematisch gedacht. In der historischen Situation entscheidet das gemeinsame Handeln.

Identität entsteht erst im Zusammenspiel von Handeln und der Reflexion über die Handlungserfahrungen. Noch stärker ist die kollektive Identität angewiesen auf die „Selbsterfahrung kollektiver Akteure im gemeinsamen Handeln" (Giesen 1999, 119). Erst wenn sich Einzelne zusammenschließen und im Vollzug ihres Handelns die individuellen Unterschiede vergessen oder zurückstellen, existieren sie als ein kollektiver Akteur. Was zählt ist die Praxis des Vollzugs. Kollektive Identität bezeichnet die „Koexistenz von Handlungsvollzug und Identitätskonstruktion" (Giesen 1999, 119), also einen weitgehend temporalen und dynamischen Zusammenhang:

Handlungsvollzug und Identität

> Zwischen dem kulturellen Repertoire, das Tradition und gesellschaftliche Lage verfügbar hält, und den als unveränderbar geltenden Umständen der eigenen Lebenswelt spannt sich ein Raum kollektiven Handelns auf, in dem sich soziale Gemeinschaften formieren, die in internen Diskursen ihre Identität zu bestimmen versuchen und den so konstruierten Identitätsentwurf nach außen durchzusetzen versuchen. (119)

Dabei sind unterschiedliche Erfahrungen von „agency", dem Aushandeln im Kampf um Anerkennung denkbar, je nach Situation und Sozialbeziehung. Auch deshalb ist es hilfreich, eine breite Definition von kollektiver Identität anzusetzen, weil die genannten Räume der Auseinandersetzung äußerst vielfältig sein können.

Gegen die vorschnelle Kritik am Begriff der kollektiven Identität, die eine Selbstreflexion der Terminologie fordert (L. Niethammer 2000) kann man daran erinnern, dass der Ort des Handelns innerhalb der diskursiven Formationen bestimmbar sein sollte und auch Formen der gemeinsamen „agency" bestehen, die der Begriff erfassen will. Außerdem sind dem wissenschaftlichen Zugriff sowieso nur Teilidentitäten zugänglich, die in Wechselwirkung mit anderen stehen. Hier muss man die Partialität des Themas unterstreichen. So wie man „das" kollektive Gedächtnis als Ganzes nie umgreifen kann, werden auch nicht alle Seiten des Themas der sozialen Verankerung von Identitäten zugänglich sein. Bestes Beispiel: die Identitätskonstruktion in Deutschland nach dem zweiten Weltkrieg. Sie bestand wesentlich im öffentlichen Eingeständnis der Schuld, im Bekenntnis der Nation zur Verantwortung für die jüngste Vergangenheit. Eine solche „universalistische Codierung von kollektiver Identität" (Giesen 1999, 67 f.) kann sich nur auf ein funktionierendes kollektives Gedächtnis als Instrument der Gemeinschaftsbildung gründen. Gleichzeitig deckt es aber nur wieder einen Aspekt ab, wie der Wandel des Umgangs mit der Vergangenheit und die Annäherung der Erinnerungskulturen in Ost und West zeigten.

Kritik

Symbolisches
Handeln verbunden
mit einem
Selbstbezug

Der umstrittene Begriff benennt also eine Form sozialer Beziehungen, die symbolisches Handeln mit einem expliziten Selbstbezug verknüpft:

Wie eine individuelle Biographie bestimmte Phasen der Selbstfindung und Identitätsformation kennt, so finden sich auch in der Geschichte sozialer Beziehungsnetze besondere Perioden und Räume, in denen die Kommunikation sich auf die Bestimmung und Neubestimmung der Außengrenzen und des kollektiven Selbst richtet. (Giesen 1999, 23)

Hinzufügen muss man nur die Bedeutung des kollektiven, aber wohl auch des kulturellen Gedächtnisses, die dann ebenfalls thematisiert werden müssen und aus dem Prozess selber verändert hervorgehen.

VII. Intertextualität

Thematisch sollte man die Intertextualität heute im Verbund mit den Gedächtnistheorien behandeln. Wenn sie auch beide zunächst unabhängig voneinander entstanden sind, eigenständig ausgeformt wurden und scheinbar auf ganz unterschiedliche Fragen reagierten, so erschließen sie doch ein vergleichbares Gebiet auf einander ergänzende Weise. In der Regel kommen daher neuere Studien nicht mehr ohne Bezugnahmen auf beide Theorien aus und die Sprache, in der sie sich präsentieren, greift gerne auf Begriffe der benachbarten Theorie zurück oder vereint beide in der Metaphorik. Allerdings fehlen noch Arbeiten zur kulturwissenschaftlichen Bedeutung der Intertextualität, die explizit eine Anwendung erproben würden. Zusammenhang mit Gedächtnistheorien

Immer wieder war die Frage aufgetreten, ob sich Texte auf Kultur beziehen können, wie sie Kulturelles repräsentieren oder in welchem Sinne sie als Gedächtnis einer Kultur fungieren können. Naheliegend ist die freilich unzureichende Annahme, Texte seien eine Art Speicher, mit deren Hilfe kulturelle Zusammenhänge angehäuft, akkumuliert werden könnten. Dass dies nur in eingeschränktem Maße zutrifft, haben schon die Hinweise auf die Machbarkeit von Traditionen angedeutet. Genauso gut taugen Texte als Initiatoren von kulturellen Prozessen oder tragen wesentlich zu ihrer Genese bei. Dann stellen sie selber kulturelle Informationen dar und interessieren in ihrer Eigenschaft als Medien der Selbstrepräsentation kultureller Sachverhalte. Auch das ist nur eine mögliche Sichtweise. Text – Kultur – Verhältnis

Die Intertextualität geht anders vor. Sie betrachtet Texte als Modelle für die Prozesse der Semiotisierung und Symbolisierung einer Kultur, für die vielfältigen Austauschvorgänge zwischen kulturellem, kollektivem und individuellem Gedächtnis. Deshalb versetzt sie den einzelnen Text zurück in das Gesamt der ihn umgebenden Texte und fragt nach den Lektüren, nach möglichen Lesarten vor dem Hintergrund der anderen Texte. Als eine strikt rezeptionsbezogene Theorie interessiert sie sich nicht für Eigenschaften von Texten. Was sie sucht, existiert nicht in, sondern zwischen Texten und wird in der kulturellen Dynamik momentan aktualisiert. Der Status des Intertextes ist die reine Virtualität. Und indem die Intertextualität die Reflexion dieses permanenten Wandels der Sinngebung als Aufgabenbereich wählt, nähert sie sich dem kulturellen Geschehen, das gleichfalls nie stillsteht. Texte als Modelle der Symbolisierung einer Kultur

1. Subjekt, Text, Dialogizität

Der Gegenstand der Intertextualität hat natürlich schon eine längere Geschichte. Bevor das Wort erfunden war, haben Rhetorik, Poetik und Stilistik die Fragen der Bezugnahme von Texten auf andere Texte untersucht. Sie lieferten wichtige Bausteine für die Beschäftigung mit Anspielungen, Paro- Verwechslung mit älteren Voräufern dien, Plagiaten oder Pastiches, aber auch zu Zitaten und ihrer Funktion beim Aufbau der Bedeutung eines Werkes. Gelegentlich wird die mit dem Wort geborene Theorie der Intertextualität noch mit diesen älteren Ansätzen verwechselt, die sich in der Regel mit dem Aufspüren von Verwandtschaftsbeziehungen zwischen Texten begnügen. Tatsächlich aber ging die Neuerung ganz andere Wege.

Julia Kristeva

Eingeführt hat den Ausdruck die Sprachwissenschaftlerin und Psychoanalytikerin Julia Kristeva (*1941), die dem Umkreis des Semiologen Roland Barthes (1915–1980) und des Psychoanalytikers Jacques Lacan (1901–1981) entstammt. Im äußerst anregenden Feld des späten Pariser Strukturalismus schlug Kristeva im Jahr 1967 den neuen Terminus vor, den sie in der Auseinandersetzung mit dem damals bekannt gewordenen Werk des russischen Literaturwissenschaftlers Michail Bachtin entwickelte: *Bakhtine, le mot, le dialogue et le roman* aus der Zeitschrift *Critique* (dt.: 1972 *Bachtin, das Wort, der Dialog und der Roman,* Text in: Texte zur Literaturtheorie 1996) wurde zu einem der folgenreichsten Aufsätze der Literaturwissenschaften. Aus-

Sprachphilosophie

gangspunkt ihrer semiotischen Lektüren ist eine sprachphilosophische Annahme des später so genannten Poststrukturalismus (Bossinade 2000). Man verneint die feste Zuordnung zwischen dem Bedeutenden und dem Bedeuteten. Sprache ist kein abschließbares System, sie hat kein Zentrum, an dem die endlose Bewegung der Zuweisung von Bedeutung ihren Ursprung fände. Es gibt also kein einziges Paar Signifikant – Signifikat, das nicht verändert werden könnte. Damit verabschiedet man das Äquivalenz-Modell der Sprache, das von einer klar beschreibbaren Tauschbeziehung ausgegangen war. Und mehr noch: der Einzelne hat keine Möglichkeit, die Sprache zu kontrollieren. Er wird vielmehr von ihr bestimmt.

Text als Mosaik von Zitaten

Hatte die sprachphilosophische Tradition noch an ein Subjekt als Kontrollinstanz der Sprache geglaubt, so ersetzt Kristeva, ganz im Sinne der Psychoanalyse Lacans, das Äquivalenz-Modell durch ein dynamisches, in dem die Bedeutungen sich im kreativen Prozess der Sprache selber generieren. In einem weiteren Sinne ist dann die literarische Sprache auch nur als Überlagerung anderer Sprachen denkbar. Allerdings radikalisiert Kristeva nun die Thesen Bachtins und überhöht den Dialog zwischen Subjekt der Schreibweise, Texten und Adressat:

Jeder Text baut sich als Mosaik von Zitaten auf, jeder Text ist Absorption und Transformation eines anderen Textes. An die Stelle des Begriffs der Intersubjektivität tritt der Begriff der *Intertextualität,* und die poetische Sprache lässt sich zumindest als eine *doppelte* lesen. (Texte zur Literaturtheorie 1996, 337)

Im Gegensatz zu Bachtin kennt Kristeva einen Dialog von Sprechern mit ihren Intentionen nicht mehr, sondern nur noch Texte, die auf welche Weise auch immer in einen Dialog miteinander treten. Der Text selber, dem sie ja Handlungsfähigkeit zuschreibt, ist in gewissem Sinne nur eine Erscheinungsform an der Oberfläche, die auf einem Triebfundament der Sprache aufbaut, das schon Lacan für die Subjektwerdung beschrieben hatte. Es liegen Konflikte voraus, die sich im Kampf von alten und neuen

Zitieren als Kampf zwischen semiotischen Instanzen des Textes

Bedeutungen dem Text einzeichnen. Wenn Kristeva also vom Zitaten-Mosaik spricht, meint sie nicht das Zitieren im eigentlichen Sinne, sondern einen psychoanalytisch beschreibbaren Kampf zwischen semiotischen

Instanzen eines Textes, die wiederum nur Symptome sind für Unbewusstes (zu den Zeichentheorien Bossinade 2000).

Es ist nützlich, daran zu erinnern, dass Kristeva schon bald den Ausdruck Intertextualität verworfen hat, nachdem sich ihr Konzept einer Pathologie der modernen Literatur nicht durchsetzen konnte. In ihrem Buch *La révolution du language poétique* von 1974 (dt.: *Die Revolution der poetischen Sprache* 1978) wird insbesondere der Literatur von Mallarmé und Lautréamont eine radikal dekonstruktive Haltung unterstellt, die eher der Theorie Kristevas entspricht. In Mallarmés Suche nach den Geheimnissen der Buchstaben komme der Kampf zwischen dem Sprachlichen und Vorsprachlichen in einer subversiven Schreibweise zum Ausdruck. Die poetische Sprache „macht dem Subjekt den Prozeß, indem sie sich semiotischer Markierungen und Bahnungen bedient." (Kristeva 1978, 67). Kristeva sucht also nach besonders subtilen Formen der Anwesenheit von Störungen in der Sprache. Sie werden als Friktionen beim Übergang von einem Zeichensystem ins andere psychoanalytisch relevant, weshalb Intertextualität soviel wie „Transposition" bedeuten soll (Kristeva 1978, 69).

Buchstaben, Sprachstörungen

Der „Text", um den es hier geht, ist allerdings universal. Jedenfalls untersucht Kristeva unter dem Titel „Text" umfassende kulturelle Strukturen oder überindividuelle Modalitäten der Sinngebung. Sie kehrt die Verhältnisse um und treibt die Vorstellung von einem verantwortlich produzierenden Autor so gründlich aus, dass dieser nur noch als Agent eines intertextuellen Spiels erscheint, mit dem er die Produktivität an Sprache und Text abgetreten hat. Er ist eben selber Teil des Konglomerats aller Sinnsysteme und kulturellen Codes, deren er sich bedienen muss. Kristeva bevorzugt einen total entgrenzten Textbegriff, hinter dem die Individualität eines Werkes verschwindet und sie konstruiert ein transsemiotisches Universum, in dem die subversive Leistung des Textes aus einem endlosen Vorgang der Permutation erwächst. In der Dynamik dieses Konzepts löst sich die vertraute Vorstellung von einem finiten, statischen Text auf in einem Begriff von Text, der nur noch als offene Größe gedacht werden kann und sich auf das Gesamt soziokulturellen Wissens hin entwirft. Kristevas Textbegriff ist von ihrem gesellschaftskritischen Ansatz durchtränkt, der gegen die alten Theoreme der Subjektivität den offenen, unkontrollierbaren, kollektiven Text stellt. Gesellschaft und Geschichte sind immer schon vertextet.

Entgrenzter Textbegriff

Zu Unrecht hatte sich Kristeva auf Bachtin berufen, in ihrem Aufsatz aber an seine bedeutende ästhetische Theorie erinnert. Von dem russischen Kulturtheoretiker und Literaturwissenschaftler Michail Bachtin (1895–1975) kam der ideologiekritische Impetus und die Entwicklung der Intertextualität vollzog sich lange im Kontext seiner erst spät aufgenommenen Schriften, die aber mit der Sache nicht direkt zu tun haben. Dieses Faktum ist wissenschaftsgeschichtlich ein Beispiel für das produktive Missverstehen von Theorien und im Grunde selber ein Beleg für die kulturwissenschaftliche Wirksamkeit der Intertextualität.

Michail Bachtin

Bachtin verdankt man das Theorem der Dialogizität, das häufig synonym verwendet wurde und einen beträchtlichen Teil der Diskussion steuerte. Ganz anders als Kristeva geht Bachtin nicht vom Unbewussten aus, sondern von der Gesprächsstruktur, aus der sich Subjektivität aufbaut. Folglich

Dialogizität

interessiert er sich für reale Interaktionen, für die Sprache als soziales Ereignis. Schon in der Alltagsrede verwendet jeder Mensch bewusst mehr fremde Wörter als er zuzugeben bereit ist. Alltagsrede zitiert viel und besteht nur zur Hälfte aus eigenen Wörtern. Aber der literarische Text verändert das noch einmal und eröffnet ganz andere Möglichkeiten. Bachtin entwickelt am Roman in einer Reihe von Studien, übersetzt und gesammelt unter dem Titel *Die Ästhetik des Wortes* (1979), seine Typologie des Prosawortes. Der Roman kennt nicht nur das vom Autor gesetzte Wort und die dargestellte Personenrede oder die vielfältigen wiedergegebenen Sprachen, sondern auch noch einen Typus, der eine besondere Stilisierung vornimmt.

Das fremde Wort   Das hereingenommene fremde Wort kann auf den Gedanken des Autors eingestellt werden, so dass sich des Autors Gedanke im fremden Wort häuslich einrichtet und dadurch das Roman-Wort in eine Kampfarena zweier oder mehrerer Stimmen verwandelt (Bachtin 1979, 157).

Das wird verständlich, wenn man den Ausgangspunkt erinnert. Nach Bachtin sieht jeder Künstler, dass sein Werkzeug schon durch vielfachen Gebrauch abgenutzt ist. Er sagt daher, jedem Wort sei der Beruf, die Partei oder der soziale Kontext anzumerken, „in denen es sein sozial gespanntes Leben geführt hat." (Bachtin 1979, 185). Weil alle Wörter von Intentionen durchsetzt sind, können sie erst durch einen neuerlichen Akt der Aneignung zu eigenen gemacht werden. Man nimmt die Wörter buchstäblich einander aus dem Mund. Nun muss der Künstler aber mehr leisten. Er kann nicht nur Wörter verwenden, sondern muss die vorgefundenen überwinden, indem er beispielsweise die Reaktionen auf Wörter mit in seinen

Das dialogisch gewordene Wort   Diskurs verwebt. Das solchermaßen „dialogisch" gewordene Wort dient dem gebrochenen Ausdruck der Autorintention. Denn als mehrstimmig gewordenes, polyphones Wort drückt es nicht mehr nur die Intention des Autors aus, sondern gewährt auch anderen Stimmen Raum. Es ist ein „innerlich" dialogisiertes Wort, in dem, auf engstem Raume konzentriert, eine Auseinandersetzung von Weltanschauungen ausgetragen wird wie in einem Gespräch, bei dem der andere Partner unsichtbar anwesend ist, während doch nur einer spricht (Bachtin 1979, 213).

Wort im Roman   Die „immanente Dialogizität des Wortes" (Bachtin 1979, 172) als eine spezifische Kunstleistung macht den Roman und nur ihn zum vielstimmigen Text. Die Schrift alleine ist noch nicht stimmlich, erst der Prosatext muss die Verstimmlichung gewährleisten. Seine Stimme soll sich vor dem Hintergrund der anderen abheben (171). Präsente und abwesende Rede schaffen die Ambivalenz, durch die sich das Prosawort auszeichnet. Unter Ambivalenz versteht Bachtin den Freiraum, den der Roman gegenüber der gesellschaftlichen Norm erobert. Indem der Autor den Dialog als Ereignis im Wort inszeniert, hat er auch die Möglichkeit der Distanz. Er vermischt die Sphären, denen die Wörter mit ihren Bedeutungen angehören und

Hybride Konstruktion   schafft eine „hybride Konstruktion", bei der von einem Satzglied zum anderen die Instanzen wechseln können (195 ff.). Romane wie die von Laurence Sterne, Jean Paul oder Dickens könnten fast zur Gänze mit Anführungszeichen übersät sein, wollte man die reine Rede des Autors herausheben. Aber selbst dann würde man ihre Hybridität verkennen, die sich doch gerade aus dem Paradox des Eigenen als eines Fremden ergibt.

Wenn also die Rede des Romanciers so gestaltet ist, dass er mit einer „gleichsam ein Stück von seinem Munde entfernten Sprache" (190) spricht, dann ist sie für den Interpreten ein kostbares Dokument. Er kann die Schichten der Ablagerung studieren, die er dem Doppelsinn der Wörter zu entnehmen vermag. Bachtins Theorie der Dialogizität stärkt den Aspekt der Semantik, der semantischen Reibung, die immer wieder auf den sozialen Raum zurückführt, aus dem die Wörter stammen. Das Romanwort kann ja sogar andere Bedeutungen als Dementi des eigenen Sinns aufrufen. In ihm kreuzen sich verschiedene Positionen von Bedeutungen, die ihrerseits kulturelle Erfahrungen repräsentieren. Bachtin vertritt ein Modell der Akkumulation von sozialem Wissen im Text, das diesen auch zu subversiven Aufgaben befähigt. Aber seine Theorie ist dennoch nicht statisch. Denn er weiß um den Akt des Lesens, in dem die Dialogizität eigentlich erst vollzogen wird, wie er in einem kleinen Beitrag *„Zur Methodologie der Literaturwissenschaft"* schreibt:

Theorie der Dialogizität

Der Text lebt nur, indem er sich mit einem anderen Text (dem Kontext) berührt. Nur im Punkt dieses Kontaktes von Texten erstrahlt jenes Licht, das nach vorn und nach hinten leuchtet, das den jeweiligen Text am Dialog teilnehmen lässt. Wir unterstreichen, dass dieser Kontakt ein dialogischer Kontakt zwischen Texten (Äußerungen) und nicht ein mechanischer Kontakt von „Oppositionen" ist, der nur im Rahmen eines einzigen Textes (…) möglich und nur in der ersten Etappe des Verstehens (des Verstehens von *Bedeutung* und nicht von *Sinn*) notwendig ist. (1979, 353)

Nur so kommt man dem Spiel mit den Sprachen, der Stimmgebung durch den Autor und den Verfahren der Hybridisierung auf die Spur, die doch den modernen europäischen Roman von Anfang an auszeichnen. Bachtin entdeckt mit seiner Theorie, die im Grunde nicht die Intertextualität beschreiben will, doch einige ihrer fundamentalen Parameter wie die Abhängigkeit von der Rezeption oder – vor allem – das Überblenden als schöpferisches Verfahren der Sprache. Damit zeigt er auf die Kodierungen, die Möglichkeiten der Mehrfachkodierung in Texten oder die Doppelstrukturen wie Parodie, Travestie, Replik und öffnet den Werkbegriff in Richtung auf ein energetisches Textmodell. Durch die „Vermischung zweier sozialer Sprachen innerhalb einer einzigen Äußerung" (1979, 244), also im Überblenden, wirft die hereingespielte Sprache ihr Licht derart auf die abbildende, dass diese sich ebenfalls verändert. Hybride sind also Knotenpunkte, an denen die Kunst über sich selbst sprechen kann, aber in einer anderen Stimme. Solche metapoetischen Aspekte erblickt Bachtin im Licht seiner Dialogtheorie. Auch das im Roman entfesselte Spiel mit den Grenzen von Diskursen, das zu vollendeten Ambiguitäten, zur vollständigen Verwirrung über den Standpunkt der Wahrnehmung oder über die Instanz, die spricht, führen kann, ist heute noch Gegenstand der Erzähltheorie. Und was Bachtin die Stimmenvielfalt nannte, ist eine erste Bestimmung des Gedächtnisraumes gewesen, den Texte abschreiten.

Das Überblenden als schöpferisches Verfahren der Sprache

Für die Praxis der literaturwissenschaftlichen Arbeit fordert die Dialogizität vom Interpreten die Rücksicht auf mögliche Beziehungen zwischen Texten, die beim Vermerk von solchen Stellen nicht stehen bleiben kann. Man hat sie als Anzeichen für ein ganzes Netzwerk zu lesen. Es genügt also nicht mehr, bloß zu kommentieren. Vielmehr geht die Rekonstruktion

Kunst der Interpretation

von Formen der Kommunikation in eine Skizze von Lesarten über, die jeweils eigene Richtungen der Interpretation verfolgen. Das Geschäft der Interpretation wird nicht leichter, sondern komplizierter, weil jeder mitgelesene Text die Lektüre verändert. So zeigt der neueste Kommentar zu Goethes *Faust-Dichtungen* (1999) von Ulrich Gaier (*1935), der sich auf Bachtin bezieht, die verschiedenen Formen der Sinnkonstitution des Dramas. Religiöse, naturphilosophische, magische, ökonomische, soziologische und andere Ebenen ergeben je nach Reaktivierung des kulturellen Wissens ein neues Geflecht universaler Sinnbezüge und Verweise.

Subjekt des Textes Bachtins Theorem vom dialogischen Kontakt zwischen Texten als dem Modell des Verstehensprozesses enthält eine wichtige Vorannahme, die in neueren Entwürfen zur Intertextualität bestritten wurde. Nämlich die Frage nach dem Subjekt des Textes. Ganz im Gegensatz zu der psychoanalytisch bedingten Destruktion des Subjekts bei Kristeva denkt Bachtin auch hier vom Dialog her. Ein Subjekt des Textes verankert er im Dialog, an der Stelle also, an der es sich mit einem anderen trifft. Deshalb spricht er auch nicht vom Subjekt, sondern von der Person oder Personalität. Hinter dem Kontakt der Texte stünde „der Kontakt von Persönlichkeiten" (Bachtin 1979, 353), weshalb der Sinn „personalistisch" sei, daher die Wechselwirkung bezeichnet, eben nie nur auf einen Einzelnen verweist. Das sprechende Subjekt stellt nicht allein die subjektive Erfahrung von Welt dar, sondern macht sie im Kunstwerk als Erfahrung seiner selbst in der Erfahrung des Anderen verstehbar. Vollends situiert die Differenz von „Bedeutung" und „Sinn" das Ich im sozialen Subjekt, das als eine Art Zeichengemeinschaft vorgestellt wird.

Werkbegriff wieder gestärkt Daraus lässt sich natürlich nicht die postmoderne These vom Verschwinden des Autors herleiten oder das verwandte Theorem von der subjektlosen Verfassung des Textes, der bloß Diskurse neu arrangiert. Nur bei dem universalisierten Textbegriff geht Kultur zur Gänze in einem Text auf, dem sich die literarischen Texte anscheinend umstandslos einfügen. Verstehen verkommt dann zu einer freischwebenden Produktion von Differenzen, die keine Markierungen im Text benötigt. Die Diskussion dieses zweiten Problems kreist um die Frage nach dem Werk, im Sinne der Unterscheidbarkeit von Produkten. Wie kann man vor dem Hintergrund der gemeinsamen Zeichenerfahrung einer Kultur bestimmte Arten des Gebrauchs von Zeichen von anderen absetzen ? Der Romanist Karlheinz Stierle (*1936) hat in seinem Beitrag *Werk und Intertextualität* von 1983 (Text in: Texte zur Literaturtheorie 1996) erklärt, das Werk sei „eine Ausgrenzung", die es als Produkt über das alltägliche „Rauschen der Intertextualität" hinweghebt (354 ff.). Der Text zeigt selber eine Relation an und setzt dadurch „ein Reflexionsmedium". Er schafft ein Sinnfeld, in dessen Mittelpunkt er aber selber steht. Daher begrenzt das Werk die Bezugnahmen: „Werke sind nicht unendlich bedeutungsoffen. Es sind Äquivalente von Aufmerksamkeitsleistungen" (356).

Solche Kritik hat den Werkbegriff und die Identität des Textes wieder gestärkt. Operable Konzepte der Intertextualität gehen davon aus, dass ein Werk nicht nur auf andere Bezug nimmt, sondern vor allem auf Deutungsmuster. Der hereingespielte Text ist immer schon gedeutet. Gerade an den

Stellen, an denen ein Werk seine Distanz zu anderen benennt, indem es eine Referenz markiert, verdeutlicht es auch die Werk-Instanz. Man kann daher den Werkbegriff gerade aus der Dialogizität gewinnen. Ein neues Werk setzt sich als solches dadurch, dass es die Beziehung zu anderen selber thematisiert. Die jetzt erst gegebene Identität schließt die Referenz mit ein. Und je stärker diese Inszenierung ausfällt, in der ein Text andere nutzt, um so nachhaltiger sein Profil als Werk. Denn das Netz der Sinnbezüge wird so intensiver geknüpft, was das Werk unverwechselbar macht.

Stierle geht einen Schritt zurück zu Bachtin, um die unhaltbare Definition von Kristeva zu korrigieren. Nach der Phase der Erprobung war damit ein tragfähiger Grund gewonnen, auf dem weitere Differenzierungen des Konzeptes aufbauten. Schon früh bildeten sich zwei Richtungen der Intertextualität heraus. Auf der einen Seite die an Kristeva orientierte, in Frankreich dominante kultursemiotische Forschung, die noch einmal bei Renate Lachmann aufgegriffen wird, zum andern die stärker praktischen Fragen zugewandte Forschung, die von deutschen Romanisten und Anglisten vorangebracht und von Gérard Genette maßgeblich angestoßen wurde.

Zwei Richtungen der Intertextualität

2. Typologien der Intertextualität

Texte entstehen nicht aus dem Nichts. Das gilt besonders für literarische Texte. Vielfältige Voraussetzungen gehen auch in die Bestimmung ihres Werkcharakters ein oder liegen der Hybridität zugrunde, von der Bachtin gesprochen hatte. Während er aber noch ganz auf der Ebene der Sprache argumentierte, widmeten sich die neueren Konzepte der Intertextualität dem Verhältnis von Texten und ihren Vorgängern, den Prätexten. Diese Bezugnahmen auf vorangegangene Texte hat es zu allen Zeiten gegeben, von den homerischen Epen bis zur Gegenwartsliteratur. Es gibt kein literarisches Werk, das nicht an ein anderes erinnert. Um nur einige gängige Titel zu erwähnen: James Joyce *Ulysses,* Thomas Mann *Doktor Faustus,* Ulrich Plenzdorf *Die neuen Leiden des jungen W. ,* Heiner Müller *Shakespeare Factory,* Christa Wolf *Kassandra* und *Medea Stimmen,* Durs Grünbein *Nach den Satiren* – aber nicht nur in der modernen Klassikerrezeption, sondern spätestens seit der Romantik arbeitet die Moderne aus dem Zettelkasten.

Prätexte

Bei den ausgewählten Beispielen liegen außerdem konkret genannte Rückgriffe vor, denn schon die Titel fungieren als Markierung. Die zweifellos auffälligste Strategie des Verweises, die den Leser auf den bekannten Prätext oder Autor aufmerksam macht, zählt zu den gebräuchlichsten Verfahren der Intertextualität. Über das Titelzitat oder über die erwähnten Figurennamen, die entlehnten Figuren, fordert der Text den Leser auf, die in den Markierungen aufgerufenen Texte in seine Lektüre einzubeziehen und die Bedeutungsebenen aus den Prätexten mit dem neuen Text zusammenzulesen. Ort und Funktion der Markierung im Werkkontext sind ebenso zu beachten wie die Proportion, also der Umfang des Signals. So verfügt der neue Text über eine Reihe von Wegen, suggestiv Kodierungen aufzubauen, die den Sinngehalt des neuen Textes steigern oder wenigstens pluralisieren.

Markierungen

Der Leser fragt sich, wie sich der neue Werther zum alten stellt oder warum der junge verliebte Lehrling aus der DDR als Werther vorgestellt wird.

An ihrer Einstellung zum Problem der Markierung unterscheiden sich die neueren Konzepte. Ein stark an der Bewertung von Prätexten orientiertes Modell der Intertextualität legte der bedeutende Literaturtheoretiker Gérard Genette (*1930) vor. Er untersucht eine immense Fülle von Beispielen aus der europäischen Literatur seit der Antike nach den Weisen der direkten oder indirekten Bezüge. Unter dem Titel *Palimpsestes. La littérature au second degré* von 1982 (dt. : *Palimpseste. Die Literatur auf zweiter Stufe* 1993) konstruiert er ein System, das mit beträchtlichem terminologischen Aufwand die „Transtextualität" erfassen soll, also alles, was den Text überschreitet, die „textuelle Transzendenz" (Genette 1993, 9). Unter seine Einteilung in fünf Gruppen fallen markierte und nicht-markierte Bezüge, aber mit deutlichem Übergewicht auf den erkennbaren Signalen. Die erste Gruppe, die Genette „Intertextualität" nennt, versammelt die Fälle effektiver Präsenz eines Textes im anderen, also Zitate oder Plagiate. Die zweite heißt „Paratextualität" und erfasst das Umfeld des Textes, die Vorworte, Nachworte, Illustrationen, Waschzettel, Interviews und Stellungnahmen, in denen Steuerungen der Lektüre vorgegeben sind. Drittens nennt er die „Metatextualität", den kritischen Kommentar bis hin zur Literaturkritik. Viertens die „Hypertextualität" als die schwierigste Gruppe, bei der sich die Texte „überlagern" zu einer Auseinandersetzung „zweiten Grades" (15). Hierher gehören die Nachbildungen, die Fortsetzungen und Weiterdichtungen, die Parodien usw. Sie machen Prätexte zu Folien. Fünftens eine ebenso wichtige Gruppe, die „Architextualität", womit er alle Arten des Gattungsbezugs beschreibt, wobei jedes Mal neu zu fragen ist, wie sich ein Text zu einem aufgerufenen oder implizit verarbeiteten Schema verhält.

Die von Genette geschaffenen Grundlagen wurden mittlerweile modifiziert; seine manchmal sperrige Begrifflichkeit überzeugt nicht immer, aber die Analysen einiger besonders ergiebiger Textstrategien, hier herausgestellt, verdanken seinem Modell viel und bleiben Eckpunkte der Theoriebildung, auch wenn sie nicht mehr mit seinem Namen verbunden sind. Neuere Entwürfe präsentieren meistens Typologien von Bezügen. Sie versuchen, die Gewichte einzelner Referenzverfahren innerhalb der als Variable gedachten Intertextualität zu verschieben. Insofern bleiben sie alle vorläufig.

Ein Spezialfall der Markierung ist das Zitat. Es reicht von der kleinen, übernommen Worteinheit bis zum Cento, dem rein aus Zitaten bestehenden Gedicht oder bis zu den zitierten Helden, den aus anderen Texten stammenden Figuren. Ein wichtiges Kriterium zur Unterscheidung von der Anspielung ist die Referenz auf die materiale Ebene eines Prätextes. Während beim Zitat also Textsegmente übernommen werden, arbeitet die Anspielung eine Stufe tiefer auf der semantischen Ebene. Aber die umfangreiche Forschung kann hier keine klare Unterscheidung treffen, sie sieht vielmehr Übergänge zwischen Zitat, Allusion, Pastiche usw. Wichtiger ist die qualitative Einschätzung von Techniken der Wiederholung. Grundsätz-

Marginalien:

Gérard Genette, Palimpseste

Typologien von Bezügen

Zitat, Anspielung

lich stellt nämlich auch das Zitat den Leser vor die gleiche Frage, wie er zwischen der materialen Markierung, dem Segment, und der Markierung als bloß hinweisendem Signal unterscheiden soll. Schon mit dem reinen Akt der Übernahme verändert sich bereits die Semantik eines Zitats, das im neuen Kontext auch bei unveränderter Gestalt andere Wertigkeiten annimmt (Holthuis 1993, 97). Je mehr der neue Text das verbale Material modifiziert, um so eher verwischt er die Grenzen zwischen den Referenzstrategien. Maßgeblich sind hier die Relevanzentscheidungen des Lesers, seine Kompetenz und Rezeptionserwartungen.

Wie weit solche Kondensierungen von Bezügen reichen, erläutert am besten die bekannte Klopstock-Anspielung, mit der sich Goethes Werther und seine Lotte beim Ball als Angehörige einer ausgezeichneten Gefühlsgemeinschaft zu erkennen geben. Ihnen genügt die bloße Nennung des berühmten Dichterkollegen, um sofort die Empfindung der Landschaft wachzurufen. Dennoch wäre hier der Terminus wörtliches Zitat nicht leicht anzuwenden, denn die Einbettung in den neuen Zusammenhang bringt doch wieder andere Nuancen hervor. Freilich funktioniert dieses Signal nur vor dem Hintergrund eines kulturell sozialisierten Wissens, mit dem sich auch der Leser dieser Kultgemeinde zurechnet. Solche kulturelle Markierungen (Holthuis 1993, 134) gehen natürlich über die Text-Leser-Kommunikation hinaus, sie bauen auf eine breite Resonanz einer sozialen Gemeinschaft, die sich in ihnen wiedererkennt oder in ihrem Zeichen zu formieren weiß. Noch schwieriger sind die Fälle hybrider Zitate zu handhaben. Einige Schriftsteller wie Wilhelm Raabe, James Joyce oder Arno Schmidt neigen zum zitierten Zitat, also der mehrfach gesteigerten Markierung, die verschärfte Anforderungen an das Kanonwissen des Lesers stellt. Gerade dort ist erkennbar, dass ein exzessives Zitieren auch die Umkodierung des Prätextes bewirken kann. Der Ausgangstext liest sich irgendwann anders, wenn er oft zitiert oder verfremdet wurde und verändert seine Position im kulturellen Gedächtnis.

Kulturelle Markierungen

Aber formale Unterscheidungen wie diese bleiben selber an der Oberfläche des Themas und beanspruchen nur den geringsten Teil der Intertextualität. Markierungen sind einfach nicht notwendig und die bisher erklärten gehören allesamt zum Bereich der Bezüge auf einen Einzeltext. Neben diesem Dialog mit individuellen Texten ist der andere, viel breitere Bereich wichtiger, den Genette als Architextualität bezeichnet hat. Bei diesem Rekurs auf Systeme, weshalb Broich/Pfister den treffenderen Namen Systemreferenz wählen, bildet ein ganzes Kollektiv von Texten den Prätext oder ein textbildendes System, das dem neuen Text vorausgeht. Bestes Beispiel für die Bedeutung eines Systems ist der Kriminalroman. Er benötigt bestimmte strukturelle Vorgaben, die er übernimmt, variiert oder von denen er sich absetzt, aber ohne das System Krimi ist der Text als solcher nicht erkennbar. Es müssen bestimmte strukturbildende Elemente wiederkehren, damit eine literarische Reihe stabil bleibt. Sie sind unabhängig von der konkreten Rezeption und bilden einen Fundus der Gattungsgrammatik, bestehend aus Regeln und Konventionen.

Einzeltext- und Systemreferenz

Selbstverständlich gehören auch die Mythen dazu, ohne die der größte Teil der Literatur wahrscheinlich nicht denkbar ist. Genette fasst diese

Weiterführung und Gattungssynkretismus

kettenartigen Folgeerzählungen unter der Rubrik Weiterdichtung oder Weiterführung. Gerade die Epen und mythischen Erzählungen werden ja immer wieder aktualisiert oder fortgeschrieben, wobei dies auch ganz wörtlich als Fortsetzung abgebrochener, verlorener Geschichten oder posthumer Vollendungen gedacht ist (Genette 1993, 222–287). Solche Reihen können auch selber enden wie etwa der Pikaro- und der Schelmenroman um 1700. Sie werden dann später wieder reaktiviert und feiern eine Auferstehung in anders gearteten Reihen oder werden mit anderen Schemata amalgamiert. Dieser Gattungssynkretismus ist weit verbreitet. So beruht die Geschichte in Umberto Ecos Roman *Der Name der Rose* auf einer Vielzahl von Büchern. Er überträgt das Kriminalschema ins Mittelalter, überformt es mit den Lebensregeln einer Klostergemeinschaft, zitiert das Hohelied und die Apokalypse, bedient sich postmoderner Schriftmythen und webt einen Politthriller mit hinein. Detektivroman und Metaphysik konvergieren in der Frage: wer war's? Das Zusammenwirken der traditionellen Schablonen kann den unterschiedlichsten Funktionen genügen, immer aber hebt diese Technik einen Text in den Rang eines Metatextes. Durch das ständige Anspielen auf die Schablonen reflektiert der neue Text nämlich auch die mit der Form gegebenen Darstellungsweisen und Gewohnheiten der Wahrnehmung, die er im erneuten Gebrauch kritisieren kann. Schon auf diesem Wege lässt sich eine Auseinandersetzung mit kulturellen Formationen nicht mehr vermeiden.

Szenographien Solche Verfahren sind abhängig von funktionierenden Kanones, aber dass sie benötigt werden, ist umgekehrt wieder ein Beleg für die Unersetzlichkeit des Kanons. Stabilisierte Textanfänge, wie beim „Es war einmal" des Märchens, verweisen auf ein kollektives Wissen über Normen der Textproduktion und formieren die obenerwähnten kulturellen Narrative. Standardisierte Szenen wie etwa das Duell im Western garantieren den Gattungsbezug. Wenn diese Szenographien durch Gattungsverschmelzungen abgewandelt werden, so dass sie nur noch einen Teil des Wissens der Rezipienten abdecken, kann man von „intertextuellen Szenographien" sprechen (Holthuis 1993, 78). Die Synkretismen produzieren Freiräume, die eine neue Interpretation anregen.

Parodie und Kontrafaktur Ähnlichkeit und Varianz sind auch wesentliche Kriterien bei der Unterscheidung von Nachahmung und Nachbildung. Sie treten vor allem bei der Frage nach der Abgrenzung von Parodie und Kontrafaktur auf. Beide sollten als Schreibweisen verstanden werden, nicht als Gattungen. Es handelt sich um zwei verschiedene Möglichkeiten des Umgangs mit Vorlagen. Während die Parodie ihre Vorgänger herabsetzt oder eine ganze Rezeptionsgeschichte aufs Korn nimmt indem sie vorhandene Schemata übererfüllt, untererfüllt oder komisiert, befähigt die Kontrafaktur ihren Verfasser durch das Ausnutzen einer Vorlage zu einer positiven Botschaft. Historisch gesehen waren die Kontrafakturen frühneuzeitliche Formen des Versetzens von weltlichen Liedtexten in kirchliche. Man nutzte eingeschliffene Weisen für den Ersatz ihrer Inhalte. Bis heute sind solche Veränderungen im Gebrauch, vor allem in den satirischen und politischen Kommentaren. Als Schreibweisen haben sie wohl einen transhistorischen Status, sie werden aber jeweils spezifisch aktualisiert.

Die Bandbreite der Einzeltext- und der Systemreferenz ist enorm und umspannt auch die verschiedenen Künste in ihrem Austauschverhältnis. Verstanden als Beitrag zu einer Kommunikationsgeschichte der Literatur haben Broich/Pfister (1985) ein Modell zur „Skalierung der Intertextualität" (25 ff.) vorgeschlagen, mit dem sie die Textstrategien nach fünf Kriterien ordnen. Durchweg gehen sie von bewusst markierten Bezügen aus und kritisieren damit den universalen Textbegriff der Poststrukturalisten. Sie glauben an eine graduell verschiedene Intensität von Bezügen und an die Unterscheidbarkeit solcher Kriterien. Das erste ist die „Referentialität", der Nachdruck, mit dem ein Verweis im Text vorgebracht wird. Mit der „Kommunikativität" bezeichnen sie den Grad der Bewusstheit bei Autor und Rezipient. Am leichtesten werden eben kanonische Bezüge erkannt. Drittens die „Autoreflexivität", mit der ein Text seine von ihm angestoßene Intertextualität reflektiert; diese Leistungen rechtfertigt oder in Frage stellt. Das vierte Kriterium, die „Strukturalität" untersucht die Integration der Prätexte im aktuellen Text, ihre Einbettung und Eingliederung. Wie weit geht die Bildung von Mustern und in welchem Umfang liegt die Folie zugrunde, das sind die Fragen nach der Strukturalität, die eng verbunden sind mit der letzten, der „Selektivität", also der Prägnanz und dem Abstraktionsniveau.

Wenn dieses Modell auch hohe Praktikabilität verspricht, so muss man doch im Auge behalten, dass es letzten Endes auf Bachtin zurückgeht. Der Merkmalskatalog hat sein Zentrum nämlich in der Dialogizität. Sie ist um so höher, je stärker die Bezüge in „semantischer und ideologischer Spannung zueinander stehen" (Broich/Pfister 1985, 29). Besonders intensive Intertextualität sehen sie dann gegeben, wenn der Bezug markiert ist, er sich als pointiert und angemessen erweist, wenn diese Praxis selber zum Thema gemacht ist und dadurch ein Spannungsverhältnis entsteht, mit dem die Differenz subtil ausgespielt wird. Das „Optimum an Dialogizität" erreicht nur diese „differenzierte Dialektik von Anknüpfen und Distanznahme" (29).

Ergänzend zum Rekurs auf die semantische Reibung als Hauptkriterium kann man daran erinnern, dass solche Faktoren sich nur im Rezeptionsprozess ermitteln lassen (Holthuis 1993, 48). Diese Ebene droht hinter dem Katalog von Bezügen zu verschwinden. Gewichtiger ist vielleicht, dass Broich/Pfister sehr stark auf Wertungen aufbauen, die sie als solche nicht in ihr System integrieren. Es fehlt ihrem Modell eine Selbstreflexion über die zahllosen Voraussetzungen und Vorannahmen, die für einen funktionierenden Dialog unerlässlich sind. Diesen kapitalen Einwand tragen auch die Gegner der Intertextualität gerne vor und möchten das Scheitern der Theorie am überforderten Leser nachweisen. Im Grunde würde nur der Fachmann die Voraussetzungen für solche Lesekünste mitbringen. Aber der leichtfertig vorgetragene Verdacht übersieht doch das komplizierte institutionelle Geflecht, in dem uns Texte entgegenkommen. Unser Vorwissen, das noch dem einfältigsten Leser nicht fehlt, ist geformt und imprägniert durch das weite Feld der Paratexte, also alle die Texte im Umfeld der Texte, die Erklärungen und kulturellen Mechanismen, mit denen uns Texte näher gebracht wurden, noch bevor wir sie gelesen haben.

So wie Texte nicht aus dem Nichts entstehen, präsentieren sie sich auch

Skalierungsmodell

Das Optimum an Dialogizität kann gerade in der größten Entfernung vom Prätext liegen

Paratexte

nicht einfach ohne Begleitung. Paratext, so definiert Genette, ist „jenes Bei-werk, durch das ein Text zum Buch wird" (Genette 1989, 10). Dabei unter-scheidet er noch einmal zwei Arten des Paratextes, nämlich alle Praktiken im unmittelbaren Umfeld des Buches, die den „Peritext" ausmachen und die etwas weiter außerhalb des Textes angesiedelten „Epitexte". Einfachstes Beispiel für den Peritext, das Organ der Steuerung einer Rezeption ist der Titel. Bei der Wahl des Titels zu einem Text können schon bedeutende Vor-entscheidungen fallen, die kaum mehr zu revidieren sind. Zu den Peritex-ten gehören alle verlegerischen Aktivitäten, wie Formate, Reihen, Um-schläge, Waschzettel, aber auch die Widmungen, Motti, Vorworte und Zwischentitel, mit denen in die Aufnahme des Buches eingegriffen wird. Weit stärker freilich wirken hier die „Epitexte", also diejenigen Paratexte, die heute für den Verkauf eines Buches von größter Bedeutung sind.

Interviews, Rezensionen in Zeitschriften, Zeitungen und Rundfunk- oder Fernsehsendungen, Vorträge und Auftritte der Autoren, Sammelbände mit ihren Stellungnahmen und Selbstkommentaren, öffentlich und medial ze-lebrierte Literaturkritik, das sind die wichtigsten Erscheinungsformen der Paratexte. In gewissem Sinne hat sich die Literaturwissenschaft schon immer mit solchen Themen befasst, man denke nur an die Editionen von Briefen und Tagebüchern, die gerne neben die Werke der Autoren gelegt werden. Und man weiß, dass diesen Äußerungen meistens der Wert letzter Worte beigemessen und nicht bedacht wird, dass sie oft dem Kalkül ihrer Verfasser entstammen. In jedem Falle sind sie genauso literarische Verlaut-barungen wie die Texte selber.

Vorwissen über Texte lenkt Wertungen

Paratexte sind gewiss abhängig von den medialen Möglichkeiten einer Epoche und sie verändern sich laufend. Zweifellos gab es zu keinem Zeit-punkt einen Text ohne Paratext und die Arbeit des Literaturwissenschaftlers zählt natürlich dazu; gerade historische Texte existieren gar nicht ohne ver-mittelnde Eingriffe. In einer Zeit wie heute jedoch, in der die Quantität des Produzierten vorher nie erreichte Ausmaße angenommen hat, entscheiden längst die Paratexte über Erfolg und Misserfolg eines Werkes. Ein einfaches Beispiel: man liest anders, wenn bestimmte biographische Informationen über den Autor vorliegen oder wenn eine Gruppe von Kritikern den Wert des Werkes verkündet hat. Insbesondere sexuelles Außenseitertum oder Zu-gehörigkeit zu einer religiösen Minderheit wirken heute lukrativ, wie der oben behandelte Fall Wilkomirski zeigt. Texte und Werke haben also einen impliziten Kontext in ihrem Umfeld, einen Anhang, der ihnen Wertungen zuspricht. Die gesamte Politik des Buches arbeitet in der Grauzone zwi-schen Information und Interpretation. Sie ist daher ein brauchbares Beispiel für die enorme Rolle der Kontexte beim Aufbau intertextueller Deutungen.

Der Intertext existiert nur im Rezeptionsakt

Wie schon Stierle bemerkte, sind hereingespielte Texte nicht real prä-sent, sondern virtuell; sie sind in Imagination überführte, gedeutete Texte oder Segmente. Der Intertext, das ist noch einmal zu betonen, existiert nur im Rezeptionsakt. Zwar wird er vom Phänotext ausgehend beim Lesen auf-gebaut, die konkreten Akte der Semiose sind aber durchaus unbekannt. Nach den bisher abgehandelten Textstrategien und den aus ihnen entwor-fenen Typologien folgen nun noch ausgewählte Faktoren der Konstitution von Bedeutung, soweit sie ansatzweise beschrieben sind. Abgesehen vom

materiellen Potential von Texten gehören nicht nur ihre Manifestations-
formen zum Programm, sondern vor allem das, was die Texte in ihrem
Kontakt evozieren, beim Leser hervorrufen.

Das hat Genette unter einem generalisierenden Gesichtspunkt behandelt
und vorwiegend von der Veränderung der Wertesysteme bei den Texten gesprochen. Ein beträchtlicher Teil seiner Arbeit gilt dem minutiös geführten
Nachweis der Modifikation von Handlungswelten, Figuren oder ihrer Motivationen. Keine Übertragung, die der neue Text vornimmt, ist unschuldig.
Der Austausch oder die Veränderung der Motivation, die „Transmotivation"   Transmotivation
(Genette 1993, 439) erwartet den informierten Leser, dem das ursprüng-
liche Wertgefüge einigermaßen bekannt sein muss, wenn er Goethes Gestalt des Faust von ihren Vorgängern unterscheiden will. Beim Lesen ver-
doppeln wir also immer unseren Blick, weil sich die Texte in einer fortwäh-
renden Zirkulation befinden:

> Diese Doppelheit des Objekts lässt sich im Bereich der Textbeziehungen durch das
> alte Bild des *Palimpsests* abbilden, auf dem man auf dem gleichen Pergament einen
> Text über einem anderen stehen sieht, den er nicht gänzlich überdeckt, sondern
> durchscheinen lässt. (Genette 1993, 532)

Mit der Metapher für das Lesen umschreibt Genette die relationale Lek-   Relationale Lektüre
türe, wie sie das Wahrnehmen von Transmotivationen erfordert. Der ästhe-
tische Reiz des Spiels besteht dann darin, im ständigen Hin und Her zwischen den beiden Wertsystemen Einblicke in die Unerschöpflichkeit der
ausgebreiteten Welten zu bekommen. Das Vergnügen, das auch das Lesen
der Bücher von Genette bereitet, verlängert sich gewissermaßen selbsttätig
nach Maßgabe dieser transtextuellen Qualitäten eines Werks.

Von ganz anderem Zuschnitt ist der Intertextualitätsbegriff bei der Slawi-
stin Renate Lachmann (*1936). Sie überwindet die verkürzende Vorstellung
vom Text als Palimpsest durch den Hinweis auf die mangelnde Präsenz des
sinngebenden Prätextes. Stattdessen bevorzugt Lachmann daher die Rede
von der „Doppelkodierung" (Lachmann 1990, 58). Nicht der gegebene   Renate Lachmann,
Doppelkodierung
Text bestimmt die Deutung, sondern sein Zeichenvorrat verweist auf einen
anderen, der ihn programmiert. Es sind zwei verschiedene Kodes, die sich
kreuzen. Man muss also einkalkulieren, dass hier Zeichen zweier Kontexte
aufeinandertreffen, die bei der Berührung der Texte eine „semantische Explosion" bewirken (57). Was dabei am Ort der Überschneidung von prä-
sentem und absentem Text entsteht, kann man immer nur annähernd bestimmen. Weil der „semantische Gestus" von Texten sich ständig entziehe
und einen eindeutigen Sinn nicht zulasse, könne man nur versuchen, ihn
einzukreisen (7). Hier zeigt sich allerdings der starke Einfluss des universalen Textbegriffs und der Dekonstruktion, denn Lachmann spricht häufig
vom frei flottierenden Sinn, der sich im Lektüreakt entziehe, „zurückzuwei-
chen scheint" (50). Intertextualität gerät so in die Nähe der postmodernen
Lektüretechniken.

Lektüre, die ein „einsinniges Einverständnis" mit dem Text hintertreibt   Text und Gedächtnis
(73), ist aber trotzdem nicht sinnlos. Vielmehr sieht Lachmann darin den
Gewinn, den die Theorie beim Lesen gewährt. Wenn der Wert des Einzel-
textes gerade darin liegt, dass er unsere Suche nach der Entschlüsselung
abschlägt, dann muss dessen Neigung zur Inszenierung von Mehrfachsinn

anderes beabsichtigen. Darin steckt seine Gedächtnisleistung. Sie allein verbürgt die Fortsetzung der Suche nach Sinn. Es ist der ständige Kampf um das Aufdecken von Spuren, der verhindert, dass sie verschwindet. Lachmann behauptet also nichts geringeres als die Herleitung der Kultur aus der „Interferenz der Texte" (121). Kultur ist selber nur in der Aktion präsent, in der permanenten Bewegung auf die Texte zu oder von ihnen weg als „unabschließbare Semiose" (87). Denn die erinnerbare Erfahrung ist Zeichen geworden und den Texten eingeschrieben – mithin noch einmal einem Zeichenprozess unterworfen:

> Die intertextuelle Leistung der Texte besteht nun darin, das Zeichenensemble, das eine Kultur hervorgebracht hat, durch die Zeichenschichten hindurch neu lesbar zu machen. (Lachmann 1990, 76)

Dort setzt das Konzept der modernen Literatur an, das Lachmann den russischen Werken entnimmt: sie ist Machen aus Literatur, Weiter-, Wider- und Umschreiben und schon deshalb nicht allein mit Erwartungen an Innovation zu begreifen. Viel wichtiger als die Frage nach dem Fortschritt oder der Überbietung durch avantgardistische Schreibweisen ist das Entziffern der Textensembles, das Zusammenspiel der Segmente, der Gang durch die Schichten. In diesem Aufsammeln, erneuten Einsammeln von verborgenen Zeichen stellt sich das kulturelle Gedächtnis immer wieder neu her. *Gedächtnis und Literatur*, wie der Titel ihres Buches lautet, sind eins. Die Intertextualität zeigt also das, was Kultur selber ausmacht, den permanenten Wandel, ihre ständige Erneuerung aus sich selber. Auf eine kurze Formel gebracht: „Das Schreiben ist Gedächtnishandlung" (36), indem es den Raum zwischen den Texten abschreitet:

> Der Raum zwischen den Texten und der Raum in den Texten, der aus der Erfahrung desjenigen zwischen den Texten entsteht, ergibt jene Spannung (…) die der Leser auszuhalten hat. Der Gedächtnisraum ist auf dieselbe Weise in den Text eingeschrieben, wie sich dieser in den Gedächtnisraum einschreibt. Das Gedächtnis des Textes ist seine Intertextualität. (Lachmann 1990, 35)

Das Lektüreverfahren, welches Lachmann empfiehlt, sorgt sich weniger um den Nachweis von Bezügen, sondern zeichnet sich dadurch aus, dass es „den Text auf einen Abgrund/Ungrund von Prätexten zutreibt" (49) und dabei kein abschließendes Ergebnis erwartet.

Lachmann vertritt einen elaborierten Begriff von Intertextualität, der sich ganz auf die Zeichenprozesse konzentriert, auf die mehrfache Stapelung und Schichtung von Texten auf Texten. Belegmaterial für die Analysen sind ausschließlich Autoren der Moderne wie Belyj, Majakovskij, Mandelstam und Nabokov. Für ihre äußerst voraussetzungsreiche Literatur bietet das Konzept einen adäquaten Zugang. Literatur ist dem Konzept zufolge selber ein elementares Gedächtnis, weil sie in den Sprachzeichen die Spuren aufbewahrt, die kommunikative Auseinandersetzungen hinterlassen haben. Das kann man nicht genug hervorheben: Lachmann präsentiert kein Speichermodell der Literatur, die auf direktem Wege kulturelle Praxis aufbewahrte, sondern ein dynamisches System, das in seinem Gebrauch das in der Literatur Mitverzeichnete restituiert und damit genauso virtuell bleibt wie der metaphorisch verstandene „Gedächtnisraum", der ja auch nur in

Kultur als Interferenz der Texte herleiten

Literatur als Weiterschreiben, Widerschreiben, Umschreiben

Semiotischer Begriff

Gleichsetzung von Kultur mit Semiose

dieser Bewegung existiert. Verkürzt könnte man sagen: Kultur hat ihren Ort in der Verwobenheit der Texte. Und die Texte sind „Symptome", die auf äußerst flüchtige Prozesse der Einschreibung hinzeigen, die in der Arbeit der Entzifferung mühsam rekonstruiert werden müssen. Mit ihrem Ansatz, der den Text als „symptomales Gedächtnis" einstuft, kommt sie Kristeva wieder nahe (Bossinade 2000, 53 ff.), von der sie auch die Gleichsetzung von Kultur und Semiose übernahm.

Allerdings kommt Lachmann nicht umhin, das kulturelle Gedächtnis aus dieser Zirkulation der Zeichen wieder auszunehmen und ihm den Rang einer „nicht hintergehbaren Quelle" (522) zuzuweisen. Aus ihr speist sich nämlich das zuweilen kryptische Spiel der Signale und Verweise, mit denen die Literatur der forcierten Talente arbeitet. Hinter den verschiedenen Formulierungen wie „textuelle Transzendenz" bei Genette, „optimale Dialogizität" bei Broich/Pfister und „Gedächtnisraum" bei Lachmann verbirgt sich das ungelöste Problem der Korrelate zum gegebenen Text. Offen bleibt, wie man sich die Anregung zur Bedeutungskonstitution durch einen Text genau vorstellen kann. So fügen linguistische Theorien hier auch nur eine weitere Metapher hinzu, wenn sie von der „Textwelt" sprechen, die der Leser aufbaut (Holthuis 1993, 180 ff.). Sie unterscheiden verschiedene Wissenstypen wie „Textwissen", „Weltwissen", „Sprachwissen", ohne klare Trennungen anbieten zu können. Aber sie deuten mit Nachdruck auf die kognitiven und mentalen Vorgaben, ohne die eine exakte Bestimmung des schwer greifbaren Intertextes nicht auskommt.

Textwelten als Korrelate zum gegebenen Text

Ein letztes Problem stellt das Verhältnis zum Poststrukturalismus dar. Zwar hat die Intertextualität dort ihre Wurzeln, aber mittlerweile haben die hermeneutisch orientierten Studien auch historisch verbindliche Modifikationen vorgelegt. Eine neuerliche Auflage der Kontroverse um die Dezentrierung des Textes, die seine Lesbarkeit hintertreibt, wäre wenig hilfreich. Insofern wären die beiden grundlegenden Ansätze von Genette und Lachmann erst noch miteinander zu verbinden. Der Streit über die Frage, ob intertextuelle Lektüren die Bedeutung festlegen oder endlos diffundieren sollen, ob sie also eine Potenzierung von Sinn oder seine gänzliche Zerstreuung betreiben müssen, stellt einen unhaltbaren Gegensatz auf. Die Offenheit von Texten und Werken lässt immer beides zu, es gibt aber Werke, die dem Leser beide Fertigkeiten abverlangen.

3. Intertextualität und Kulturalität

In den Verfahren und Formen der Texte, ihrem Spiel mit Einzeltexten und Systemreferenzen kann sich eine ambivalente Einstellung zur Vergangenheit äußern, die mit dem bei den Gedächtnistheorien schon erwähnten Erfinden von Traditionen Ähnlichkeit hat. Mit einigem Recht kann man daher eine kulturalistische Orientierung der Intertextualität ansetzen. Sie erkennt in den semiotischen Vorgängen, im Durchstreichen, Löschen und wieder erneuerten Beschreiben von Spuren, wie es Renate Lachmann konstatiert, den Mechanismus kultureller Prozesse. Zentral für den Wandel der Einstellung beim Interpreten ist die Umkehr des Blicks. Nicht mehr Traditionen,

Subtilere Arten der dialogischen Teilhabe an den Texten der Kultur sondern Konstruktionen bestimmen die kulturelle Semiose und die Impulse gehen von der Wahrnehmung der sich an erschöpften Formen orientierenden Autoren aus. Dabei entstehen aber nicht lediglich schwächere Nachahmungen, sondern subtilere Arten der Partizipation, jener dialogischen Teilhabe an den Texten der Kultur.

Kritik des Vorwurfs der Epigonalität

Notwendig wäre daher eine Abkehr von allen auch unterschwellig mitspielenden Fortschrittsmodellen der Literaturgeschichte, sofern sie an das Denken in Kriterien des Neuen gebunden sind. Originalität ist kein Maßstab in kulturellen Angelegenheiten, sondern eine ästhetische Erwartung aus der Goethezeit. Schon deshalb ist auch der Verdacht der Epigonalität, der bei intertextuellen Fragen gerne aufkommt, unangemessen. Er geht auf literaturpolitisch motivierte Entscheidungen des frühen 19. Jahrhunderts zurück und fand seinen Weg in das literaturgeschichtliche Periodisieren (Fauser 1999). Mit den ästhetischen Aspekten der Nachfolge, des Weiterschreibens oder des Bezugs auf Prätexte sind allgemeine Probleme des Umgangs mit Tradition berührt. Sie hängen eng mit den Umstellungen des Denkens im Umbruch zur Moderne zusammen.

Historizität und Intertextualität

Seit die Historizität des Kunstwerks ein akzeptiertes Kriterium geworden ist, also mit dem Historismus nach 1800 hat auch die Intertextualität einen neuen Stellenwert erhalten. Es geht seither darum, sich erst Kenntnisse zu erarbeiten von den unübertrefflichen Vorbildern. Der unausweichliche Bezug auf Prätexte wird nun als ein Dialog verstanden, den die Poesie mit sich selber führt, auch über historische Untiefen hinweg. Aus dieser unbequemen Einsicht in die Historizität und Intertextualität des Kunstwerks, die bei den Romantikern in der Idee der selbst produzierenden Kritik gipfelt, resultiert ein Ungleichgewicht im Verhältnis der Poesie zur Gegenwart und Vergangenheit. Es ist eine zwingende Konsequenz des historischen Projekts, dass die Gegenwart in eine Asymmetrie zur Vergangenheit und zur Zukunft gerät und daraus die Strategie entsteht, aus dem Vergangenen, dem nicht mehr Gültigen, dem Abgelegten ästhetischen Mehrwert zu schöpfen. Das heißt aber auch, dass die Poetizität in den Stoffen schon gegeben ist und dass sich die Phantasie des Poeten zu historisieren oder aber sich ihrer intertextuellen Bedingungen zu vergewissern hat. Sein Bewusstsein begreift sich selber als etwas Historisches und ordnet sich in den ablaufenden Prozess ein, wobei es nicht mehr sicher sein kann, dass es ihm kommensurabel ist.

Dilemma des Historismus als Reflexionsproblem

So bringt das historische Bewusstsein den Eindruck hervor, nur Beobachter des Geschehens sein zu dürfen, aber auch die Erfahrung, dass alle Vorgänger schon ein ganz ähnliches Schicksal erlitten haben, dass eine erschreckend lange und tiefe Vergangenheit in das Bewusstsein hineinreicht. Diese Aufhebung des Vergangenen im ästhetischen Bewusstsein wird seither aber problematisiert. Sie konstituiert im Subjekt das Dilemma des Historismus als Reflexionsproblem. Das Dilemma lautet: der moderne, historisch Denkende weiß, dass der unvermittelte Zugang zur Vergangenheit verstellt ist und zugleich, dass er nur durch Reflexion wissen kann, dass auch andere Zugänge einmal möglich waren. Man entkommt dem historischen Blick nicht mehr und der schafft überall Distanz, auch wenn sie noch jüngste Vergangenheit ist.

Die ganze Ambivalenz des modernen Verhältnisses zur Vergangenheit als ein zentrales Element unseres kulturellen Wissens kehrt in der Dialektik von Anknüpfung und Distanz wieder. Weder hat der Künstler Muster, noch kann er von denen, die man dazu erklärt, einfach übernehmen, so dass er in beiden Fällen von der Vergangenheit nichts haben kann. Immer tritt die historische als die wahre Erkenntnis dazwischen. Nichts geht mehr ohne spezielles Wissen. Das bedeutet, dass sich die Phantasie zu einer Umkehrung auf eine Ebene zweiter Ordnung gezwungen sieht. Der Bezug auf vergangene Literatur muss seine eigene Historizität reflektieren. Der Betrachter und seine Vergangenheit müssen eins werden in einer imaginativen Konstruktion, in der die Vergangenheit sich als erzeugte erkennt. Indem die Poesie sich auf Selbstreferenz umstellt, hat sie die Möglichkeit, sämtliche Formen des Umgangs mit ihrer eigenen Materialität zu erkunden. Gerade in der Verfügung über ältere Repertoires entwirft sie ihre eigene Geschichte und nutzt sie als Entfaltungsräume der Intertextualität.

Jeder Bezug auf vergangene Literatur muss seine eigene Historizität reflektieren

Poesie, die zum Reflexionsraum ungelöster Probleme geworden ist, präsentiert sich strukturell als Poetik des Epigonalen (Fauser 1999) und wird zum Reflexionsraum für die historisierte Imagination selber. Als differenzierte Bezugnahme auf Prätexte ist die Poetik des Epigonalen die permanente metapoetische Reflexion einer Dichtung, die nicht mehr unhistorisch sein kann und deshalb ständig die Bedingungen der Möglichkeit des Schreibens angesichts der Übermacht erschöpfter Schreibweisen, des schon einmal Geschriebenen reflektieren muss. So trägt sie den neuen Anforderungen Rechnung, die der Traditionsbruch als Irritation, Formensuche oder Entscheidungszwang dem Autor aufgibt.

Poetik des Epigonalen

Ein exakter Zeitpunkt für diese fundamentalen Umstellungen in der modernen Individualität lässt sich nicht angeben, aber die Literatur bewahrt ihre Spuren und weist auf die vorausgegangenen Auseinandersetzungen in dem Kampf um Bedeutungen, von dem sie Zeugnis ablegt. Diese Prädisposition des Individuums für die Literatur geht einher mit dem Auszug der Mimesis aus der Kunst in die Lebenswelt (Gebauer/Wulff 1992 und 1998; und Pott 1995), wo schon die phänomenale Ebene von Kopie-Motiven durchdrungen wird. Es handelt sich also um eine doppelte Bewegung. Einerseits formieren die vermittelnden Institutionen des Kunstsystems, wie Kritik, Theater, Museen, Schulen, das kollektive Gedächtnis im 19. Jahrhundert zu einem relativ homogenen, andrerseits lagern die modernen Gesellschaften aber immer mehr Wissen ins kulturelle Gedächtnis aus und vertrauen auf seine zukünftige Wiederbelebung. Als medial vermitteltes versteht sich das Subjekt nicht mehr als das vorgängige, sondern als Fluchtpunkt der simultanen Kontexte, als momentaner Punkt der Vereinigung in der Bewegung des kulturellen Gedächtnisses. Im Zusammenschießen von Bildern der Erfahrung erscheint das Subjekt zwischen den beiden Polen, der problematisierten Identität und der stabilisierenden textuellen Erfahrung als Resultat einer chiffrierten Selbsterfahrung.

Neuer Subjektbegriff

In der Moderne kommt eine Art textueller Rationalität in den Blick. Durch die Transformationen des im kulturellen Gedächtnis bereitliegenden Materials wird die Enttäuschung der Selbstbegegnung, die eine bloß modernistische Kunst erwartet, abgedämpft. So verschiebt sich das Verlangen

Das Ich
als Operateur
der Memoria

nach Selbstbegründung in die Legitimationsstiftung durch Formen. Im Versuch des Subjekts, sich im Vergangenen zu vergewissern, entsteht die komplexe Dialogik zwischen erinnertem Text und historischem Subjekt des Textes. Die Subjektivität ereignet sich im Nachvollziehen ihrer medien- oder materialabhängigen Konstruktion. In der Umschrift des Geschriebenen wird das Ich zum Operateur der Memoria, es kann das ganze kulturelle Gedächtnis zum Material seiner Phantasie machen. Es erscheint auf dem Weg des Gedächtnisses durch Schichten der individuellen und kollektiven Erinnerung hindurch und findet Eigenes aufgrund von Entsprechungen und Kontrasten.

Intertextualität ist
ein konstruierendes
Prinzip der kulturellen Vernetzung

Intertextualität ist ein konstruierendes Prinzip der kulturellen Vernetzung. Das war auch der Ausgangspunkt der frühen Kulturwissenschaft um Warburg und Cassirer, die erklärten, dass Kultur auf dem „Erinnerungsvermögen" beruhe (Kany 1987, 162). Freilich stand ihnen nicht das methodische Instrumentarium der Intertextualität zu Gebot, aber der Gedanke von der Selbstansichtigkeit der Subjektivität in dem, was ihr aus älterer Zeit zukommt, vereint beide Ansätze. Die Kunst der Reminiszenz als Transparenzideal des Textes kristallisiert sich in der Metapher vom „Durchschimmern". Sie redet von der Selbsttransparenz des Gemachten, vom memorialen Gestus des kulturellen Zeichens. Durch sie stiftet der Text eine Art sozialer Integration. Und die Kunst als das auf Dauer gestellte Organ der Vergewisserung einer Gesellschaft bekommt durch ihre Reminiszenzen die Aufgabe, an Vergangenes zu erinnern. Wichtig ist nicht die Zitatkunst, sondern die Tatsache, dass der Rezipient überhaupt zum Dialog angeregt wird. Transparent zu sein für das kulturelle Wissen bedeutet auch, dass die kulturhistorische Referenz aufgehoben ist in der Reminiszenz, denn die Konstitution von Wirklichkeit folgt in der Literatur den gleichen Modellen wie in den Lebensgeschichten.

Reminiszenz

Kreislauf aller
Kulturgüter bei
Gottfried Keller

Einen bedeutenden Beleg für den abgeleiteten Realitätsbezug über den selbst zu einem Teil der Realität gewordenen Prätext enthält ein Brief von Gottfried Keller an den Germanisten Hermann Hettner vom 26. 6. 1854. Dort findet sich ein erstaunlich aktueller Gedanke vom Kreislauf aller Kulturgüter (dazu: Fauser 1999, 56). Stoffe, Motive und Fabel der Literatur verschwinden hier und tauchen an anderer Stelle wieder auf, wo sie als Volksgut gehandelt werden. Wer glaube, sie original aus dem Leben gegriffen zu haben, müsse oft feststellen, dass sie schon einmal und vielleicht besser gebraucht wurden. Neu ist deshalb nur, so Keller, was aus der „Dialektik der Kulturbewegung" hervorgeht. Die Prinzipien und Strukturen menschlichen Verhaltens emigrieren aus der Literatur ins Gedächtnis der Kultur und aktualisieren sich immer wieder. In den Strukturen menschlichen Verhaltens stecken die Fabeln, die sozialen Dramen mit ihrer Ausrichtung an den kulturellen Narrativen.

Eine solchermaßen rückversicherte symbolische Erneuerung der Künste, der Cassirer die fünfte Studie seines kulturwissenschaftlichen Buches (LK 111–127) gewidmet hat, ist auch Ausgangspunkt einer modernen erweiterten Kulturanthropologie. Freilich kann die Analyse der „nie abbrechenden Auseinandersetzung zwischen verschiedenen Kulturen" (Cassirer, LK 113) nicht umhin, ein zeitgemäßes Instrumentarium mit medial und interkulturell vergrößertem Maßstab zu entwickeln. Im selben Maße, in dem die Narrative, die Erzähl-, Beschreibungs- und Darstellungsweisen, in denen über Kultur gesprochen werden kann, sich selber als kulturell bedingte Repräsentationen entpuppen, verwandelt sich das Prinzip der Intertextualität in ein Prinzip der kulturellen Übersetzung. Der Dialog verstanden als „Metapher des Übersetzens von oder zwischen Kulturen" (Berg/Fuchs 1993, 85 ff. Bachmann-Medick 1997) führt über die soziale Komponente der Dialogizität eines Bachtin hinaus zu umfassenderen Problemen und Konflikten der Kulturen. Die Übersetzung von Wort und Sprache sind dabei nur Teil einer Repräsentation kultureller Unterschiede.

Kulturelle Übersetzung

Angemessen an die fortschreitende Internationalisierung sucht eine neue „Übersetzungswissenschaft" (Bachmann-Medick 1997) nach Formen der Übertragung von Denkweisen, Weltbildern oder sozialen Praktiken über die Kulturen hinweg. Man nimmt Strategien der Verarbeitung von Erfahrung, von Wahrnehmungen in den Blick und versucht, die jeweiligen Horizonte zu vermessen, unter denen die Texte entstehen und agieren. Kulturkontakte, verweigerte Übersetzungen und Grenzen der Akzeptanz stecken den Rahmen solcher Studien mit einem extrem weiten Begriff von Übersetzung ab. Zweifellos verspricht aber die gezielte Analyse von Kontroversen über Bedeutungen in der Dynamik des interkulturellen Austauschs wichtige Erkenntnisse. Bestes Beispiel: die Rückaneignung von kanonischen europäischen Texten im Zuge des postkolonialen „Writing Back" (Ashcroft 1989). Die außereuropäischen Autoren benutzen den europäischen Kanon, um ihn zu verändern, anders neu zu schreiben und kulturelle Spezifika mit ihm in eine konfliktreiche Kontroverse zu verwickeln. Durch die Systemreferenzen werden Narrative auf dem Wege einer formalen Übertragung übernommen und bleiben auch in veränderter Form als Subtexte erhalten. Solche Versetzungen bringen aber immer auch Modifikationen der eingespielten Wissenssysteme mit sich. Was das für die Wissenschaftskulturen bedeutet, ist noch offen. Selbstverständlich hat diese Perspektive Rückwirkungen auf den Kulturbegriff überhaupt, der Kultur und Übersetzung identifiziert (Hybride Kulturen 1997).

Übersetzungswissenschaft

Man wird dabei die systematische Universalisierbarkeit beachten müssen. Ein Denkstil, der im Grenzgänger das verallgemeinerbare Bild der Kultur sieht, muss die Bedenken gegen ein derart verkürztes Verständnis von Dialog ertragen. Geht man nämlich von einem Dialog als Vermischung von Stimmen aller Art aus, so gebührt dem Aushandeln von kulturellen Differenzen in jeder Situation der Vorrang. Bei diesem Modell der Kultur als einem dynamischen Aushandeln von Identitäten und Geltungsansprüchen erhält das Bild vom Zwischen-Raum mehr Platz. Und das Ungleichgewicht, das mit der Profilierung der postkolonialen Hybridität einhergeht, wäre durch ein vom Ansatz her dialogisches Denken vermieden. Dieser Zwischen-Raum, sowohl als sozialer wie auch als Intertext, ist dann ein gemeinsamer Ort der Begegnung und des Austauschs, wie ihn ohnehin die alltäglichen und literarischen Kommunikationssituationen schon ausfüllen.

Das Bild vom Zwischen-Raum

Kommentierte Bibliographie

Eine zusätzliche Orientierungshilfe bieten die Auswahlbibliographien der seit 2001 erscheinenden Zeitschrift „KulturPoetik" unter www.kulturpoetik.de

1. Lexika und Wörterbücher

Gedächtnis und Erinnerung. Ein interdisziplinäres Lexikon. Hrsg. v. Nicolas Pethes und Jens Ruchatz. Reinbek bei Hamburg 2001 (Repertorium verschiedener neuer Ansätze, die aber nicht innerhalb der einzelnen Artikel verknüpft sind. Knappe Literaturangaben).

Handbuch interkulturelle Germanistik. Hrsg. v. Alois Wierlacher/Andrea Bogner. Stuttgart/Weimar 2003 (enzyklopädische Darstellung des seit 1985 diskutierten Konzepts. Rahmenbegriffe und länderspezifische Aspekte unter Einbezug von Studiengängen sind mit internationaler Beteiligung umfassend behandelt).

Handbuch der Kulturwissenschaften. Hrsg. v. Friedrich Jaeger/Burkhard Liebsch/Jörn Rüsen/Jürgen Straub. 3 Bde. Stuttgart/Weimar 2004 (vorwiegend von Historikern geschriebene umfangreiche Lexikonartikel mit Schwerpunkt auf Kultur als Praxis und Lebensformen. Modifikation des Begriffs Gesellschaft durch die Pluralität von Ordnungen. Grundlegend, mit umfangreichen Literaturlisten, leider ohne Register).

Interkulturelle Literatur in Deutschland. Ein Handbuch. Hrsg. v. Carmine Chiellino. Stuttgart/Weimar 2000 (erschließt erstmals ein neues Gebiet der Gegenwartsliteratur mit biographischen und themenorientierten Artikeln, erste Bestandsaufnahme).

Key Concepts in Communication and Cultural Studies. Von Tim O´Sullivan, John Hartley, Danny Saunders, Martin Montgomery, John Fiske. London/New York 2. Auflage 1994, Nachdruck 2000 (Kurze Artikel mit Nachweis der disziplinären Herkunft neuer Begriffe, gute Auswahl der Literatur).

Key Concepts in Post-Colonial Studies. Von Bill Ashcroft, Gareth Griffiths, Helen Tiffin. London/New York 1998 (Konzeptuelle Sammlung der zentralen Begriffe mit Angabe der Entstehung der Begriffe und der wichtigsten Debatten, Bibliographie).

Kloock, Daniela/Angela Spahr: Medientheorien. Eine Einführung. München 2. Auflage 2000 (die einflussreichsten Theorien in acht systematischen Aspekten dargestellt, insofern sie kulturwissenschaftliche Bedeutung erlangt haben).

Konzepte der Kulturwissenschaften. Theoretische Grundlagen – Ansätze – Perspektiven. Hrsg. v. Ansgar Nünning/Vera Nünning. Stuttgart/Weimar 2003 (zeigt die Vielfalt und Widersprüchlichkeit der Ansätze ohne Präferenzen zu benennen. Alle Artikel berücksichtigen Verbindungen von sozialen und semiotischen Dimensionen des Kulturellen und bieten ausführliche Literaturverzeichnisse).

Lexikon literaturtheoretischer Werke. Hrsg. v. Rolf Günter Renner und Engelbert Habekost. Stuttgart 1995 (400 Hauptwerke kurz charakterisiert mit Literaturhinweisen).

Metzler Lexikon Gender Studies Geschlechterforschung. Ansätze – Personen – Grundbegriffe. Hrsg. v. Renate Kroll. Stuttgart/Weimar 2002 (nützliche Orientierung mit weiterführender Literatur. Begriffe traditioneller Disziplinen sind manchmal unzuverlässig dargestellt).

Metzler Lexikon Kultur der Gegenwart. Themen und Theorien, Formen und Institutionen seit 1945. Hrsg. v. Ralf Schnell. Stuttgart/Weimar 2000 (will die Vielfalt kultureller Phänomene der Gegenwart mit einem offenen Kulturbegriff erfassen. Eigenwillige Artikelauswahl mit oft unzureichenden Literaturhinweisen. Einige Artikel sind aus dem Metzler Lexikon Literatur- und Kulturtheorie übernommen).

Metzler Lexikon Literatur- und Kulturtheorie. Ansätze – Personen – Grundbegriffe. Hrsg. v. Ansgar Nünning. Stuttgart/Weimar, 3., erw. Auflage 2004 (Standardwerk für Seminare).

Metzler Lexikon Theatertheorie. Hrsg. v. Erika Fischer-Lichte, Doris Kolesch und Matthias Warstat. Stuttgart/Weimar 2005 (systematisiert ausschließlich das Performanzkonzept des Berliner Sonderforschungsbereichs. Nur brauchbar im Kontext dieser Studien und historisch unzureichend).

Taschenwörterbuch der Ethnologie. Begriffe und Definitionen zur Einführung. Hrsg. und übersetzt von Justin Stagl u. a. Berlin 3. Auflage 2000 (die deutsche Ausgabe versieht die Stichwörter des 1973 erschienenen Buchs mit den französischen und englischen Äquivalenten).

The Cambridge Companion to Postcolonial Literary Studies. Hrsg. v. Neil Lazarus. Cambridge 2004 (solide Einführungen in alle Themenbereiche, berücksichtigt neben der Literatur auch Film, Recht, Philosophie und weitere Diskurse).

Vom Menschen. Handbuch Historische Anthropologie. Hrsg. v. Christoph Wulf. Weinheim/Basel 1997 (in 90 Artikeln werden Grundverhältnisse des Menschen beschrieben im Bewusstsein der Unzulänglichkeit normativer Wissenssysteme. Die meisten Artikel folgen der deutschen Tradition der philosophischen Anthropologie).

Wörterbuch der Ethnologie. Hrsg. von Bernhard Streck. Wuppertal 2. erweiterte Auflage 2000 (80 größere Artikel, Glossar, mehrere Indizes, Bibliographie).

2. Anthologien

Anthropologie. Hrsg. v. Gunter Gebauer. Leipzig 1998 (von Montaigne bis Geertz reichende Auswahl von Reflexionen über den Begriff. Mit Bibliographie).

Cultural Studies. Grundlagentexte zur Einführung. Hrsg. v. Roger Bromley, Udo Göttlich, Carsten Winter. Lüneburg 1999 (erste umfassende deutsche Ausgabe; zeigt das gesamte Spektrum bis heute; die Texte sind bio-bibliographisch eingeleitet).

Das enzyklopädische Gedächtnis der Frühen Neuzeit. Enzyklopädie- und Lexikonartikel zur Mnemonik. Hrsg. v. Jörg Jochen Berns und Wolfgang Neuber. Tübingen 1998 (Bd. 2 der Reihe „Documenta Mnemonica", die Gedächtnislehren sammelt; Texte mit Übersetzungen, im Anhang breite Bibliographie und mehrere Register zum Begriffsapparat).

Die Erfindung des Gedächtnisses. Texte, zusammengestellt und eingeleitet von Dietrich Harth. Frankfurt am Main 1991 (kleine Auswahl von der Antike bis zur Gegenwart).

Die Schatzkammern der Mnemosyne. Ein Lesebuch mit Texten zur Gedächtnistheorie von Platon bis Derrida. Hrsg. v. Uwe Fleckner. Dresden 1995 (orientiert an Warburg und seiner Theorie des sozialen Gedächtnisses. Leider stark gekürzte Texte, dafür umfangreiche Auswahl).

Gender. Hrsg. v. Carol C. Gould. New Jersey 1997 (nordamerikanische Debatte der letzten zwanzig Jahre mit Übergewicht der sozialkritischen Studien).

Hybride Kulturen. Beiträge zur anglo-amerikanischen Multikulturalismusdebatte. Hrsg. v. Elisabeth Bronfen, Benjamin Marius und Therese Steffen. Mit einer Einführung von Elisabeth Bronfen und Benjamin Marius. Deutsche Übersetzung von Anne Emmert und Josef Raab. Tübingen 1997 (Klassiker von Anderson bis Bhabha).

Iconic Turn. Die neue Macht des Bildes. Hrsg. v. Hubert Burda/Christa Maar. Köln 3. Aufl. 2005 (Bildbegriffe aus verschiedenen Disziplinen mit lesenswerter Einführung, die den Begriff iconic turn aus dem 19. Jahrhundert herleitet. Kritik an der Überfrachtung der Kunstgeschichte).

Kritik des Sehens. Hrsg. v. Ralf Konersmann. Leipzig 1997 (philosophische Texte von Platon bis zur Gegenwart, die belegen, dass Sehen eine Geschichte hat und Wahrnehmung kulturell und historisch variabel ist. Die Texte diskutieren die sinnlichen Grundlagen des Wissens).

Kultur & Geschichte. Neue Einblicke in eine alte Beziehung. Hrsg. v. Christoph Conrad und Martina Kessel. Stuttgart 1998 (für die Geschichtswissenschaften anregender Überblick mit modernen Beispielen für die kulturwissenschaftliche Historiographie. Kluge Einleitung zum Stand der Debatten im Fach Geschichte).

Kulturphilosophie. Hrsg. v. Ralf Konersmann. Leipzig 2. Aufl. 1998 (guter Einblick in die wissenschaftsgeschichtlichen Voraussetzungen für die Kulturwissenschaften und den Kontext der Entstehung des Begriffs. Zeigt die Versuche einer Erweiterung der Philosophie jenseits rein historischer Perspektiven).

Kursbuch Medienkultur. Die maßgeblichen Theorien von Brecht bis Baudrillard. Hrsg. v. Claus Pias, Joseph Vogl, Lorenz Engell, Oliver Fahle, Britta Neitzel. Stuttgart, 5. Aufl. 2004 (bietet 42 Grundlagentexte nach Themen gegliedert, die Bereiche sind jeweils kurz eingeleitet, Bibliographie. Geht von Medien-Ereignissen aus und fordert einen breiten kulturwissenschaftlichen Begriff).

New Historicism. Literaturgeschichte als Poetik der Kultur. Hrsg. v. Moritz Baßler. Frankfurt am Main 1995 (Grundlagentexte von Greenblatt und Montrose, gute Einleitung).

Performanz. Zwischen Sprachphilosophie und Kulturwissenschaften. Hrsg. v. Uwe Wirth. Frankfurt am Main 3. Aufl. 2004 (Klassiker der Sprachtheorie als Basis des Konzepts mit dekonstruktivistischer Ausrichtung. Leider fehlt eine Anbindung an philosophische Handlungstheorien).

Positionen der Kulturanthropologie. Hrsg. v. Aleida Assmann, Ulrich Gaier, Gisela Trommsdorff. Frankfurt am Main 2004 (dokumentiert den Sonderforschungsbereich Literatur und Anthropologie in Konstanz. Betont die kulturelle Relativität, Interkulturalität, Medien).

Ritualtheorien. Ein einführendes Handbuch. Hrsg. v. Andréa Belliger, David J. Krieger. Opladen/ Wiesbaden 3. Aufl. 2006 (allgemeine Rituallehren und wissenschaftsgeschichtliche Voraussetzungen. Einzelne Felder der Anwendung sind umfassend beschrieben in 22 Artikeln. Erste deutsche Anthologie).

Schrift und Materie der Geschichte. Vorschläge zur systematischen Aneignung historischer Prozesse. Hrsg. v. Claudia Honegger. Frankfurt am Main 1977 (erste Sammlung der Annales in Deutschland und prägend für den Zugang zur Mentalitätsgeschichte. Wichtige Texte von Braudel, Furet, Febvre, die heute wieder aktuell sind).

Texte zur Literaturtheorie der Gegenwart. Hrsg. und kommentiert von Dorothee Kimmich, Rolf Günter Renner und Bernd Stiegler. Stuttgart 1996 (solider Überblick zu den neueren Theorien, noch ohne Berücksichtigung der Kulturwissenschaften).

The Myth and Ritual Theory. An Anthology. Hrsg. v. Robert A. Segal. Oxford 1998 (religionssoziologisch orientiert, guter Überblick über die angelsächsische Theoriebildung seit dem 19. Jahrhundert, Textauszüge mit Einleitungen).

3. Literatur

Althoff, Gerd: Die Macht der Rituale. Symbolik und Herrschaft im Mittelalter. Darmstadt 2003 (Symbolische Kommunikation in der Vormoderne als bewusste Gestaltung von Herrschaft ohne schriftlich fixierte Normen. Macht durch Anschaulichkeit der bewusst eingeführten Rituale. Zentrale Studie für die Mediävistik).

Anderegg, Johannes/Edith Anna Kunz (Hrsg.): Kulturwissenschaften. Positionen und Perspektiven. Bielefeld 1999 (zu den Kulturbegriffen in verschiedenen Disziplinen; Kulturwissenschaften als Organe des kulturellen Gedächtnisses).

Anderson, Benedict: Die Erfindung der Nation. Zur Karriere eines erfolgreichen Konzepts. Aus dem Englischen von Benedict Burkard. Frankfurt am Main/New York 1988 (Imagined Communities. Reflections on the Origin and Spread of Nationalism. London 1983).

Appelsmeyer, Heide/Elfriede Billmann-Mahecha (Hrsg.): Kulturwissenschaft. Felder einer prozessorientierten wissenschaftlichen Praxis. Weilerswist 2001 (Überblicksartikel aus acht Disziplinen mit Schwerpunkt auf den Humanwissenschaften. Zeigt die Uneinigkeit über die Konturen des Gegenstands Kulturwissenschaft selbst beim Vergleich der Geisteswissenschaften).

Ashcroft, Bill/Gareth Griffiths/Helen Tiffin (Hrsg.): The Empire Writes Back. Theory and Practice in Post-Colonial Literatures. London/New York 1989 (Forschungsbericht zu Theoriebildung und poetologischen Konzepten von Schriftstellern).

Assmann, Aleida: Einführung in die Kulturwissenschaft. Grundbegriffe, Themen, Fragestellungen. Berlin 2006 (Themen nach Grundbegriffen wie Medien, Körper, Zeit, Raum, Gedächtnis, Identität geordnet. Theorien und Beispiele aus der englischen und amerikanischen Literatur).

Assmann, Aleida: Erinnerungsräume. Formen und Wandlungen des kulturellen Gedächtnisses. München 1999 (Zusammenhang von Medientechniken und symbolischen Bezirken der Erinnerung in Literatur und Kunst).

Assmann, Jan: Das kulturelle Gedächtnis. Schrift, Erinnerung und politische Identität in frühen Hochkulturen. München 1992 (Teil 1 erläutert die Methode, Teil 2 bringt wichtige Fallstudien zu Ägypten, Israel, den Keilschriftkulturen und Griechenland).

Assmann, Jan: Religion und kulturelles Gedächtnis. Zehn Studien. München 2000 (Aufsätze und Fortschreibungen zu 1992, Einführung mit Kurzfassung der Theorie).

Bachmann-Medick, Doris: Cultural Turns. Neuorientierungen in den Kulturwissenschaften. Reinbek bei Hamburg 2006 (Aufspaltung des Kultur- als Text-Themas in eine Folge von ephemeren turns und Plädoyer für weitere Theoriedebatten noch vor der Erprobung ihrer Umsetzbarkeit. Endlose Dynamik von einander überholenden turns).

Bachmann-Medick, Doris (Hrsg.): Kultur als Text. Die anthropologische Wende in der Literaturwissenschaft. Frankfurt am Main 1996 (äußerst einflussreicher und umstrittener Sammelband zum Thema Ethnologie und Literatur).

Bachmann-Medick, Doris (Hrsg.): Übersetzung als Repräsentation fremder Kulturen. Berlin 1997 (weiter Übersetzungsbegriff, versucht Rückbindung von interkulturellen Problemen der Repräsentation an soziale Fragen und Machtkonstellationen).

Bachtin, Michail M.: Die Ästhetik des Wortes. Hrsg.

und eingeleitet von Rainer Grübel. Aus dem Russischen übersetzt von Rainer Grübel und Sabine Reese. Frankfurt am Main 1979 (Sammlung grundlegender Studien von 1919–1975. Wichtige Einleitung).

Bahrdt, Hans Paul: Grundformen sozialer Situationen. Eine kleine Grammatik des Alltagslebens. Hrsg. v. Ulfert Herlyn. München 1996 (aus dem Nachlass hrsg. phänomenologische Soziologie, die sich um die Dechiffrierung der Komponenten des Alltagshandelns kümmert).

Barsch, Achim/Hejl, Peter M. (Hrsg.): Menschenbilder. Zur Pluralisierung der Vorstellung von der menschlichen Natur (1850–1914). Frankfurt am Main 2000 (Einfluß der Biologie auf Soziologie, Psychiatrie und Literaturwissenschaft).

Belting, Hans: Bild – Anthropologie. Entwürfe für eine Bildwissenschaft. München 2001 (Kunst als Spezialfall des Bildes. Die genuine Medialität aller Bilder erfordere einen anthropologischen Zugriff auf die Dreiheit Medium – Körper – Bild. Plädiert für einen allgemeinen Bildbegriff jenseits technischer Erscheinungsformen).

Belting, Hans: Bild und Kult. Eine Geschichte des Bildes vor dem Zeitalter der Kunst. München 1990 (soziale Gebrauchszusammenhänge von Bildwerken vor der Renaissance. Kritik der Kunstgeschichte, die Bilder mit Kunstwerken identifiziert und von ihren ursprünglichen Kontexten abstrahiert).

Benthien, Claudia/Hans Rudolf Velten (Hrsg.): Germanistik als Kulturwissenschaft. Eine Einführung in neue Theoriekonzepte. Reinbek bei Hamburg 2002 (Körpergeschichte und Gedächtniskonzepte fehlen, kategoriale Zuordnungsprobleme).

Berg, Eberhard/Martin Fuchs (Hrsg.): Kultur, soziale Praxis, Text. Die Krise der ethnographischen Repräsentation. Frankfurt am Main 3. Aufl. 1999 (1993) (dokumentiert die für alle hermeneutischen Fächer wichtige anthropologische Krise der achtziger Jahre und erklärt im hervorragenden Vorwort die Logik der Problemabfolge, die auch Voraussetzungen für die Kulturwissenschaften darstellt).

Berger, Peter L./Thomas Luckmann: Die gesellschaftliche Konstruktion der Wirklichkeit. Eine Theorie der Wissenssoziologie. Mit einer Einleitung zur deutschen Ausgabe von Helmuth Plessner. Übersetzt von Monika Plessner. Frankfurt am Main 1969 (The Social Construction of Reality. New York 1966).

Bergmann, Jörg/Thomas Luckmann (Hrsg.): Kommunikative Konstruktion von Moral. 2 Bde. Opladen/Wiesbaden 1999 (linguistische Beiträge zu den kommunikativen Gattungen und den Erscheinungsweisen von Moral im Alltagshandeln).

Bhabha, Homi K.: Die Verortung der Kultur. Mit einem Vorwort von Elisabeth Bronfen. Deutsche Übersetzung von Michael Schiffmann und Jürgen Freudl. Tübingen 2000 (The Location of Culture. London/New York 1994).

Boehm, Gottfried (Hrsg.): Was ist ein Bild? München 2. Aufl. 1995 (philosophische und ästhetische Beiträge zur ikonischen Wende. Grundlagen und Vorstudien für eine Geschichte des Bildes als Erweiterung einer Geschichte der Kunst).

Böhme, Hartmut/Klaus R. Scherpe (Hrsg.): Literatur und Kulturwissenschaften. Positionen, Theorien, Modelle. Reinbek b. Hamburg 1996 (eine der ersten Einführungen, Sammelband mit Modellanalysen unterschiedlicher Qualität. Wichtige Einleitung).

Böhme, Hartmut/Peter Matussek/Lothar Müller: Orientierung Kulturwissenschaft. Was sie kann, was sie will. Reinbek b. Hamburg 2000 (historische Darstellung der Ansätze zu einem Fach Kulturwissenschaft, die auch Arbeitsfelder benennt. Im Anhang eine sehr nützliche Übersicht der Institutionen und Studiengänge, gutes Literaturverzeichnis).

Bogdal, Klaus-Michael (Hrsg.): Neue Literaturtheorien. Eine Einführung. Opladen 1990 (wichtige Einleitung zum Übergang von Methoden zu Theorien, Sammelband mit Überblicksartikeln zu einzelnen Theorien, jeweils gute Literaturverzeichnisse).

Bogdal, Klaus-Michael: Männerbilder. 'Geschlecht' als Kategorie der Literaturwissenschaft? In: Geschlechtertheorie, Geschlechterforschung. Hrsg. v. Marion Heinz und Friederike Kuster. Bielefeld 1998, 189–218 (fordert eine Geschichte der Männerbilder seit dem 18. Jahrhundert und zeigt deren Weiterwirken in der Gegenwart).

Bollenbeck, Georg: Bildung und Kultur. Glanz und Elend eines deutschen Deutungsmusters. Frankfurt am Main/Leipzig 1994 (erklärt den semantischen Sonderweg der deutschen Geschichte. Musterstudie zum Umgang mit Kulturterminologien).

Bossinade, Johanna: Poststrukturalistische Literaturtheorie. Stuttgart/Weimar 2000 (wichtige Einführung zu den Ansätzen, auf die sich die Kulturwissenschaften heute zustimmend, vor allem aber ablehnend beziehen).

Braun, Christina von/Inge Stephan (Hrsg.): Gender – Studien. Eine Einführung. Stuttgart/Weimar 2000 (erste deutsche Gesamtdarstellung. Fordert einen Studiengang, der aus den „Querverbindungen zwischen den einzelnen Disziplinen" besteht. Forschungsberichte aus den Fächern und ausführlicher Anhang zu den bestehenden Institutionen).

Braungart, Georg: Leibhafter Sinn. Der andere Diskurs der Moderne. Tübingen 1995 (Theoriegeschichte der Einfühlungsästhetik. Standardwerk zur Körpergeschichte, neuer Blick auf die Moderne).

Braungart, Wolfgang: Ritual und Literatur. Tübingen 1996 (Kulturwissenschaft als Revitalisierung eines historisch-hermeneutischen Zugriffs, der die Literatur mit anderen historisch-hermeneutischen Wissenschaften äußerst fruchtbar verbindet, Standardwerk zum Thema).

Breger, Claudia/Dorothea Dornhof/Dagmar von Hoff: Gender Studies/Gender Trouble. Tendenzen und Perspektiven der deutschsprachigen Forschung. In: Zeitschrift für Germanistik IX/1999, Heft 1, 72–113 (Forschungsbericht zum Stand der Debatten seit Butler; Sonderheft der Zeitschrift zum Thema).

Brewer, John: The Pleasures of the Imagination. English Culture in the Eighteenth Century. London 1997 (Kulturgeschichte der Intelligenz und ihrer nationalen Interessen; politische Wirkungen mentaler Konzepte und der Literatur).

Broich, Ulrich/Manfred Pfister (Hrsg.): Intertextualität. Formen, Funktionen, anglistische Fallstudien. Tübingen 1985 (einflussreicher Tagungsband. Vorschlag zu einem Vermittlungsmodell, das nach Graden der Intensität von Bezügen differenziert).

Bruch, Rüdiger vom/Friedrich Wilhelm Graf/Gangolf Hübinger (Hrsg.): Kultur und Kulturwissenschaften um 1900. Krise der Moderne und Glaube an die Wissenschaft. Stuttgart 1989 (sehr einheitlich gestalteter Tagungsband mit wertvoller Einleitung).

Bruner, Jerome: Sinn, Kultur und Ich-Identität. Zur Kulturpsychologie des Sinns. Aus dem Englischen übersetzt von Wolfram Karl Köck. Heidelberg 1997 (Acts of Meaning. Cambridge MA 1990).

Burckhardt, Jacob: Die Kultur der Renaissance in Italien. Hrsg. v. Horst Günther. Frankfurt am Main 1989 (enthält: Die Cultur der Renaissance in Italien. Ein Versuch 1860 und Die Kunst der Renaissance 1867/1878).

Burke, Kenneth: Dichtung als symbolische Handlung. Eine Theorie der Literatur. Aus dem Amerikanischen von Günther Rebing. Frankfurt am Main 1966 (The Philosophy of Literary Form: Studies in Symbolic Action. New York 1941).

Bußmann, Hadumod/Renate Hof (Hrsg.): Genus. Zur Geschlechterdifferenz in den Kulturwissenschaften. Stuttgart 1995 (wichtiger Sammelband, der das Thema in Deutschland bekannt machte. Artikel aus mehreren Disziplinen. Handbuch).

Butler, Judith: Das Unbehagen der Geschlechter. Aus dem Amerikanischen von Kathrina Menke. Frankfurt am Main 1991 (Gender Trouble. Feminism and the Subversion of Identity. New York 1990).

Butler, Judith: Körper von Gewicht. Die diskursiven Grenzen des Geschlechts. Aus dem Amerikanischen von Karin Wördemann. Frankfurt am Main 1997 (Bodies that Matter. On the Discursive Limits of Sex. New York 1993. Deutsch zuerst 1995).

Caillois, Roger: Die Spiele und die Menschen. Maske und Rausch. Übersetzt von Sigrid von Massenbach. Frankfurt am Main/Berlin 1982 (Les jeux et les hommes. Le masque et le vertige. Paris 1958).

Cassirer, Ernst: Philosophie der symbolischen Formen. 3 Teile in drei Bänden. Darmstadt 10. Auflage 1994 (erste Auflage Berlin 1923, 1925, 1929). = PSF

Cassirer, Ernst: Versuch über den Menschen. Einführung in eine Philosophie der Kultur. Aus dem Englischen von Reinhard Kaiser. Frankfurt am Main 1990 (An Essay on Man. An Introduction to a Philosophy of human Culture. New Haven 1944). = VM

Cassirer, Ernst: Zur Logik der Kulturwissenschaften. Fünf Studien. Darmstadt 6. Auflage 1994 (erste Auflage Göteborg 1942). = LK

Castro Varela, Maria do Mar/Nikita Dhawan: Postkoloniale Theorie. Eine kritische Einführung. Bielefeld 2005 (systematisch und historisch prägnante Abhandlung. Im Zentrum stehen das Repräsentationsproblem sowie die Widersprüchlichkeiten der Theoretiker. Kritik an Said, Bhabha und Spivak).

Childs, Peter/R.J.Patrick Williams: An Introduction to Post-Colonial Theory. London/New York 1997 (Lexikonartige Charakteristik der wichtigsten Autoren und ihrer Thesen, Glossar).

Costa Lima, Luiz: Die Kontrolle des Imaginären. Vernunft und Imagination in der Moderne. Übersetzt von Armin Biermann. Frankfurt am Main 1990 (O controle do imaginário, 1984. Historische Entfaltung des Zusammenhangs von Imagination und Subjektivität).

Crary, Jonathan: Techniken des Betrachters. Sehen und Moderne im 19.Jahrhundert. Aus dem Amerikanischen von Anne Vonderstein. Dresden

1996 (die Physik vereitelt in der Moderne sämtliche klassische Annahmen von der Referentialität des Sehens. Instrumentelle Techniken bilden für den Betrachter seither die „wirkliche" Welt).

Daniel, Ute: Kompendium Kulturgeschichte. Theorien, Praxis, Schlüsselwörter. Frankfurt am Main 2001 (plädiert wie Oexle für eine Erneuerung der Geschichtswissenschaft durch Anknüpfung an die Kulturwissenschaften um 1900. Reichhaltige Darstellung, aber ohne Cultural Studies und Gedächtnistheorien).

Dietzen, Agnes: Soziales Geschlecht. Soziale, kulturelle und symbolische Dimensionen des Gender-Konzepts. Opladen 1993 (Makrosoziologische Bedeutung der Geschlechterverhältnisse; soziologische Ergänzung zu Butler).

Dinzelbacher, Peter (Hrsg.): Europäische Mentalitätsgeschichte. Hauptthemen in Einzeldarstellungen. Stuttgart 1993 (Strukturen der Mentalitäten nach Epochen und Sachthemen gegliedert. Gute Literaturverzeichnisse).

Dörner, Andreas: Politischer Mythos und symbolische Politik. Der Hermannmythos: zur Entstehung des Nationalbewusstseins der Deutschen. Reinbek bei Hamburg 1996 (wichtige Fallstudie zum Verhältnis von Politik und Ästhetik; Ikonographie von Mythen, historische Mythologie der Deutschen).

Dressel, Gert: Historische Anthropologie. Eine Einführung. Wien/Köln/Weimar 1996 (erste systematische und historische Darstellung, Zeitschriftenverzeichnis und eine hilfreiche Liste beispielhafter Studien im Anhang).

Dülmen, Richard van: Historische Anthropologie. Entwicklung, Probleme, Aufgaben. Köln/Weimar/ Wien 2000 (sehr schmaler Abriss mit einer sehr kurzen Überschau zu den Themen, die in der gleichnamigen, von Dülmen hrsg. Zeitschrift behandelt wurden).

Einheit der Wissenschaften. Internationales Kolloquium der Akademie der Wissenschaften zu Berlin. Leiter: Jürgen Mittelstraß. Berlin/New York 1991 (zum Begriff der Transdisziplinarität; Dialog der Natur- und Geisteswissenschaften).

Elias, Norbert: Über den Prozeß der Zivilisation. Soziogenetische und psychogenetische Untersuchungen. 2 Bde. Frankfurt am Main 7. Aufl. 1980 (Nachdruck des in Bern 1969 neu aufgelegten, erstmals 1939 ohne Resonanz publizierten Buches).

Engelmann, Jan (Hrsg.): Die kleinen Unterschiede. Der Cultural Studies-Reader. Frankfurt am Main/ New York 1999 (Fallstudien, im Anhang Verzeichnis von Studiengängen, Institutionen und Zeitschriften sowie Websites und weiterführenden Links).

Erhart, Walter: Medizingeschichte und Literatur am Ende des 19. Jahrhunderts. In: Scientia Poetica 1/1996, 224–267 (Problemgeschichtliche Darstellung einiger Arbeiten).

Erhart, Walter/Britta Herrmann (Hrsg.): Wann ist der Mann ein Mann? Zur Geschichte der Männlichkeit. Stuttgart/Weimar 1997 (einer der ersten Bände zu den Men´s Studies in Deutschland, kritische Einleitung mit Forschungsüberblick).

Erll, Astrid: Kollektives Gedächtnis und Erinnerungskulturen. Eine Einführung. Stuttgart/Weimar 2005 (Entwicklung der Gedächtnisforschung im 20. Jahrhundert. Zusammenfassungen am Ende jedes Kapitels, erschöpfende Literaturlisten).

Ette, Ottmar: ÜberLebenswissen. Die Aufgabe der Philologie. Berlin 2004 (Besonders die Migrationsliteratur bietet ein exklusives Wissen von Überlebensstrategien. Aufgabe und Leistung der Philologie als Lebenswissenschaft liegen darin, in deutlicher Abgrenzung von den Biowissenschaften diese Funktion der Literatur philologisch exakt zu belegen).

Fauser, Markus: Intertextualität als Poetik des Epigonalen. Immermann – Studien. München 1999 (Fallstudie mit kulturwissenschaftlichem Ansatz).

Fischer-Lichte, Erika: Ästhetik des Performativen. Frankfurt am Main 4. Aufl. 2007 (aus der Theaterpraxis gewonnene Kategorie. Die Präsenz des phänomenalen und des energetischen Leibs erlaubt die Unterscheidung von Präsenz und Präsenz-Effekt. Historisch unhaltbare These vom Übergang aus der textuellen in die performative Kultur des 20. Jahrhunderts).

Fiske, John: Lesarten des Populären. Aus dem Englischen von Christina Lutter, Markus Reisenleitner, Stefan Erdei. Wien 2000 (Reading the Popular, 1989. Betont das Subversive der Populärkultur; Fernsehen, Unterhaltungsmusik, Einkaufszentren in ihren produktiven Dimensionen für die Lebenswelt).

Foucault, Michel: Sexualität und Wahrheit. Erster Band: Der Wille zum Wissen. Übersetzt von Ulrich Raulff und Walter Seitter. Frankfurt am Main 1977 (Histoire de la sexualité, 1 : La volonté de savoir. Paris 1976).

Fraisse, Geneviève : Geschlecht und Moderne. Archäologien der Gleichberechtigung. Hrsg. v. Eva Horn. Frankfurt am Main 1995 (relativiert die Geschlechterdifferenz durch Historisierung und weist den Begriff „gender" aus französischer Sicht zurück).

François, Etienne/Hagen Schulze (Hrsg.): Deutsche Erinnerungsorte. 3 Bde. München 2001 (deutsches Pendant zu Nora. Einbindung in eine europäische Gedächtnislandschaft, wichtige Einleitung).

Frevert, Ute: Ehrenmänner. Das Duell in der bürgerlichen Gesellschaft. München 1991 (Mentalitätsgeschichte des Bürgertums, untersucht wichtige Selbstbilder, Handlungskonzepte und Praktiken eines sozialen Dramas im Sinne Turners).

Fröhlich, Gerhard/Ingo Mörth (Hrsg.): Symbolische Anthropologie der Moderne. Kulturanalysen nach Clifford Geertz. Frankfurt am Main/New York 1998 (zur Rezeption. Bibliographie der Werke und Übersetzungen von Geertz).

Gaier, Ulrich: Johann Wolfgang Goethe. Faust – Dichtungen. 3 Bde. Stuttgart 1999 (neue Form des Kommentars, der in Band 3 wichtige Lektüren nach dem Modell der Dialogizität von Bachtin bereitstellt und in textbezogenen Lesarten Goethes neueren Gebrauch der Tradition darstellt; grundlegend).

Gandhi, Leela: Postcolonial Theory. A critical introduction. Edinburgh 1998 (zeigt das diskursive Umfeld der Theorie und kritisiert das immer noch übliche „othering" als Haltung westlicher Intellektueller gegenüber den nicht-westlichen Kulturen).

Gebauer, Gunter/Christoph Wulf: Mimesis. Kultur – Kunst – Gesellschaft. Reinbek bei Hamburg 1992 (Darstellung als ein Begriff, der künstlerische und außerkünstlerische Weisen der Welterzeugung zusammenbringt. Wichtige Neuerung).

Gebauer, Gunter/Christoph Wulf: Spiel – Ritual – Geste. Mimetisches Handeln in der sozialen Welt. Reinbek bei Hamburg 1998 (Fortführung von Mimesis 1992 und Erweiterung zu einem Grundbegriff der Sozialwissenschaften).

Geertz, Clifford: Dichte Beschreibung. Beiträge zum Verstehen kultureller Systeme. Übersetzt von Brigitte Luchesi und Rolf Bindemann. Frankfurt am Main 6. Auflage 1999 (1983) (Aufsatzsammlung, die so nur in deutscher Sprache vorliegt).

Geertz, Clifford: Die künstlichen Wilden. Anthropologen als Schriftsteller. Aus dem Amerikanischen von Martin Pfeiffer. München/Wien 1990 (Works and Lives. The Anthropologist as Author. Stanford 1988).

Genette, Gérard: Palimpseste. Die Literatur auf zweiter Stufe. Aus dem Französischen von Wolfram Bayer und Dieter Hornig. Frankfurt am Main 1993 (Palimpsestes. La littérature au secon degré. Paris 1982).

Genette, Gérard : Paratexte. Mit einem Vorwort von Harald Weinrich. Aus dem Französischen von Dieter Hornig. Frankfurt am Main/New York 1989 (Seuils. Paris 1987).

Gephart, Werner: Handeln und Kultur. Vielfalt und Einheit der Kulturwissenschaften im Werk Max Webers. Frankfurt am Main 1998 (Weber entwirft die Handlungslehre als Fundament der kontextuell verstandenen Kulturwissenschaften).

Gerhard, Ute: Schiller als „Religion". Literarische Signaturen des XIX. Jahrhunderts. München 1994 (wichtige Fallstudie. Schillers Texte stellen Subjektpositionen bereit, an denen die Leser Selbstbilder orientieren können).

Germanistik als Kulturwissenschaft. Themenheft der Mitteilungen des Deutschen Germanistenverbandes 46/1999, Heft 4. (Neun Beiträge aus den Teilgebieten des Faches mit grundsätzlichem Anspruch).

Giesen, Bernhard: Kollektive Identität. Die Intellektuellen und die Nation 2. Frankfurt am Main 1999 (Typologie und historische Szenarien seit der Aufklärung. Semantischer Umbau eines Repertoires von Codes, mit denen Identitäten gemacht wurden).

Girard, René: Das Heilige und die Gewalt. Aus dem Französischen von Elisabeth Mainberger-Ruh. Zürich 1987 (La Violence et le Sacré. Paris 1972).

Girard, René : Der Sündenbock. Aus dem Französischen von Elisabeth Mainberger-Ruh. Zürich 1988 (Le Bouc émissaire. Paris 1982).

Glaser, Renate/Matthias Luserke (Hrsg.): Literaturwissenschaft – Kulturwissenschaft. Positionen, Themen, Perspektiven. Opladen 1996 (Versuche mit älteren und neueren Modellen, aber ohne die Konturen des geforderten Paradigmenwechsels auch erkennbar zu formulieren).

Gottowik, Volker: Konstruktionen des Anderen. Clifford Geertz und die Krise der ethnographischen Repräsentation. Berlin 1997 (zur Kritik an Geertz).

Graeser, Andreas: Ernst Cassirer. München 1994 (solide Einführung).

Graevenitz, Gerhart von: Literaturwissenschaft und Kulturwissenschaften. Eine Erwiderung. In: Deutsche Vierteljahrsschrift für Literaturwissenschaft und Geistesgeschichte 73/1999, 94–115 (Kulturwissenschaft als Kontextbegriff, nicht als Substanzbegriff).

Guttandin, Friedhelm: Einführung in die „Protestantische Ethik" Max Webers. Opladen/Wiesbaden 1998 (Vorgehen, Leistung und Grenzen des Verfahrens von Weber im Zusammenhang der kulturwissenschaftlichen Diskussion).

Hagner, Michael: Homo cerebralis. Der Wandel vom Seelenorgan zum Gehirn. Berlin 1997 (rekonstruiert die Trennung von Naturphilosophie und Naturwissenschaft im Übergang vom 18. zum 19. Jahrhundert und erklärt wie das Gehirn zum Organ unter anderen gemacht wurde).

Halbwachs, Maurice: Das Gedächtnis und seine sozialen Bedingungen. Übersetzt von Lutz Geldsetzer. Berlin/Neuwied 1966 (Les cadres sociaux de la mémoire. Paris 1925).

Halbwachs, Maurice : Das kollektive Gedächtnis. Übersetzung aus dem Französischen von Holde Lhoest-Offermann. Stuttgart 1967 (La mémoire collective. Paris 1950).

Hall, Stuart: Cultural Studies. Ein politisches Theorieprojekt. Ausgewählte Schriften 3. Hrsg. und übersetzt von Nora Räthzel. Hamburg 2000.

Hansen, Klaus P.: Kultur und Kulturwissenschaft. Eine Einführung. Tübingen/Basel 2., vollständig überarbeitete und erweiterte Aufl. 2000 (zuerst 1995 erschienen, stark an der Stereotypenforschung orientiert, etwas einseitiger Zugang zum Thema).

Hardtwig, Wolfgang/Hans-Ulrich Wehler (Hrsg.): Kulturgeschichte Heute. Göttingen 1996 (Die Beiträge prüfen die Anschlussfähigkeit der Diskursanalyse, Linguistik, Wissenssoziologie an eine historische Kulturwissenschaft).

Harth, Dietrich: Das Gedächtnis der Kulturwissenschaften. Dresden 1998 (von Assmann angeregte Aufsätze zur Bedeutung des Gedächtnisses für die Wissenschaftskultur).

Hepp, Andreas: Cultural Studies und Medienanalyse. Eine Einführung. Opladen/Wiesbaden 1999 (Grundbegriffe, historischer Abriss, Methodenfragen und Perspektiven werden fundiert dargestellt, sehr empfehlenswert).

Hepp, Andreas/Rainer Winter (Hrsg.): Kultur – Medien – Macht. Cultural Studies und Medienanalyse. Opladen 1997 (Fallstudien zu einem wichtigen Anwendungsbereich).

Heydebrand, Renate von (Hrsg.): Kanon – Macht – Kultur. Theoretische, historische und soziale Aspekte ästhetischer Kanonbildungen. Stuttgart/Weimar 1998 (Prinzipien der Kanonisierung; Kritik der Dekonstruktion; Nachweis einer ständigen Erweiterung des Kanonrahmens seit dem 18. Jahrhundert).

Hörning, Karl H./Rainer Winter (Hrsg.): Widerspenstige Kulturen. Cultural Studies als Herausforderung. Frankfurt am Main 1999 (Cultural Studies als Wiederbelebung der Soziologie und Kulturwissenschaft im Sinne einer kritischen Theorie).

Hoffmann, Gerhard/Alfred Hornung (Hrsg.): Ethics and Aesthetics. The Moral Turn of Postmodernism. Heidelberg 1996 (Theoretische Aufsätze und Fallbeispiele zu dem konfliktreichen Programm einer postmodernen Ethik ohne Moral).

Holthuis, Susanne: Intertextualität. Aspekte einer rezeptionsorientierten Konzeption. Tübingen 1993 (semiotische Texttheorie. Zum linguistischen Begriff Textwelt).

Huber, Martin/Gerhard Lauer (Hrsg.): Nach der Sozialgeschichte. Konzepte für eine Literaturwissenschaft zwischen Historischer Anthropologie, Kulturgeschichte und Medientheorie. Tübingen 2000 (Versuch, im Rahmen der Kulturwissenschaft auch für die erschöpfte Sozialgeschichte wieder Anknüpfungspunkte zu finden).

Huizinga, Johan: Homo Ludens. Versuch einer Bestimmung des Spielelementes der Kultur. Amsterdam 1939 (spätere Auflagen mit dem Untertitel: Vom Ursprung der Kultur im Spiel. Reinbek 1956).

Inszenierungen des Erinnerns. Hrsg. v. Erika Fischer-Lichte/Gertrud Lehnert. Themenband: Paragrana. Internationale Zeitschrift für Historische Anthropologie 9/2000, Heft 2 (Grundlagenartikel und Fallbeispiele aus allen Epochen).

Intercultural German Studies. Hrsg. von Alois Wierlacher. Themenband: Jahrbuch Deutsch als Fremdsprache 25/1999 (allgemeine Beiträge und Vorstellung von Studiengängen).

Iser, Wolfgang: Das Fiktive und das Imaginäre. Perspektiven literarischer Anthropologie. Frankfurt am Main 1991 (wird in den Kulturwissenschaften noch zu wenig beachtet, eine dezidierte Auseinandersetzung mit Iser fehlt).

Joas, Hans: Die Kreativität des Handelns. Frankfurt am Main 1992 (Soziologie der Handlungstheorien von Tönnies über Parsons und Dewey bis zur Postmoderne).

Jöckel, Sabine: „Nouvelle histoire" und Literaturwissenschaft. 2 Bde. Rheinfelden 2., durchgeseh. Aufl. 1985 (wichtige romanistische Dissertation mit Bibliographie und biographischem Verzeichnis der Annales-Schule).

Jung, Thomas: Geschichte der modernen Kulturtheorie. Darmstadt 1999 (beschreibt die geistesgeschichtlichen Entwicklungen von Vico bis Elias als Vorgeschichte der Kultursoziologie).

Jüttemann, Gerd/Hans Thomae (Hrsg.): Biographische Methoden in den Humanwissenschaften. Weinheim 1998 (Überblick über die Ansätze von der „oral history" bis zur Lebensstilforschung. Handbuch).

Kany, Roland: Mnemosyne als Programm. Geschichte, Erinnerung und die Andacht zum Unbedeutenden im Werk von Usener, Warburg und Benjamin. Tübingen 1987 (Wissenschaftsgeschichte im Umfeld der frühen Kulturwissenschaft).

Kaschuba, Wolfgang: Einführung in die Europäische Ethnologie. München 1999 (Plädiert für eine Volkskunde im Kontext der Kulturwissenschaft, angeregt durch Geertz. Versteht Kultur als Praxis, die auch Vorstellungen und Deutungen einbezieht).

Kittler, Friedrich A.: Eine Kulturgeschichte der Kulturwissenschaft. München 2000 (Irreführende Konstruktion, die mit beliebig vertauschbaren Begriffen arbeitet; glückloser Versuch, den Geist in die Wissenschaft wieder einzutreiben).

Kohl, Karl-Heinz: Ethnologie – die Wissenschaft vom kulturell Fremden. Eine Einführung. München 2. erweiterte Auflage 2000 (Wissenschaftsgeschichte, Kulturtheorien).

Kohl, Karl-Heinz: Die Macht der Dinge. Geschichte und Theorie sakraler Objekte. München 2003 (Kritik der Moderne durch das in ihr Widerständige. Sakrale Objekte verschmelzen mit dem, was sie repräsentieren. Ethnologischer Beitrag zur Bildwissenschaft, breiter Horizont vom Bilderverbot über den Fetischismus bis zum Museumskult).

Konersmann, Ralf: Kulturphilosophie zur Einführung. Hamburg 2003 (Kultur als Umweg, den der Mensch geht, um zu sich zu kommen. Unzureichende historische Ableitung von Vico bis Cassirer. Unhistorischer Begriff von Modernität, der alte kulturkritische Positionen beerbt).

Kramer, Jürgen: British Cultural Studies. München 1997 (Aufwertung der Landeskunde in der deutschen Anglistik, mit exemplarischem Curriculum, materialreich).

Kristeva, Julia: Die Revolution der poetischen Sprache. Aus dem Französischen übersetzt und mit einer Einleitung versehen von Reinold Werner. Frankfurt am Main 1978 (La révolution du language poétique. Paris 1974).

Kühne, Thomas (Hrsg.): Männergeschichte – Geschlechtergeschichte. Männlichkeit im Wandel der Moderne. Frankfurt am Main/New York 1996 (wichtige Aufsätze von Historikern, gute Einleitung mit Forschungsdiskussion).

Kulturen des Performativen. Hrsg. v. Erika Fischer-Lichte. Themenband: Paragrana. Internationale Zeitschrift für Historische Anthropologie 7/1998, Heft 1. (systematische und historische Beiträge vom Mittelalter bis zur Moderne, Grundlage eines Berliner Sonderforschungsbereichs).

Lachmann, Renate: Gedächtnis und Literatur. Intertextualität in der russischen Moderne. Frankfurt am Main 1990 (Aus der Sicht der Slawistik. Texte als Gedächtnisstifter einer Kultur. Dekonstruktiver Zugriff, stark an Kristeva orientiert).

Laqueur, Thomas: Auf den Leib geschrieben. Die Inszenierung der Geschlechter von der Antike bis Freud. Aus dem Englischen von H. Jochen Bußmann. Frankfurt am Main 1992 (Making Sex. Body and Gender from the Greeks to Freud. Cambridge/London 1990).

Le Goff, Jacques: Phantasie und Realität des Mittelalters. Aus dem Französischen von Rita Höner. Stuttgart 1990 (L' imaginaire médiéval 1985. Bedeutender Beitrag des Historikers zur Verbindung von Literatur und Geschichte, von materiellen und imaginären Realitäten in den kollektiven Bildvorstellungen von Gesellschaften).

Le Goff, Jacques/Roger Chartier/Jacques Revel (Hrsg.): Die Rückeroberung des historischen Denkens. Grundlagen der Neuen Geschichtswissenschaft. Aus dem Französischen von Wolfgang Kaiser. Frankfurt am Main 1990 (La nouvelle histoire, zuerst 1978, dann 1988 in Paris erschienener Grundlagenband zur zweiten und dritten Generation der französischen Mentalitätsgeschichte).

Lichtblau, Klaus: Georg Simmel. Frankfurt am Main/New York 1997 (Reihe Campus Einführungen, mit Forschungsüberblick, leider ohne Bibliographie der Forschung).

Lindner, Rolf: Die Stunde der Cultural Studies. Wien 2000 (Essay, betont die Rolle der Alltagskultur und das Aushandeln von Bedeutungen als Chance).

List, Elisabeth/Erwin Fiala (Hrsg.): Grundlagen der Kulturwissenschaften. Interdisziplinäre Kulturstudien. Tübingen/Basel 2004 (Grazer Modell, Rahmenkonzept für Fächer, problematisiert den Umgang mit geborgten Begriffen).

Lüsebrink, Hans-Jürgen: Interkulturelle Kommunikation. Interaktion, Fremdwahrnehmung, Kulturtransfer. Stuttgart/Weimar 2005 (Lehrbuch mit praktischen Begriffserläuterungen, Beispiele aus der Werbung, Stereotypenforschung, Dialoganalyse, Schlüsselkompetenzen, Interkulturelles Training, Kulturstandards).

Luhmann, Niklas: Kultur als historischer Begriff. In: ders.: Gesellschaftsstruktur und Semantik. Studien zur Wissenssoziologie der modernen Gesellschaft. Bd. 4. Frankfurt am Main 1995, 31–54.

Lutter, Christina/Markus Reisenleitner: Cultural Studies. Eine Einführung. Wien 2. durchgesehene Auflage 1999 (Historische und geographische Entwicklung).

Mächler, Stefan: Der Fall Wilkomirski. Über die Wahrheit einer Biographie. Zürich/München

2000 (wichtig für die Debatte über kulturelles Gedächtnis und Erinnerung).

Mersch, Dieter: Ereignis und Aura. Untersuchungen zu einer Ästhetik des Performativen. Frankfurt am Main 2. Aufl. 2006 (Rettung der Kunst in ihrer Singularität vor ihren medialen Simulakren. Performanz als Sprung vom Werk zum Ereignis. Sichtbar am Erscheinen als dem Kriterium für Medialität).

Mersch, Dieter: Medientheorien zur Einführung. Hamburg 2006 (Nicht mehr die Medien, sondern das Mediale steht im Mittelpunkt. Das Medium duldet keine Aussage, deshalb müssen Prozesse, die eine Mediation hervorbringen, untersucht werden).

Meuser, Michael: Geschlecht und Männlichkeit. Soziologische Theorie und kulturelle Deutungsmuster. Opladen 1998 (Theoretische und empirische Studie; Entwurf des Begriffs „Geschlechtlicher Habitus" in Anlehnung an Bourdieu).

Meyer, John W.: Weltkultur. Wie die westlichen Prinzipien die Welt durchdringen. Hrsg. v. Georg Krücken. Aus dem Amerikanischen von Barbara Kuchler. Frankfurt am Main 2005 (Weltgesellschaft stellt allgemeine, in der Moderne begründete Handlungsmodelle zur Verfügung. Neoinstitutionalismus in Abgrenzung von der Vorstellung eines grundlegenden Kulturkonflikts).

Mitchell, William J. Thomas: Picture Theory. Essays on Verbal and Visual Representation. Chicago 1994 (Grundlagentexte zum „pictorial turn". Haptisches und Visuelles sind nicht ganz nach dem Modell der Lesbarkeit zu erklären, sondern von Texten zu unterscheiden).

Moog-Grünewald, Maria (Hrsg.): Kanon und Theorie. Heidelberg 1997 (Beiträge zu einem Handlungsbegriff von Kanon; Theorie als Reflexion von Kanonisierungen).

Moore-Gilbert, Bart: Postcolonial Theory. Contexts, Practices, Politics. London/New York 1997 (Kapitel über Said, Spivak, Bhabha, kritisch vorgestellt).

Müller-Funk, Wolfgang: Die Kultur und ihre Narrative. Eine Einführung. Wien/New York 2002 (Kulturen als Erzählgemeinschaften. Beispiel: Psychoanalyse und ihre Fallgeschichten oder das heroische Narrativ im 19. Jahrhundert. Enger Kulturbegriff, weiter Begriff von Erzählen. Problem bleibt das Verhältnis von Diskurs und Narrativ).

Müller-Funk, Wolfgang: Kulturtheorie. Einführung in Schlüsseltexte der Kulturwissenschaften. Tübingen/Basel 2006 (gute Ergänzung zu Jung 1999, an den Diskursbegründern orientierte Darstellung, die auch Zentralbegriffe vorstellt).

Neumann, Gerhard/Sigrid Weigel (Hrsg.): Lesbarkeit der Kultur. Literaturwissenschaften zwischen Kulturtechnik und Ethnographie. München 2000 (setzt ein DFG-Symposion zum Poststrukturalismus fort; Literatur als Element im Spiel der Semantisierung des Materiell – Leiblichen).

Neumann, Michael (Hrsg.): Erzählte Identitäten. Ein interdisziplinäres Symposion. München 2000 (Grenzüberschreitende Konzepte der Erzählforschung, Plädoyer für eine Anthropologie des Erzählens in den verschiedenen Disziplinen).

Niethammer, Lutz: Kollektive Identität. Heimliche Quellen einer unheimlichen Konjunktur. Reinbek bei Hamburg 2000 (altlinke Ideologiekritik, die im Sinne Uwe Pörksens ein „Plastikwort" entlarven will, das nur Feindbilder erzeuge).

Nora, Pierre: Zwischen Geschichte und Gedächtnis. Aus dem Französischen von Wolfgang Kaiser. Berlin 1990 (Drei Essays aus den *Lieux de mémoire*, die heute bei Etienne François und Hagen Schulze Nachfolger gefunden haben).

Oehler-Klein, Sigrid: Die Schädellehre Franz Joseph Galls in Literatur und Kritik des 19. Jahrhunderts. Zur Rezeptionsgeschichte einer medizinisch-biologisch begründeten Theorie der Physiognomik und Psychologie. Stuttgart/New York 1990 (wichtige Fallstudie mit ausgezeichneter Materialsammlung).

Oexle, Otto Gerhard: Geschichte als Historische Kulturwissenschaft. In: Wolfgang Hardtwig/Hans-Ulrich Wehler (Hrsg.): Kulturgeschichte Heute. Göttingen 1996, 14–40 (Grundlagenaufsatz, fordert eine Rückbesinnung der Geschichte auf die Anfänge der Kulturwissenschaft um 1900, besonders bei Max Weber und plädiert für neue problemgeschichtliche Fragestellungen im Sinne der historischen Anthropologie).

Orth, Ernst Wolfgang: Was ist und was heißt „Kultur"? Dimensionen der Kultur und Medialität der menschlichen Orientierung. Würzburg 2000 (Aufsätze aus zwanzig Jahren, die den modernen Kulturbegriff als Indikator eines metaphysischen Problems verstehen und daraus eine zeitkritische Sicht ableiten).

Osinski, Jutta: Einführung in die feministische Literaturwissenschaft. Berlin 1998 (chronologischer und systematischer Überblick mit kritischer Behandlung der Gender Studies).

Paetzold, Heinz: Die Realität der symbolischen Formen. Die Kulturphilosophie Ernst Cassirers im Kontext. Darmstadt 1994 (weist die semiotischen Grundlagen der Kulturwissenschaften von Cassirer bis Umberto Eco nach).

Perpeet, Wilhelm: Kulturphilosophie. In: Archiv für

Begriffsgeschichte 20/1976, 42–99 (ausführliche Fassung des Artikels im Historischen Wörterbuch der Philosophie).

Pfeiffer, Karl Ludwig: Das Mediale und das Imaginäre. Dimensionen kulturanthropologischer Medientheorie. Frankfurt am Main 1999 (erweitert Iser 1991 um eine Theorie der Medienkonfigurationen, die der Kulturwissenschaft die medienerzeugte Evidenz als Gegenstand nahe legt).

Pfotenhauer, Helmut: Literarische Anthropologie. Selbstbiographien und ihre Geschichte – am Leitfaden des Leibes. Stuttgart 1987 (erste große Studie zum Thema).

Pott, Hans-Georg: Literarische Bildung. Zur Geschichte der Individualität. München 1995 (an der Systemtheorie Luhmanns entlang geschriebene Geschichte des modernen Romans. Zeigt, wie Literatur die Wirklichkeit des Lebens formt).

Raulff, Ulrich (Hrsg.): Mentalitäten-Geschichte. Zur historischen Rekonstruktion geistiger Prozesse. Berlin 1987 (wichtiges Taschenbuch, Sammlung einiger zentraler Aufsätze und Darstellungen zur französischen Geschichtswissenschaft).

Raulff, Ulrich/Gary Smith (Hrsg.): Wissensbilder. Strategien der Überlieferung. Berlin 1999 (Beispiele auch aus den Naturwissenschaften zu den Wegen der Tradition und den Bildern, in denen Konzepte der Übertragung gefasst wurden).

Reckwitz, Andreas: Die Transformation der Kulturtheorien. Zur Entwicklung eines Theorieprogramms. Weilerswist 2000 (Abkehr von den traditionellen Sozialtheorien. Verarbeitungen alter Theorien und Konvergenzbewegungen erzeugen neue Ansätze. Zwei Richtungen, die neostrukturalistische und die interpretative, konvergieren in einem einheitlichen Programm).

Reckwitz, Andres: Das hybride Subjekt. Eine Theorie der Subjektkulturen von der bürgerlichen Moderne zur Postmoderne. Weilerswist 2006 (Subjekt als Katalog kultureller Formen. Die moderne Subjektbildung folgt der kulturellen Logik der Hybridität. Subjektkulturen als Arrangements historisch disparater Versatzstücke).

Rehberg, Karl-Siegbert (Hrsg.): Norbert Elias und die Menschenwissenschaften. Studien zur Entstehung und Wirkungsgeschichte seines Werkes. Frankfurt am Main 1996 (mehrere Beiträge mit Interpretationen aus Teilbereichen der Germanistik, Geschichte, Kunstgeschichte, Ethnologie).

Rickert, Heinrich: Kulturwissenschaft und Naturwissenschaft. Mit einem Nachwort hrsg.v. Friedrich Vollhardt. Stuttgart 1986 (Text der 6. und 7. Auflage 1926)..

Ricœur, Paul: Das Selbst als ein Anderer. Aus dem Französischen von Jean Greisch. München 1996 (Soi-même comme un autre. Paris 1990).

Ricœur, Paul : Das Rätsel der Vergangenheit. Erinnern – Vergessen – Verzeihen. Übersetzt von Andris Breitling und Henrik Richard Lesaar. Göttingen 1998 (Plädiert für den Einbau der Erinnerungen der Anderen in die eigene Gedächtnisarbeit. Das führe zum Verzeihen).

Riedel, Wolfgang: Anthropologie und Literatur in der deutschen Spätaufklärung. Skizze einer Forschungslandschaft. In: Internationales Archiv für Sozialgeschichte der deutschen Literatur, 6. Sonderheft 1994, 93–157 (Ablösung der Sozialgeschichte durch historische Anthropologie).

Riedel, Wolfgang: „Homo natura". Literarische Anthropologie um 1900. Berlin/New York 1996 (die moderne Dichtung behauptet naturphilosophische Auffassungen gegen den Naturbegriff der Naturwissenschaften).

Said, Edward W.: Kultur und Imperialismus. Einbildungskraft und Politik im Zeitalter der Macht. Aus dem Amerikanischen von Hans-Horst Henschen. Frankfurt am Main 1994 (Culture and Imperialism. New York 1993).

Said, Edward W.: Orientalismus. Übersetzt von Liliane Weissberg. Frankfurt am Main/Berlin/Wien 1981 (Orientalism. Harmondsworth 1978, dt. Neuausgabe Frankfurt am Main 1995).

Sarbin, Theodore R. (Hrsg.): Narrative Psychology. The Storied Nature of Human Conduct. New York 1986 (wichtige Kontextualisierung: Psychoanalyse und Narratologie).

Schabert, Ina: Englische Literaturgeschichte. Eine neue Darstellung aus der Sicht der Geschlechterforschung. Stuttgart 1997 (nutzt die reiche feministische Forschung für eine neue Literatursoziologie. Teilweise reduktionistisch).

Schings, Hans-Jürgen (Hrsg.): Der ganze Mensch. Anthropologie und Literatur im 18. Jahrhundert. DFG-Symposion 1992. Stuttgart/Weimar 1994 (Aufriss des Forschungsfeldes mit Bibliographie).

Schlesier, Renate: Kulte, Mythen und Gelehrte. Anthropologie der Antike seit 1800. Frankfurt am Main 1994 (entfaltet das gesamte Panorama der Altertumskunde und ihrer Denkstile. Wissenschaftsgeschichte als Kampf um Begriffe. Wertvolle Tabellen zur Institutionengeschichte und Publikationsverzeichnisse zu den Wissenschaftlern).

Schlögl, Rudolf/Bernhard Giesen/Jürgen Osterhammel (Hrsg.): Die Wirklichkeit der Symbole. Grundlagen der Kommunikation in historischen und gegenwärtigen Gesellschaften. Konstanz 2004 (Soziologie des Symbols. Präsenz, Institutionalität und Identitätsfunktion des sozialen Phänomens Symbol begründen die Intersubjektivität. Symbolisierungen als Basis für eine Sozialtheorie).

Schmidt, Siegfried J. (Hrsg.): Gedächtnis. Probleme und Perspektiven der interdisziplinären Gedächtnisforschung. Frankfurt am Main 1991 (neuronale Grundlagen des Konstruktivismus; Übergänge von Hirnforschung und Geisteswissenschaften).

Schößler, Franziska: Literaturwissenschaft als Kulturwissenschaft. Eine Einführung. Tübingen/Basel 2006 (Kulturwissenschaft als ein anderes Wort für historische Diskursanalyse. Keine Begründung für den Übergang vom Diskurs zur Kultur, Bildwissenschaften fehlen).

Schulz, Martin: Ordnungen der Bilder. Eine Einführung in die Bildwissenschaft. München 2005 (Zusammenfassung der ganzen Richtung aus kunstgeschichtlicher, anthropologischer Perspektive. Kategorien Bild, Körper, Medium in ihrem Bezugsgeflecht erläutert und wie bei Belting werden Medien als Träger oder virtuelle Körper des Bildes dargestellt).

Schwelling, Birgit (Hrsg.): Politikwissenschaft als Kulturwissenschaft. Theorien, Methoden, Problemstellungen. Wiesbaden 2004 (Importe und Exporte der Politologie in systematischen Aufsätzen präsentiert. Schwerpunkt symbolische Dimensionen und Visualisierungen der Politik).

Schwemmer, Oswald: Handlung und Struktur. Zur Wissenschaftstheorie der Kulturwissenschaften. Frankfurt am Main 1987 (im Anschluss an Alfred Schütz zeigt die Untersuchung von kulturwissenschaftlichen Kategorien ihre Rückbindung an die offene Erfahrungswirklichkeit).

Schwemmer, Oswald: Die kulturelle Existenz des Menschen. Berlin 1997 (Aufsätze zur kulturellen Identität und zur Rolle der Symbolisierungen für unsere Weltorientierung im Anschluss an Cassirer).

Schwemmer, Oswald: Ernst Cassirer. Ein Philosoph der europäischen Moderne. Berlin 1997 (erklärt umfassend die poietischen, ästhetischen und ethischen Aspekte der menschlichen Symbolfähigkeit).

Schwemmer, Oswald: Kulturphilosophie. Eine medientheoretische Grundlegung. München 2005 (Die Medialität der Kultur ergibt sich aus der symbolischen Fixierung von Ausdrucksformen. Entwurf einer Kulturphilosophie neben einer Technikphilosophie mit einem übergeordneten Medialitätsbegriff).

Simmel, Georg: Das Individuum und die Freiheit. Essais. Berlin 1984 (Neuausgabe der 1957 erschienenen, von Michael Landmann hrsg. Sammlung „Brücke und Tür").

Simmel, Georg: Philosophische Kultur. Über das Abenteuer, die Geschlechter und die Krise der Moderne. Gesammelte Essais. Mit einem Nachwort von Jürgen Habermas. Berlin 1983 (Neuausgabe des zuerst 1911, in der 2., vermehrten Auflage 1918 mit dem Untertitel „Gesammelte Essais" erschienenen Bandes, der auch für den Neubeginn der Kulturwissenschaften prägend war und im Nachwort das intellektuelle Vakuum dokumentiert, in das die Frankfurter Schule geraten war).

Smith, Gary/Hinderk M. Emrich (Hrsg.): Vom Nutzen des Vergessens. Berlin 1996 (Selektionsmechanismen der Wissensübermittlung in Philosophie, Religion und Naturwissenschaften).

Stafford, Barbara Maria: Visual Analogy. Consciousness as the Art of Connecting. Cambridge, Mass. 1999 (wie in Karl Clausbergs "Neuronale Kunstgeschichte" von 1999 gewagte These von der direkten Analogie zwischen Kunst und Bewusstsein).

Steinbrenner, Jakob/Ulrich Winko (Hrsg.): Bilder in der Philosophie und in anderen Künsten und Wissenschaften. Paderborn/München/Wien 1997 (Bildbegriff als Schnittpunkt von Erkenntnistheorie, Sprachtheorie und Semiotik der Kunst).

Straub, Jürgen (Hrsg.): Erzählung, Identität und historisches Bewusstsein. Die psychologische Konstruktion von Zeit und Geschichte. Frankfurt am Main 1998 (Grundlagenartikel aus der „narrative psychology" von Bruner, Gergen, Spence, Polkinghorne).

Straub, Jürgen/Hans Werbik (Hrsg.): Handlungstheorie. Begriff und Erklärung des Handelns im interdisziplinären Diskurs. Frankfurt/New York 1999 (Kritik der rationalistischen Einseitigkeit der Theorien. Ausweitung auf phänomenologische und hermeneutische Traditionen).

Theorien des Performativen. Hrsg. v. Erika Fischer-Lichte/Christoph Wulf. Themenband: Paragrana. Internationale Zeitschrift für Historische Anthropologie 10/2001, H.1 (vom Mittelalter bis zur Gegenwartskunst und Musik reichende Beispielsammlung).

Thomä, Dieter: Erzähle dich selbst. Lebensgeschichte als philosophisches Problem. München 1998 (vorsichtige Kritik der „narrative psychology"; fordert eine Ethik der Erzählung).

Thum, Bernd/Thomas Keller (Hrsg.): Interkulturelle Lebensläufe. Tübingen 1998 (Historisiert das Thema in Biographien vom 18. bis 20. Jahrhundert und erklärt den von Akkulturationen ausgehenden Kulturbegriff. Auch theoretisch wichtiger Beitrag zur Autobiographie- und Biographieforschung).

Titzmann, Michael: Kulturelles Wissen – Diskurs – Denksystem. Zu einigen Grundbegriffen der Literaturgeschichtsschreibung. In: Zeitschrift für französische Sprache und Literatur 99/1989, 47–61 (Klare terminologische Untersuchung; Wissenssoziologie und strukturale Textanalyse bilden den Hintergrund).

Turner, Victor: Das Ritual. Struktur und Anti-Struktur. Aus dem Englischen und mit einem Nachwort von Sylvia M. Schomburg-Scherff. Frankfurt am Main 2000 (The Ritual Process. Structure and Anti-Structure. New York 1969).

Turner, Victor: Vom Ritual zum Theater. Der Ernst des menschlichen Spiels. Aus dem Englischen von Sylvia M. Schomburg-Scherff. Frankfurt am Main/New York 1989 (From Ritual to Theatre. The Human Seriousness of Play. New York 1982).

Vogl, Joseph (Hrsg.): Poetologien des Wissens um 1800. München 1999 (Aufsätze zur Diskursanalyse nach Foucault in anthropologischer Perspektive, gute Einleitung).

Warburg, Aby M.: Der Bilderatlas Mnemosyne. Hrsg. v. Martin Warnke und Claudia Brink. Berlin 2000 (Gesammelte Schriften. Studienausgabe. Hrsg. v. Horst Bredekamp u. a. Bd. II,1).

Warneken, Bernd Jürgen: Die Ethnographie populärer Kulturen. Eine Einführung. Wien/Köln/Weimar 2006 (Wandel der Volkskunde und Sozialgeschichte der Unterschichten zur Ethnographie als Wissenschaft vom eigenen Fremden. Das Dolmetschen zwischen Sozialkulturen zeigt aber auch das Verschwinden der Differenzen und ihre Verwandlung in sozialpädagogische Fragen).

Weber, Max: Die protestantische Ethik. Hrsg. v. Johannes Winckelmann. 2 Bde. Hamburg 4. und 7. Auflage 1982/1984 (Teil I enthält die Studien Webers, Teil II die Kritiken und Antikritiken in Auswahl).

Weber, Max: Gesammelte Aufsätze zur Wissenschaftslehre. Hrsg. v. Johannes Winckelmann. Tübingen, 6. Auflage 1985 (Aufsatz über die „Objektivität" der Erkenntnis und weitere Studien zur kulturwissenschaftlichen Logik).

Weigel, Sigrid: Topographien der Geschlechter. Kulturgeschichtliche Studien zur Literatur. Reinbek bei Hamburg 1990 (für den deutschen Feminismus wichtige Aufsätze aus den achtziger Jahren zur Kulturspezifik von Frauenbildern).

Weinrich, Harald: Lethe. Kunst und Kritik des Vergessens. München 1997 (Fallbeispiele von der Antike bis zur Gegenwart, Materialsammlung).

Welzer, Harald: Das kommunikative Gedächtnis. Eine Theorie der Erinnerung. München 2002 (soziale Prozesse der Erfahrungs- und Vergangenheitsbildung formieren das Gedächtnis. Seiner neuronalen Funktionsweise nach ist das Gedächtnis selbst kommunikativ).

Welzer, Harald (Hrsg.): Das soziale Gedächtnis. Geschichte, Erinnerung, Tradierung. Hamburg 2001 (nicht-intentionale Praktiken der Herstellung von Vergangenheit; Plädoyers für eine Sozialgeschichte des Erinnerns).

Wenzel, Horst: Hören und Sehen – Schrift und Bild. Kultur und Gedächtnis im Mittelalter. München 1995 (Nimmt Forschungen zur „oral poetry" von Parry, Havelock, Goody und Zumthor auf und entwirft eine Poetik der Visualität).

Wiesing, Lambert: Die Sichtbarkeit des Bildes. Geschichte und Perspektiven der formalen Ästhetik. Reinbek b. Hamburg 1997 (vielbeachtete Studie zum Widerspruch von Präsenz und Absenz im Bild).

Winter, Rainer: Die Kunst des Eigensinns. Cultural Studies als Kritik der Macht. Weilerswist 2001 (Handbuch, das zentrale Werke und Autoren charakterisiert, im Ansatz stark an Fiske orientiert, der ausführlich besprochen wird).

Yates, Frances Amelia: Gedächtnis und Erinnern. Mnemonik von Aristoteles bis Shakespeare. Weinheim 1990 (The Art of Memory. London 1966. Standardwerk aus der Warburg – Schule, vielfach neu aufgelegt).

Zumthor, Paul: Einführung in die mündliche Dichtung. Aus dem Französischen übersetzt von Irene Selle. Berlin 1990 (Introduction à la poésie orale. Paris 1983).

Zumthor, Paul: Die Stimme und die Poesie in der mittelalterlichen Gesellschaft. Aus dem Französischen von Klaus Thieme. München 1994 (La poésie et la voix dans la civilisation médiévale. Paris 1984).

Register

Anderson, Benedict 134
Appelsmeyer, Heide 9
Assmann, Aleida 125, 131
Assmann, Jan 126 – 129, 132

Bachmann-Medick, Doris 31, 39, 75, 157
Bachtin, Michail 140, 141 – 144
Belting, Hans 97 – 98
Berger, Peter L. 88, 126
Bhabha, Homi K. 38 – 39
Bloch, Marc 42
Boehm, Gottfried 96
Böhme, Hartmut 9, 12
Bollenbeck, Georg 48
Bourdieu, Pierre 136
Braun, Christina 100, 107, 111 – 112
Braungart, Georg 62 – 63, 84
Braungart, Wolfgang 77 – 78, 81
Brewer, John 134 – 135
Broich, Ulrich 149
Bruner, Jerome 88 – 90
Burckhardt, Jacob 12, 25, 120, 121
Burke, Kenneth 67 – 68, 70, 76, 77
Burkert, Walter 79
Butler, Judith 105 – 107, 114

Caillois, Roger 70 – 71
Campbell, Joseph 78
Cassirer, Ernst 22 – 26, 28, 31, 41, 48, 74, 77, 116, 122, 156
Clifford, James 31

Daniel, Ute 9, 10, 100, 108, 133
Dörner, Andreas 135 – 136

Elias, Norbert 49 – 51
Erhart, Walter 110

Fauser, Markus 154 – 156
Febvre, Lucien 42, 45
Fischer-Lichte, Erika 83
Fiske, John 34
Foucault, Michel 33, 64, 102 – 103, 105, 108
François, Etienne 130 – 131, 135
Frevert, Ute 76

Gebauer, Gunter 51 – 52, 70, 72, 79, 155
Geertz, Clifford 27 – 31, 36, 41, 46, 48, 74, 76, 77
Genette, Gérard 145 – 148, 150, 151
Gennep, Arnold van 74
Gerhard, Ute 56 – 57, 59, 136
Giesen, Bernhard 136 – 138
Girard, René 79
Greenblatt, Stephen 46, 73
Grossberg, Lawrence 33 – 34

Hagner, Michael 60 – 61
Halbwachs, Maurice 42, 117 – 119, 126, 131
Hall, Stuart 32 – 33, 35
Hansen, Klaus P. 48
Huizinga, Johan 69 – 71

Iser, Wolfgang 41, 53 – 57, 59, 65, 68, 70 – 72

Jung, Carl Gustav 116
Jung, Thomas 48

Keller, Gottfried 156
Kittler, Friedrich 12, 48
Konersmann, Ralf 13, 98
Krämer, Sybille 86 – 87
Kristeva, Julia 140 – 141

Lachmann, Renate 145, 151 – 153
Laqueur, Thomas 103 – 104
Le Goff, Jacques 43 – 44, 53
Luckmann, Thomas 88, 91, 93, 126

Mitchell, William J. 95

Nietzsche, Friedrich 119
Nora, Pierre 129 – 130, 131

Oexle, Otto Gerhard 9, 10, 41
Osinski, Jutta 102, 107

Pfeiffer, Karl Ludwig 57 – 59, 65, 82, 83

Rickert, Heinrich 14 – 16
Ricœur, Paul 28, 92 – 93
Riedel, Wolfgang 62, 63
Roth, Gerhard 124
Rushdie, Salman 36, 38, 39

Said, Edward W. 36 – 38, 48
Schabert, Ina 115
Schiller, Friedrich 69
Schings, Hans-Jürgen 61
Schlesier, Renate 47
Schulze, Hagen 130 – 131, 135
Schwemmer, Oswald 23, 66, 124
Scott, Joan W. 104 – 105
Simmel, Georg 16 – 18, 22, 26, 33, 41
Stephan, Inge 100, 107, 112
Stierle, Karlheinz 144, 150

Turner, Victor 74 – 76, 77 – 82, 114

Vogl, Joseph 64

Warburg, Aby M. 22, 120 – 122,
   156
Weber, Max 18 – 22, 25, 28, 33, 41,
   48, 49, 116
Weigel, Sigrid 114
Welzer, Harald 122
Windelband, Wilhelm 14
Wulf, Christoph 51 – 52, 70, 72, 79,
   155

Yates, Frances A. 123 – 124

Zumthor, Paul 84 – 85

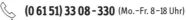